四川教师专业发展求索

郭英 王芳/主编

社会科学文献出版社
SOCIAL SCIENCES ACADEMIC PRESS (CHINA)

迎接教师教育改革的春天

教育部于2010年颁布的《国家中长期教育改革和发展规划纲要》为我们描绘了我国未来十年教育改革与发展的蓝图，并明确提出要努力造就一支高素质、专业化的教师队伍以保障各级各类教育的发展。紧接着，2011年教育部又颁布了《关于大力推进教师教育课程改革的意见》和《教师教育课程标准（试行）》，进一步对中小学教师和幼儿教师的培养提出了全新的要求，旨在通过创新教师教育课程理念、优化教师教育课程结构、改革课程教学内容、改进教学方法和手段、强化教育实践环节、建设高水平师资队伍等措施，推进教师教育课程改革，全面实施《教师教育课程标准》。此次教师教育课程改革充分体现了现代教师教育的发展方向，反映了教师专业化发展的时代要求，是我国教师教育改革的重中之重。可以说，一系列政策的陆续出台吹响了我们迈向教师教育创新这一新征程的号角，教师教育改革的春天即将来临！

的确，这一《教师教育课程标准》是来之不易的标准，亦是教师教育界盼望已久的标准。历经八年研制出的《教师教育课程标准》为教师教育改革滞后这一问题的解决指出了一条光明大道，让我们有更加充足的理由相信祖国的教师教育将会有更加光辉灿烂的未来！

在这样的背景下，四川教师教育界同仁亦敏锐地感知了这一时代信息，并以高度的责任感投身于这一改革的实践和研究行列。为此，四川省教师教育研究中心从四川省各高等院校、教育研究机构、职业教育、基础教育等相关部门的教育研究者、工作者和学生的投稿中遴选了30篇论文，以"四川教师专业发展求索"为题编辑出版此书，意在反映和体现当下四川省教师教育理论研究与实践探索的新进展，与省内外关心教师教育发展和研究的同仁们交流、探讨。

其第一部分"教师教育课程标准探析"，涉及对国家 2012 年颁布实施的教师教育课程标准的解读及师范院校教师教育具体课程的设置与实施等热点问题；第二部分"教师教育职前人才培养研究"围绕四川省教师教育研究中心的三大特色方向之一"高等师范院校人才培养研究"，对教师培养的机制、模式、课程与教学等进行探索；第三部分"教师教育职后专业发展研究"从教师的科研、培训与教育实践等方面对教师职后专业成长的路径进行分析；第四部分"农村与民族地区教师专业成长途径研究"紧扣中心的又一特色研究方向"四川农村及民族地区教师队伍建设研究"，涉及农村教师职业生涯规划与专业发展理论、民族地区教师教育人才培养模式的创新等内容；第五部分"教师心理发展研究"进一步围绕中心的另一特色研究方向"灾后教师心理发展研究"，从震后教师的心理现状、教师心理问题的解决策略及心理教师的专业发展等内容展开论述。

一篇篇珍贵的论文既体现了四川省教师教育研究中心在推进四川省教师教育创新和促进教师教育专业化、引领和服务基础教育等方面的作用，也反映了四川省教育研究者的真知灼见。从内容来看，既有从宏观层面上结合四川省的实际对整个教师教育理论与实践进行的探索，又有立足于各级各类教育实际的教师队伍建设及课程体系设置等具体问题开展的研究。从课题来源来看，既有围绕四川省教师教育研究中心的课题和其他相关科研机构立项的课题展开的研究，也有结合自身工作实际和研究兴趣开展的相关研究。

虽然，来自不同教育工作岗位的作者的研究水平和写作能力参差不齐，文章内容还有不成熟之处，但我们希望文集反映出的思想能够活跃大家的思路。在此，我们诚挚地感谢踊跃投稿的各位专家、同仁，是你们的付出为关心教师教育研究和发展的同行提供了一个尚佳的话语交流平台！诚挚感谢四川省社会科学界联合会、四川省教育厅科技处和师范处、四川师范大学等相关部门领导长期以来的关心和指导，感谢四川师范大学科研处、教务处、学校办公室等相关职能部门对我中心工作给予的大力支持！由于时间匆忙及编者水平的限制，论文中的疏漏和不当之处，恳请各位专家批评指正。

  让我们和省内外关心教师教育研究和发展的同行们一起以饱满的热情和切实的努力共同迎接这盼望已久的教师教育改革之春！

四川省教师教育研究中心
2012 年 12 月

目 录

第一部分 教师教育课程标准探析

教师教育课程标准的实施：组织学视角 …………… 侯小兵/3
从学分结构及课程设置探讨《教师教育课程标准（试行）》
………………………………………………… 唐明钊/13
《教师教育课程标准（试行）》解读之我见 ………… 张崇福/24
培养教师的社会学意识
　　——关于教师教育课程设置的思考
………………………………………………… 林海亮/34

第二部分 教师教育职前人才培养研究

提高师范生公共教育学学习兴趣的教学策略探析 …… 尹　芳/43
论高等师范院校学前教育专业双语师资的核心能力和人才
　　培养模式 …………………………………… 杨　静/50
试论新课程实施下高师历史学专业师范生实践技能
　　培养的优化 ………………………… 李　苻　刘晖龙/58
发达国家低收费培养定向师范生的措施及其对四川省的
　　启示 ………………………………………… 曹惠容/65
美国教师资格认证制度的特点及对我国的启示
　　………………………………………… 马　骋　张　霁/75

第三部分　教师教育职后专业发展研究

近十年教师专业学习共同体研究述析 ……… 李桂娴　郭　英/85
教师团队协作机制探析 ………………………………… 曹正善/101
质的研究与教师专业发展 ……………………………… 李　剑/112
论体育教师的专业发展 ………………………………… 游　进/121
对上划小学教师教育科研素质的调查与思考
　　——以成都市锦江区大观小学为例 ……… 王　芳　刘玉清/127
新课改背景下的教师教育机智探讨 …………………… 黄依林/140
绩效工资制度下的义务教育学校文化构建 …………… 王　珊/145
教研训一体化的校本研修实践探索 …………………… 何良仆/153
"名师后备人选"专业发展现状分析
　　——以四川"中小学教学名师培养计划"人选为例
　　………………………………………… 王亚军　张　华/165
以研为核心的混合式中小学校长培训模式
　　——乐山市中小学校长培训的实践与探索
　　………………………………………… 刘远胜　许泽能/183
工学结合模式下基于"能力本位"的高职教师
　　专业发展研究 ……………… 周　芹　曾祥麒　熊　瑛/191

第四部分　农村与民族地区教师专业成长途径研究

农村感是农村教师专业发展的内在动力 ……………… 李尚卫/203
民族地区教师培训的现实难点与实践拐点
　　………………………………………… 张　华　王亚军/211
四川省农村中小学教师职业生涯规划现状研究
　　………………………………………… 王　庆　江瑞辰/224
网络环境下中学教师专业发展的困境与反思
　　——以四川民族地区A州为例 … 冯应国　张　雳　雷　云/234
农村高中历史教师资源的整合策略 …………………… 郭利熔/244

第五部分　教师心理发展研究

震后三年慢性创伤后应激障碍教师群体的焦虑症状及其与
　　社会支持、家庭功能的关系研究 ………… 于少萍　游永恒/253
民办高职院校教师心理健康问题解决策略探析
　　——基于现代人力资源管理的视角
　　　　　　………………………… 钟敏敏　陶　军　任勇军/260
民办高校新进教师心理适应问题及对策探析
　　　　　………………………………………… 陈　丽　曲雅俐/271
农村中学教师发展中的心理问题及对策 ………………… 李泗林/282
浅议心理教师的专业发展 ……………………………… 廖美芳/290

CONTENTS

Part 1 The Analysis on National Standard of Teacher Education Curriculum

The Implementation of *National Standards of Teacher Education Curriculum* from the Perspective of Organization Theory
Hou Xiaobing/3

Credits Structure and Curriculum Arrangement: A study of *The Teacher Education Curriculum Standards (Trial)*
Tang Mingzhao/13

My Interpretation of *The Teacher Education Curriculum Standards (Trail)*
Zhang Chongfu/24

Cultivating Teachers' Sociological Awareness
—Thoughts about Teacher Education curriculum   *Lin Hailiang*/34

Pedagogical Strategies for Increasing Learning Interests in Public Education Among Students in Teachers Colleges   *Yin Fang*/43

Part 2 Research on Pre-service Education

Core Capacity Building and Training Model for Bilingnal Pre-school Teachers in Teachers College   *Yang Jing*/50

Optimiging Fraining in Practical Ability Under the New History Curriculum of Major in Teachers Colleges
Li Xing, Liu Huilong /58

Tution-Reduction measures for Teacher Training in Developed
 Countries and Lessons for Sichuan Province Cao Huirong/65
Characteristics of the American Teacher Certificate System and
 Lessons for China Ma Cheng, Zhang Li/75

Part 3 Research on Professional Development

A Review of Studies on Professional Learning Community
  Li Guixian, Guo Ying/85
An Analysis of Teacher Teamwork Mechanism Cao Zhengshan/101
Qualitative Research and Teachers' Professional Development Li Jian/112
The Professional Development of Physical Education Teachers You Jin/121
An Investigation of and Reflections on the Research Ability of Teachers in
 Village Primary Schools Targeted for Urbanization Transformation
  —A Case Study of Daguan Primary School in Jinjiang District of Chengdu
  Wang Fang, Liu Yuqing/127
Exploration of Teachers' Professional Wisdom Against
 Background of the New Curriculum Reform Huang Yilin/140
A Study on the Construction of School Culture Under
 Pay-for-Performance for Universal Eduation Providers
  Wang Shan/145
Exploration of the Integration of Training in Teaching,
 Research and Practice He Liangpu/153
An Analysis of Professional Development for Reserve Teachers
 —A Case Study from Sichuan Wang Yajun, Zhang Hua/165
Practical Ability as the Core of Mixed Training Model for
 Primary and Secondary School Principals
  Liu Yuansheng, Xu Zeneng/183
Research on Professional Development for Vocationel Training
 Teachers: A Focus on Competency and the Work-and-Learn
 Model Zhou Qin, Zeng Xiangqi and Xiong Ying/191

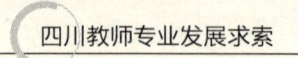

Part 4 Teacher Education in Rural and Minority Areas

Affinity to the Land is the Internal Impetus for the Rural
　　Teacher's Professional Development　　　　　Li Shangwei/203
Difficulties in and the Turning Point of Teachers Training
　　in Ethnic Minority Regions　　　　Zhang Hua, Wang Yajun/211
Research on Career Planning for Primary and Secondary School
　　Teachers in Rural Sichuan　　　　Wang Qing, Jiang Ruichen/224
Difficulties in and Reflections on Professional Development for
　　Secondary School Teachers in the Internet Age
　　　—A Case study from Sichuan
　　　　　　　　　　Feng Yingguo, Zhang Li and Lei Yun/234
Human Resource Integration Strategy for Rural High
　　School History Teacher　　　　　　　　　　Guo Lirong/244

Part 5 Research on Teacher Psychology

A Study of Anxiety Level and Its Relations to Social Support System
　　and Family Function Among Teachers Suffering from Post-Traumatic
　　Syndrome　　　　　　　　　Yu Shaoping, You Yongheng/253
Mental Health Problems Among Private College Faculty and Their Solution:
　　A Study from the Human Resource Management Perspective
　　　　　　　　　　Zhong Minmin, Tao Jun and Ren Yongjun/260
Psychological Adjustment Problems Among Private College Junior
　　Faculty and Policy Solutions　　　　　　Chen Li, Qu Yali/271
Psychological Problems Among Rural Secondary School Teachers
　　and Policy Solutions　　　　　　　　　　　　Li Silin/282
On the Professional Growth of Mental Health Counselors in Schools
　　　　　　　　　　　　　　　　　　　　　Liao Meifang/290

第一部分
教师教育课程标准探析

教师教育课程标准的实施：组织学视角

侯小兵[*]

（绵阳师范学院，四川绵阳，621000）

摘　要："谁来执行""谁来组织"和"谁来监督"是国家教师教育课程标准实施过程中的三个基本问题。教师教育者是国家教师教育课程标准的具体执行者，他们分散的组织归属使其无法建立统一的制度性身份认同，建立专门的教师教育机构势在必行。国家教师教育课程标准包含着行政权力和专业权力，只有两种权力相互配合对课程标准实施过程进行监督，才能保证其实施的有效性。

关键词：教师教育课程标准；教师教育者；教师教育机构；行政权力；专业权力

随着教师教育的大学化转型和教师专业化理念的不断深入，教师教育课程的价值理念从知识本位取向和能力本位取向逐步发展到标准本位取向。建立教师教育标准体系成为我国教师教育改革的一个基本方向。2004年10月，12所高等师范院校竞标教育部师范司的"教师教育课程标准研制"项目，正式拉开了教师教育课程标准建设的序幕。2011年10月8日，教育部公布了《教师教育课程标准（试行）》（以下简称《标准》）。《标准》是教师教育机构课程设置、实施与评估的基本依据。在国家颁布《标准》之后，最紧要的问题是《标准》在承担教师教育任务的高校的具体实施。本文试图从组织学的视角对"谁来执行""谁来组织""谁

---

[*] 侯小兵（1980- ），男，汉族，四川苍溪人，绵阳师范学院高等教育研究所讲师，西南大学教育学部博士生，研究方向：教师教育和教育经济。

来监督"三个关于《标准》实施过程中的基本问题展开讨论。

一 谁来执行？——教师教育者的身份认同

任何一项社会改革总是由人去实现的，人员配备是组织过程的首要环节，是组织正常运转的基本保障。《标准》给教师教育机构的课程改革指出了方向，但其最终能够在多大程度上实现政策制定者的初衷，还要根据课程在教师教育过程中的具体实施状况来判定。课程执行者是决定《标准》实施质量的关键变量，是实施《标准》的组织过程中需要考虑的第一因素。

教师教育者是教师教育课程标准的执行主体。教师教育者（Teacher Educator）即教师的教师（Teacher's Teacher）。西方学者论述的教师教育者包括在大学教师教育机构中承担职前教师（Pre-service Teacher）培养任务的指导教师（University-based Teacher Educator）、幼儿园和中小学参与职前教师实习指导的合作教师（Cooperating Teacher）、辅助初任教师（Initial Teacher）顺利实现职业适应的指导教师（Mentor Teacher）以及为在职教师（In-service Teacher）提供继续教育的教师。对教师教育者的定义有两种思路。一是广义的理解，包含所有承担师范专业公共基础课程、学科专业课程和教育类课程的教师。在我国独立师范教育体系时期，教师教育是师范院校的唯一任务，从广义角度来定义教师教育者并无不妥。但是，在教师教育大学化，师范院校学科专业综合化、功能任务多元化等方面，这一宽泛的教师教育者定义面临着实践上的困难。二是狭义的理解，教师教育者就是承担为幼儿园和中小学培养教师而设置的教育类课程教学任务的教师。教师教育者所培养的对象既包括职前教师（师范生），也包括在职教师；教育类课程包括教育理论课程和教育实践课程。与《标准》的界定保持一致，本文坚持对教师教育者的狭义理解。

知识是组织课程的原材料，帮助学习者建构特定的知识是课程教学的核心任务。教师需要哪些知识是决定教师教育课程的根本原则，相应地，也就决定了课程的实施需要来自哪些领域的教师教育者。从《标准》所规定的课程设置来看，中小学教师的课程有六大学习领域："儿童发展与学习""中学（小学）教育基础""中学（小学）学科教育与活动指导""心理健康与道德教育""职业道德与专业发展"和"教育实践"。与六大学习领域相对应，需要有四类教师教育者：①心理学教师，主要承担"儿童发展与学习"和"心理健康与道德教育"两个领域的课程教学任务；②教育学教师，主要负责"中学（小学）教育基础"和"职业道德与专业发展"两个领域；③学科教学论教师，主要承担"中学（小学）学科教育与活动指导"学习领域的教学指导；④幼儿园和中小学资深教师，主要在"教育实践"学习领域提供实习指导。与中小学教师相比，幼儿教师所需要的学科专业知识要求较低，而教育专业知识与能力要求较高，教师教育课程比重较大，课程要求具有自身特点。"儿童发展与学习""幼儿教育基础""职业道德与专业发展"和"教育实践"四个领域与中小学教师相同，另有"幼儿活动与指导"和"幼儿园与家庭、社会"两个幼儿教师的专门学习领域。这里的分析仅从学习领域的名称出发，即使在同一个学习领域，幼儿园、小学和中学教师的具体要求也存在差异。这种差别对各类教师教育者的知识、能力、教法提出了不同要求。

《标准》的实施需要上述四类教师教育者来具体执行，否则，课程任务不能完成，课程目标无法实现。理论的逻辑并不意味着实践逻辑与之必然吻合。现实的情况是，在教师教育大学化潮流下，教师教育体系开放化、师范院校学科专业综合化，教师教育的地位在综合大学框架下被严重弱化。顾明远先生在2006年的一篇论文中写到："师范院校综合化的目的是提高师范专业的学术水平。但是目前的事实是有多少转型的院校把力量加强在师范专业上？他们都热衷于扩大非师范专业，忙于升格，企图挤入高校名牌，因而有不少学校不是借用综合学科的优势来加强师范专业，而是抽调师范专业的教师去充实其他新建立的学科，这就反而削弱了师范专业。这与改革的宗旨背道而驰。"应该说，独立师范教育具有其天然的优势，但教师教育大学化已然成为世界教师教育发展的基本趋势。大学在本质上是一个学术机构，科学研究在大学的实然地位甚至超过了人才培养。这使得活动在大学中的教师教育者面临着身份认同的危机——尽管这一群体具有独特的社会价值和专业地位。有论者认为，"改革压力及其对本体性安全感的破坏以及'教师教育'在大学学术架构中的边缘地位与'夹缝求生'的生存状态是影响教师教育者自我身份认同的重要因素"；"一方面，教师教育被'淹没'到众多的学科专业中，另一方面又要求教师教育的专业化。在这一矛盾中，人们必然要呼唤专业化的教师教育者，没有这样的专业化的教师教育者，不要说更高质量的专业化的教师培养，恐怕连教师教育的存在都成问题了。"因此，促进教师教育者的身份认同，明确教师教育者的课程责任是保障《标准》有效实施的根本前提。

二　谁来组织？——建立专门的教师教育机构

在一个组织化的社会中，获得组织身份是建立组织归属感的必要条件。"身份制度不是非理性的习俗、神话和推测的产物，而是个体行为回归人类基本特性的具体方式，也是个体行为适应等级组织的物理、生理和社会特性的具体方式"。不同的组织机构具有不同的身份制度，具有不同组织身份的员工则形成了不同的价值理念和社会行为，即组织文化。四类教师教育者分属不同组织机构，具有不同的组织身份：a. 心理学教师，归属于心理学院；b. 教育学教师，归属于教育学院，也称作教育科学学院、教育研究院；c. 学科教学论教师，归属于各学科专业学院；d. 幼儿园和中小学教师，分别归属于幼儿园和中小学校。a、b、c 三类教师教育者同属于大学组织机构，d 类教师教育者则来自幼儿园和中小学。大学与幼儿园、中小学是本质上不同的组织机构。大学的本质是"研究学术、追求真理、创造知识、创新价值观和培育人才，其最本质的是求真育人"，"中小学、幼儿园都是育人的机构，但是其主要是传授现存的知识、没有科研的任务。只有大学又要开展科研，又要培养人才，而且要用科研成果来培养人才"。不同的组织机构具有不同的组织目标、组织结构和组织功能，并且分享不同的组织文化。从现实情况来看，虽然有一种强烈的声音在提倡幼儿园和中小学教师参与到教师教育过程中来，而且在国外也有美国教师专业发展学校和英国以中小学校为基地培养教师的改革经验，但是，就像企业使用人才而不愿参与人才培养一样，幼儿园和中小学也把自己定位于教师人才的使用者而缺乏教师培养的责任意识。因此，幼儿园和中小学资深教师作为教师教育者的专业身份要真正发挥功能，需要有专门的政策制度和组织机制。

从大学方面来看，大学本身是一个学术组织，它存在的使命就是要传承知识和创新知识。而知识又按照学科制度来分门别类，根据《学位授予和人才培养学科目录（2011年）》共有13个学科门类和110个一级学科，大学的组织设计表现为一个学科建制的机构。学科不只是一种知识的分类体系，而且内在地包含着规制的力量。"现代学术学科是一个更大的训导规范体系中制约和被制约的元素"。有学者认为，为了加强大学学科建设，更好地发挥大学知识创新功能，还需要提高大学"学科组织化"水平。大学学科组织化是指"在大学组织中按照知识分类的体系在二级学科上建立知识劳动组织并使之逐渐有序的过程，是以知识的创造、传播和应用为使命，以学者为主体，以知识信息和各类学术资源为支撑，按照知识的具体分类开展科学研究、人才培养及社会服务的大学基层学术组织建构和有序演化"。大学的二级院系组织不仅是行政实体，而且是学科实体。实际上，历来的情况基本就是如此，"大学表面上是学科的分界来组织设立各学系"，刚升格的大学确实存在着学科组织弱化的问题，老牌本科大学在高等教育急剧扩张期也存在二级学院盲目分化、学科资源分散的现象。如今，大学学科组织化的趋势非常明显，不少大学实行学部制就是一个有力的尝试。在行政组织与学科组织双重的规制之下，活动于大学中的教师教育者就不可避免地遭遇身份认同的弱化。心理学教师和教育学教师所属学科分别是心理学和教育学一级学科，行政组织分别归属于心理学院和教育学院。按现行学科制度，学科教学论教师所属学科为教育学一级学科下，课程与教学论二级学科下的三级学科或者二级学科下设的方向；学科教学论教师的行政组织是各个学科专业学院，而支撑这些专业学院的学科是其各自的专业学科。在教师教育大学化之后，身居大学中的这三类教师教育者分别归属于不同的行政组织和学科组织。

上述分析可见，承担教师教育课程执行任务的教师教育者是一个分裂的群体，而没有形成一个强有力的共同体。这样的状况至少存在以下三个弊端。其一，交易成本的增加。教师教育是一项系统工程，需要各子系统之间的合作，即交易。不同子系统之间的组织壁垒导致彼此之间的信息不对称，从而增加了交易成本、产生了对组织治理的需要。"在交易内在的固有的信息问题上，市场和组织使用的是不同的解决方法。从经济学的观点来看，他们具有不同的效率特性。对于不同情况的交易他们是不是有效的协调机制，依赖于涉及的信息需求是怎样的"。承担教师教育课程执行任务的教师教育者的分散特性增加了组织过程中的交易成本，使彼此之间的协调配合非常困难。其二，组织资本的缺失。组织资本是在组织经营管理过程中，通过组织制度的安排使组织成员拥有的知识、技能和经验转化为组织特有的、共享的资源或资产。它们是以知识资本、人力资本和社会资本为核心，但又具有自身独立性的资本形式。组织资本的存在能够形成组织特有的竞争力，教师教育者的松散组织形式使组织资本的形成失去了依托。其三，组织文化的缺位。组织文化是组织成员在互动过程中形成的独特价值观念体系。组织文化是组织成员建构出来的，同时，又对组织成员具有非制度性的规范性和约束力。组织文化是组织力量形成过程中的润滑剂和催化剂，是组织的核心灵魂。被分散在各个组织中的教师教育者不但无法形成具有教师教育特色的组织文化，而且还常常陷入组织文化的冲突之中找不到身份认同。对这些弊端的克服构成了建立教师教育专门机构的理由。因此，教师教育者群体需要有专门的实体性组织机构和相应的组织机制。

当前，教师教育者的组织模式主要有：①分散式的传统模式。各类教师教育者分属各自的学科组织和行政组织，教师教育课程被定性为"公共课"。②教务处内设教师教育工作办公室，负责教师教育课程的组织协调工作。③教师教育工作处，基本职能同教师教育工作办公室，增加了教师教育发展规划的宏观职能，并且机构级别比②要高。④教师教育学院。有两种情况，一种是作为教育实体性机构，集行政组织与学科组织于一身，教育学教师、心理学教师和学科教学论教师集中于教师教育学院，并且承担幼儿园、中小学实习基地的建设任务；另一种是行政职能性机构，各类教师教育者原有的组织身份不变，教师教育学院主要承担职前教师培养和在职教师培训的组织协调职能。分散式的传统组织模式在独立教师教育体系中还具有适切性，但在教师教育大学化情势下，明显不能适应教师教育发展需要。模式②和③是教师教育组织化水平不断提高过程中的先后过渡形式，模式④代表着教师教育组织建制的方向。问题的关键只在探索如何强化和完善教师教育学院的职能。

三 谁来监督？——行政权力与专业权力相配合

《中华人民共和国标准化法》第三条规定："标准化工作的任务是制定标准、组织实施标准和对标准的实施进行监督。"标准的制定是实施的前提，监督是实施的逻辑后承。从组织管理学的视角来看，没有监督的组织过程就无法得到持续地改进。因此，监督是高校实施国家教师教育课程标准的重要环节。监督的实质是权力的运作，是权力机制对实施过程的规范性约束。从"标准"的语义来分析，标准本身就内在的具有强制性的约束力。《辞海》对"标准"的定义是："衡量事物的准则。如：取舍校准。引申为榜样、规范。"《中华人民共和国标准化法条文解释》规定："标准"是"对重复性事物和概念所做的统一规定。它以科学、技术和实践经验的综合成果为基础，经有关方面协商一致，由主管机构批准，以特定形式发布，作为共同遵守的准则和依据"。由此可见，标准具有两项重要功能：一是规范，就是运用标准来指导执行者的具体实施过程；二是评估，即是对执行者具体实施标准的情况进行总结性的判断，以便改进实施的组织过程。规范与评估二者相辅相成，集中体现为监督职能。

国家教师教育课程标准内在地具有两种权力，以及与此相应的两种权力主体，即两种监督主体。一方面，国家教师教育课程标准是质量管理标准，具有行政权，行政组织是权力主体和监督主体。制定和实施国家教师教育课程标准的时代背景是教师教育大学化。在独立教师教育体系时期，教师培养的主要矛盾是数量矛盾而非质量矛盾，教师培养的质量受封闭的培养体系保障。在教师教育大学化之后，教师培养主体、课程设置、组织过程、质量定义均表现出多元化特点，教师教育质量受到社会质疑，从而产生了对《标准》的社会需求。政府部门是公共利益的代表者，也是各级各类教师教育机构的举办者，理所当然要对教师培养质量承担责任。从《标准》的制定过程即可窥见行政权力的作用。《标准》的制定由教育部师范司通过项目招标来完成，《标准》的实施由教育部发布公文的形式启动。政府是《标准》制定和实施工作的主导者和组织者，《标准》具有行政强制性的规范力。政府主持国家教师教育课程标准的制定和实施工作的初衷是提高教师人才培养质量，《标准》的制定和公布仅仅是个开端，政府还需要扮演教师教育课程实施质量的保证人角色，对《标准》实施过程的质量进行监督。

另一方面，国家教师教育课程标准是专业教育标准，具有专业权，专业团体是权力主体和监督主体。国家教师教育标准的核心价值理念是促进教师（幼儿园、中小学）专业发展。传统的观点认为教师只是普通职业，任何具有一定知识文化水平的人都可以从事教师工作。现在的主流观点提倡教师必须是"专业"的，也有"准专业"和"半专业"的说法。无论在表述上有多大的分歧，至少普遍认同教师职业是个专业化职业，而非普通职业。系统的专业教育是专业化职业从业者任职资格的必要条件之一。可现实的情况是，在教师教育大学化之后，体现教师教育专业特性的教育类课程在相当大程度上被弱化。教师教育专业被学科专业挖空，教育类课程被认为是公共课，备受教师冷落，教师教育的专业性无从体现。基于教师职业是专业的立场，教师教育应该是专业教育，提升教师教育专业地位是当务之急。《标准》正是在专业化浪潮推动下产生的，《标准》的制定过程反映了教师专业多方面利益主体的发展诉求。从专业社会学来看，专业要求建立准入制度，非专业人员对专业事务没有发言权，也无权对专业活动过程进行干涉。因此，从专业立场出发，《标准》实施过程是否达到要求，也只有专业人员及专业人员组成的专业团体才有作出判断的权力。

上述分析表明，《标准》内在具有行政权与专业权，只有政府部门的行政权力与专业团体的专业权力相互配合，对《标准》实施过程的监督才会有效。没有专业权力的作用，行政权力的滥用是对专业教育的巨大威胁。因为从专业的角度来讲，政府部门毕竟是外行。同时，《标准》的监督又离不开行政权力的保障。政府是教师教育机构的举办者，专业权力的弱强制力无法保证教师教育的质量改进。尤其是在我国，专业团体并不具有足够的社会影响力，专业团体的活动只有在政府的支持下才会发挥实质性的作用。因此，行政权力与专业权力需要相互配合，共同发挥对《标准》实施过程的监督作用。问题的关键是，如何配合？我们认为，两种权力需要有明确的分工，才能有高效的配合。具体来讲，专业团体从专业的立场，运用专业权力对《标准》的实施进行专业评估。专业评估的依据有二：一是《标准》，二是机构实施《标准》的证据。专业评估只考虑此二者的符合程度，不考虑其他主客观因素，然后，作出评估结论和改进建议。政府部门的监督作用主要是根据专业评估的结论和建议，并考虑到社会控制性因素，对教师教育机构进行奖励与惩罚、许可认证、资源分配和督察督办等。

参考文献

[1] 李海英. 教师教育课程设置的价值取向 [J]. 全球教育展望，2005 (1).

[2] 杨秀玉，孙启林. 教师的教师：西方的教师教育者研究 [J]. 外国教育研究，2007 (10).

[3] 顾明远. 我国教师教育改革的反思 [J]. 教师教育研究，2006 (6).

[4] 杨跃. 教师教育者身份认同困境的社会学分析 [J]. 当代教师教育，2011 (1).

[5] 李学农. 论教师教育者 [J]. 当代教师教育，2008 (1).

[6] 巴纳德. 组织与管理 [M]. 曾琳，赵菁译. 北京：中国人民大学出版社，2009.

[7] 顾明远. 大学文化的本质是求真育人 [J]. 教育研究，2010 (1).

[8] 华勒斯坦，等. 学科·知识·权力 [M]. 刘健芝等译. 北京：生活·读书·新知三联书店，1999 (3).

[9] 宣勇，凌健. 大学学科组织化建设：价值与路径 [J]. 教育研究，2009 (8).

[10] 杜玛，斯赖德. 组织经济学 [M]. 原磊等译. 北京：华夏出版社，2006.

[11] 邸强，郭俊华. 组织资本与组织绩效：理论分析与实证检验 [M]. 上海：上海交通大学出版社，2010.

[12] 夏征农，陈至立. 辞海：第六版彩图本 [Z]. 上海：上海辞书出版社，2009.

[13]《教师教育课程标准》专家组.《教师教育课程标准（征求意见稿）》咨询专家意见分析 [J]. 全球教育展望，2008 (9).

从学分结构及课程设置探讨
《教师教育课程标准（试行）》[*]

唐明钊[**]

（四川民族学院高教研究所，四川康定，626001）

摘　要：《教育部关于大力推进教师教育课程改革的意见》和《教师教育课程标准（试行）》明确了教师教育课程设置标准。育人为本、实践取向、终身学习的理念将贯穿教师教育的全程。"标准"的实施，有利于弱化教师教育机构长期存在的学科本位思想，有利于推动教师教育改革，有利于培养适应基础教育课程改革和儿童教育发展的新型人民教师。"标准"的实施，必将深刻影响我国教师教育——甚至影响整个教育的发展。由于多方面原因，《教师教育课程标准（试行）》可能在学分结构与课程安排上还存在一些不足，相信这些困难与担忧会随着教师教育改革的不断深入而逐渐消解。

关键词：教师教育；课程标准；学分结构；课程结构

2011年10月8日，教育部下发了《关于大力推进教师教育课程改革的意见》（以下简称"意见"），盼望多年的《教师教育课程标准（试行）》（以下简称"标准"）作为该文件的附件正式印发。教师教育从此有了指导性的课程标准。"标准"涉及幼儿、小

---

[*] 本文系四川省教育厅2009~2012年高等教育人才培养质量和教学改革重点项目"教师教育专业职业素养养成教育模式探索"（项目编号：Z11177）相关研究。

[**] 唐明钊，四川民族学院高教研究所，副研究员，研究方向：教育学。E-mail：jhttang@126.com。

学、中学三个层次的职前教师教育和在职教师教育。"标准"明确了国家对教师教育机构设置、教师教育课程的基本要求，是制订教师教育课程方案、开发教材与课程资源、开展教学与评价以及认定教师资格的重要依据。

由于"标准"涉及内容丰富，本文仅以中学职前教师教育为例，结合课程学分结构及课程设置对"标准"进行解读与探讨。

一 "标准"的学分结构

"标准"确立了教师教育的地位，明确了教师教育的专业化发展方向，从课程学分结构上看，仍然存在一些值得思考的问题。为了便于描述，笔者将"标准"中教师职前教师教育的课程最低学分要求（按4年制本科）梳理如下。

	幼儿园	小学	中学
最低必修学分	44	24	10
选修学分	20	8	4
教育实践	18周	18周	18周
总学分	64学分+18周	32学分+18周	14学分+18周

结合上表中数据，以四年修读总学分为170分计算，教师教育课程学分（教育实践18周的折算9学分）在不同类型的教师教育中是有差异的，其中：幼儿园超过40%、小学接近25%、中学接近15%。以学科为基础的高校院系与专业及课程设置现状仍然在"标准"中有所体现，特别是在中学职前教师教育课程设置中，传统的学科本位没有得到根本的改变。以下是"标准"的中学职前教师教育与《四川省中小学教师培养教学指导意见（试行）》及笔者所在的四川民族学院教师教育课程学分情况的一个比较。

	最低必修学分（分）	最低选修学分（分）	教育实践	总学分（分）	百分比（%）
教师教育课程标准（试行）	10	4	18周	23	14
四川省中小学教师培养教学指导意见（试行）	15	8	15学分	38	22
四川民族学院教师教育专业人才培养方案（2011版）	24	10	18周	43	25

表中数据说明：一些地方、高校的教师教育课程设置比例已经超过了最新"标准"。"标准"有很多亮点，诸如明确提出育人为本、实践取向、终身学习三个理念，注重实践，强调教师的养成教育等，都为教师教育的健康发展，特别是教师教育的专业化发展提供了支撑。但由于教师教育课程学分总量偏低，可能导致一些关涉教师文化与教育思想、教师职业技能的培养目标难以实现，特别是在传统学科本位的院系结构中，"标准"的实施面临着困难。笔者作为一名教育工作者，曾多次参与所在学院人才培养方案的制订，特别是教师教育课程设置，往往会面临着学科本位的阻力。

二 "标准"的课程结构

"标准"将教师教育课程分成了公共基础课程、学科专业课程和教育类课程，并针对教育类课程制定了"标准"。这个"标准"由课程目标、课程设置及学分构成三部分组成。在课程目标中又分目标领域、目标、基本要求三个部分，每个部分都有非常具体的说明，如目标领域下分成了教育信念与责任、教育知识与能力、教育实践与体验。从设置的目标来看，较完整地概括了教育类课程培养目标，如果这些目标能够实现，教师专业化程度将会有相当大地提升。在课程设置的框架建议中，"标准"提出了六个课程学习领域，即：儿童发展学习、中学教育基础、中学学科教育与活动指导、心理健康与道德教育、职业道德与专业发展、教育实践。在每一个学习领域，"标准"给出了建议模块和相应的学分要求。从给出的课程模块来看，"标准"的确能对教师教育起到一定的指导意义。但问题是在总学分只有 14 学分的前提下，除了教育学、心理学、学科教学论等"老三门"，还有多少学分可以用来开设相关课程？当然，可以对传统的教育学、心理学、学科教学论等课程内容进行"改造"，但这种"改造"是有限的。

为了进一步说明教师教育课程设置情况，笔者结合《四川省中小学教师培养教学指导意见（试行）》及四川民族学院教师教育课程设置情况，以表格形式进行比较（总学分按 170 分计算）。

平台/模块	课程组/子模块		学分（分）	建议模块/课程举例
教师教育课程标准（试行）	公共基础课程			
	学科专业课程			
	教育类课程		23（含18周实践折算的9学分）	儿童发展、中学生认知与学习等。教育哲学、课程设计与评价、有效教学、学校教育发展、班级管理等。中学学科课程标准与教材研究、中学学科教学设计、中学综合实践活动等。中学生心理辅导、中学生品德发展与道德教育等。教师职业道德、教师专业发展、教育研究方法、教师语言、现代教育技术应用等。教育见习、教育实习
四川省中小学教师培养教学指导意见（试行）	通识课程			
	学科专业课程	专业基础课程		
		专业发展课程		
	实践课程			
	教师教育课程	教师教育通识课程	必修 10	必修：教育学基础、教育心理学、现代教育技术、普通话、书法，选修：教育科学研究方法、教学活动指导、班主任工作艺术
			选修 7	
		教师教育学科专业课程	必修 5	必修：学科教学论、学科教师教育特色课程，选修：学科课外活动辅导课
			选修 1	
		教师教育实践课程	15	教育见习（含试讲）、教育实习、毕业论文与设计

16

续表

平台/模块		课程组/子模块	学分（分）		建议模块/课程举例
四川民族学院教师教育专业人才培养方案（2011版）	通识课程	"两课"	16	未含选修	大学英语、军训（含理论）、实践（社会实践、科技活动、专业见习、专业实习）、毕业论文（毕业设计与创作）、创新教育
		身体素质课程	8		
		综合素质课程	32		
	执教学科专业课程	专业基础课程	80		
		专业拓展课程	4		
	教师教育专业基础课程	教育学、心理学课程	8		教育法学概论（含师德）、现代教育技术、教学语言艺术（含普通话）、学科教学论、讲课训练、学校管理（含班团组织管理）、高中教材研究（含课程标准解读）、中外教育名著选读
		教师职业技能课程	12		
	教师教育专业拓展课程	科学人文素养课程	11 选修5		现代科技概论、中国传统文化概论、美术欣赏、音乐欣赏、汉字与汉文化、中国文学名著选讲、外国文学名著选讲、德育原理、美育、中国教育思想史、外国教育思想史、家庭教育学、规范汉字书写、思维科学概论、教育测量与评价、名师课堂教学艺术、教育研究与方法、教育科研论文写作等
		教育思想素质课程	5 选修2		
		教育技能拓展课程	6 选修3		

通过比较，"标准"的指导意义更为明显，但从操作层面来说，难度很大，特别是当涉及以学科本位的院系利益时，往往很难推进。从"标准"来看，教育类课程目标具体，建议模块内容很丰富，对教师教育改革，特别是课程建设具有指导意义，但是如何把这些培养目标纳入课程，在14个学分中实现，是一个值得思考的问题。

特别值得注意的是，在"意见"中提出了"注重未来教师气质的培养，营造良好的教育文化氛围""重视塑造未来教师的人格魅力"等内容。气质、人格魅力来自什么？来自未来教师的文化

17

积淀、教育理念、教育思想以及教师言传身教为人师表的教育实践。但从"标准"课程设置的建议模块来看，教师教育的"匠人"特征明显，"艺术家"的气质偏低，即"标准"重视教师未来的执教能力，对教师的科技人文素养与教育思想理念，特别是教师自身的发展能力的培养，重视不够。从文件的形成过程来看，"意见"应该是对"标准"的强调、强化和补充。其中，也多少反映了教师教育所面临的现实问题。对于教师来说，仅有执教学科专业知识、教师职业素养是远远不够的。社会需要具有创新思维的创新型人才，迫切需要教师具有超强的创新能力。教师作为反思性实践者，反思的能力来自何处？来自教师自身的文化积淀，来自教师的教育理念与思想。因此从这个意义上说，教师应该是具有正确世界观、人生观、价值观和丰厚文化底蕴的文化人。教师不仅仅是聚集教育资源的合作者、提升素质的研究者、个性化教育的设计者，更是先进文化的传承者。只有培养出真正有文化、有思想的新型教师，才能造就大批德才兼备的具有创新思维能力的创新型人才。

三 对"标准"的几点认识

从"标准"的学分结构与课程建议模块来看，还存在一些需要进一步思考的东西，但这个"标准"的出台，指向明确，意义深远，它预示着我国教师教育将迎来新的发展机遇。

（一）明确了教师专业化发展方向

1966年，联合国教科文组织通过了《关于教师地位的建议》，认为教师是专门化的职业。国际21世纪教育委员会指出："教学质量和教师素质的重要性无论怎样强调都不过分……提高教师的素质和动力，应该是所有国家优先考虑的问题。"20世纪80年代以来，教师专业化问题受到了国际社会的广泛关注，教师教育专业成为世界性的潮流，并极大地推动了教师教育新理念和新制度的建立。1998年，在中国北京召开的"面向21世纪师范教育国际研讨会"进一步明确了"当前师范教育改革的核心是教师专业化问题。"此后，教师专业化问题在争论中逐步达成了共识，但在教育实践中，由于缺少必要的政策导向，教师专业化还没有真正走出传统学科专业教育的窠臼。而"意见"和"标准"的出台，从政策层面，明确了教师专业化发展方向。虽然"标准"中教育类课程学分总量还相对偏低，但"意见"要求以"三个面向"为指导，优化教师教育课程结构，构建体现先进教育思想、开放兼容的教师教育课程体系。教师专业化会在教师教育实践中进一步完善。

（二）注重实践，强调养成与终身学习

教师专业化是一个持续不断的过程，教育专业化既是一种状态，也是一个不断深化的过程。在这个过程中，教师作为反思性实践者，在实践与养成中成长。"标准"强化实践、注重养成教育。"意见"强调加强教师养成教育，注重教师人格魅力的渐进养成。

教师专业化依赖于职前教育、在职培训，也依赖于教师作为反思性实践者在教育实践中自我培养、自我提升的能力。"标准"既列出职前教育的课程目标与建议模块，也列出了在职培训的课程目标与建议模块。特别是把终身学习作为课程标准的三个基本理念之一予以高度重视。"标准"强调"教师是终身学习者，在持续学习和不断完善自身素质的过程中实现专业发展"，要求"教师教育课程应引导未来教师树立正确的专业思想"，"养成独立思考和自主学习的习惯"；"引导教师加深专业理解，更新知识结构，形成终身学习和应对挑战的能力"。正如江泽民同志所说："教师更应该与时俱进，不断以新的知识充实自己，成为热爱学习、学会学习和终身学习的楷模。"

终身学习理念是1965年时任联合国成人教育局局长的法国著名教育家保罗·郎格朗首先提出的。1994年联合国教科文组织在

意大利举行了首届世界终身学习会议，提出了终身学习是人类 21 世纪的生存概念。党的十六大明确提出创建"全民学习、终身学习"的学习型社会，把"形成全民学习、终身学习的学习型社会，促进人的全面发展"作为全面建设小康社会的奋斗目标之一。作为教师教育举办者，作为未来人类灵魂的工程师更应该以"标准"的终身学习理念，坚持终身学习，与时俱进，才能适应时代发展的需要。

教师不是职业，而是特殊的职业角色，教书育人才是教师的职业。对于教师来说，师德重要，专业知识重要，教学能力重要，文化、思想同样也重要，换言之，要扮演好教师这个角色是有相当难度的。教师教育的过程就是塑造教师形象的过程，教师教育是一个教师人文素养、教育思想、教学技能、专业知识的生成过程。"意见"提出的养成教育，体现了教师教育特殊性，只有通过长期的养成教育，才能把教师的良好的行为模式变成一种习惯，一种令人仰止的角色形象气质和人格魅力。

（三）鼓励确立教师教育的双导师制

由于学科本位思想的影响，传统的教师教育举办者对基础教育的关注是不够的，基础教育对教师教育的参与也是不够的。特别是在教育见习、实习等领域，近年来迫于就业压力，"放羊式"的教育实践似乎已经成为一种常态。随同"标准"出台的"意见"明确了"高校和中小学要选派工作责任心强、经验丰富的教师担任师范生的实习指导教师"并支持"高校积极开展中小学教育教学改革试验"，要求高校"担任教育类课程的教师要有中小学教育服务工作经历"，要求"聘任中小学和幼儿园名师为兼职教师"且规定"占教育类课程教学教师人数不少于20%"并逐步"形成高校与中小学教师共同指导师范生的机制，实行双导师制"。

（四）强调育人为本

"标准"所指育人为本有两层含义：一是作为教师教育举办机

构，要坚持育人为本，以未来教师的专业成长、角色扮演需求、教育岗位需要为出发点和归宿点；二是教师教育机构培养出来的未来的人民教师要能以人为本，尊重教育规律，了解儿童心理，注重因材施教，帮助儿童健康成长、成人成才。育人为本是教育的根本，但近年来，由于片面追求所谓"项目""级别"数量、项目经费的多少，加之评价标准滞后，一些院校为项目而"项目"、为教改而"教改"、为精品而"精品"、为团队而"团队"、为特色而"特色"，育人为本变成了项目为本、科研为本、经费为本，背离了教育的根本。

另一个值得注意的现象是，由于对教师教育大学化片面理解，一些以教师教育为主的师范院校盲目向综合性大学发展，背离教师教育"主业"。加之受就业市场的影响，一些师范院校在进行人才培养目标定位时，盲目追求专业的普遍适应性，强调一专多能，而对教师教育的"双专业"（执教学科专业、教育学专业）属性认识不足，对教师教育的特殊性认识不足，特别是对教师的科技人文素养与教育思想熏陶认识不足，进而弱化了教师教育相关课程。以汉语言文学为例，一般培养目标是毕业生既能胜任中小学教师或教育管理工作者，又能在机关企事业单位从事文秘，还能在文化新闻部门从事文化、新闻工作。的确，一个受过专业教育的人可能有能力扮演很多个职业角色，但同时也说明即使是教师教育举办机构，对教师教育的目标定位认识也是不够的。

因此，"标准"对教育举办者强调育人为本，耐人寻味，值得教育工作者深思。

四 来之不易的"标准"

其实，早在20世纪90年代，国家教育委员会师范教育司曾组织数十所师范院校参与研究"八五"规划课题《师范教育改革与师资队伍建设》，并在此基础上制订了《高等师范学校四年制本科教学方案》《高等师范学校三年制专科教学方案》《高等师范学校二年制专科教学方案》《中等师范学校四年制教学方案》《中等师范学校三年制专科教学方案》以及《教师职业后进修教学方案》。这些方案把课程分为公共课程（含马克思主义哲学、思想政治教育、外语、体育、计算机技术等）、学科课程（分学科培养的专业课程）、教育课程（心理学、教育学、学科教学法、三笔字、教师口语、班主任工作、现代教育技术等）、实践课程（教育见习、实习）。一些省级教育主管部门也依据这些方案制定了相应的实施文件，包括一些技能检测标准等，但可能是因为政策力度不够，难以突破传统学科本位院系分割格局，导致这些方案并没有得到很好实施。

四川师范大学教师教育学院四川省教师教育研究中心王芳、颜海波等主持的四川高校教师教育类课程设置现状研究的调查报告表明：师范生对教师职业道德意向与评价存在偏差，对教育类课程的认识与实际学习态度及状况之间存在较大差距，对教育类课程的教学内容和授课方式的整体满意度低，迫切需要制定对教师教育具有指导引领作用的课程"标准"。

2001年，《国务院关于基础教育改革与发展的决定》提出："完善以现有师范院校为主体、其他高校共同参与、培养培训相衔接的开放的教师教育体系"。同年，人民教育出版社出版了教育部师范教育司组织编写的《教师专业化的理论和实践》。十年后，教师教育课程标准才得以印发试行，可见"标准"来之不易。"标准"作为《教育部关于大力推进教师教育课程改革的意见》附件印发，国家对教师教育课程改革的重视力度、"标准"的价值由此可见。正是基于对传统学科本位院系分割背景的担忧，"标准"在学分结构与课程安排上可能存在一些不足，相信这些担忧会随着教师教育改革的不断深入而逐渐消解。

总之，"标准"的颁布，标志着教师教育终于有了课程设置标准。"标准"的实施，有利于弱化教师教育机构长期存在的学科本位思想，有利于推动教师教育改革，促进教师教育健康发展，有利于培养适应基础教育课程改革和儿童教育发展的新型人民教师。

"标准"的实施,必将深刻影响我国教师教育——甚至影响整个教育的发展。

参考文献

[1] 舒志定. 教师角色辩护——走向基础教育课程改革 [M]. 杭州:浙江大学出版社,2006.

[2] 李其龙,陈永明. 教师教育课程的国际比较 [M]. 北京:教育科学出版社,2006.

[3] 谌启标. 教师教育大学化的国际比较 [M]. 福州:福建教育出版社,2008.

[4] 单中惠. 教师专业发展的国际比较 [M]. 北京:教育科学出版社,2001.

[5] 中共中央文献编辑委员会. 江泽民文选第三卷 [M]. 北京:人民出版社,2006.

[6] 金长泽. 师范教育改革与师资队伍建设 [C]. 上海:华东师范大学出版社,1996.

[7] 王芳,雷云,郭英. 四川教师教育探索 [C]. 四川师范大学电子出版社,2010(7).

《教师教育课程标准（试行）》
解读之我见

张崇福*

（成都嘉祥外国语学校郫县分校，四川成都，611730）

摘　要：《教师教育课程标准（试行）》突显了育人为本、实践取向、终生学习的精神实质；框架合理，意义重大，有很强的针对性。其内容有利于教师职业的专业化，做到了分类细化，有所区别，并重视对师德培养，重视学生心理，从而体现了人本的取向。但是，也有一定不足：学科教育活动相关课程和在职教育的内容比重较少，且未制定大学教师教育课程标准，未充分体现实践取向的理念以及缺失教师心理健康维护的内容。所以，只有不断总结、反思并认真听取各方意见，从各方面不断完善和改进，才能真正地全面推动我国的教育事业，才能培养出符合时代背景的教师和人才。

关键词：课程标准；教师教育；专业化

一　教师教育的意义

（一）教师的作用

《师说》有云：师者，传道授业解惑也。此乃师之作用也。在

---

* 张崇福，男，成都嘉祥外国语学校郫县分校教师，主要研究方向：心理咨询与教育。

李小融编写的《教育心理学新编》一书中,学生的学习有一个特点叫组织计划性,即学生的学习是在学校和教师有目的、有组织、有计划的情境下进行的。而学生的主要学习方式就是课堂学习,课堂又是教学的一个基本单位,课堂所包含的三个要素中就有两个与教师相关,分别是教师和师生的相互作用,足见教师的作用之大。

虽然新课改强调发挥学生的主体性,要放手给学生,让学生主导,但是依然提到需要老师发挥各种作用。那就是,教师是新课程的探究者与开发者,是教与学的设计者与创造者,是学生发展的合作者与促进者。

(二) 教师教育的意义

前面笔者已经阐述了教师的作用,正因为教师作用重大,那么对于教师的教育也就显得尤为重要。

钟启泉认为:"'教师教育'隐含了三个发展脉络——教师培养的渠道由单一闭锁走向多元开放过程,由职前培养走向终身发展,教师形象由教学技术人员走向'反思性教学'专家,讲究专业素质。这样,从'教师教育'的发展脉络必然引出'教师教育模式'优于'师范教育模式'的三个基本点:第一,它不是封闭与守旧的,而是寻求开放与创造。第二,它的主旨不在于'完成式教师'的养成,而在于'未完成式教师'的培养。第三,它不局限于'教师个体'的养成,而是旨在'教师集体'的形成。"

同时,它对于教师专业化起到了推动和促进作用。教师专业化包含学科专业性和教育专业性,既包括专业知识素养,也有教育知识、教育能力和职业道德的要求。教师的立身之本是专业素养,教师教育课程在形成教师专业素养方面具有不可替代的作用。《师说》有云:"是故弟子不必不如师,师不必贤于弟子。闻道有先后,术业有专攻,如是而已。"从结构来解释,其重点是落在"术业有专攻"之上,这也告诉我们需要重视老师的专业性。

二 《教师教育课程标准（试行）》的价值与意义

课程标准是规定某一学科的课程性质、课程目标、内容目标、实施建议的教学指导性文件，是开展教学活动的基本依据。课程标准的内容应涉及认知、情感与动作技能三个领域。教师教育课程标准，即教师教育专业培养标准，是指在教师教育阶段，依据教师教育的目标定位与培养计划，依据《国家职业资格标准》以及相关标准，以学生职业综合素质的培养与提高为核心而确立的课程设置和教学内容以及考核标准。

廖哲勋在《论高师院校本科课程体系的改革》中曾说，"我国师范院校本科课程忽视了课程标准的设计"，所以这次《教师教育课程标准（试行）》（以下简称《标准》）是填补了一大空白，并突显了育人为本、实践取向、终生学习的精神实质。在对《标准》进行专家咨询问卷调查中，专家们对《教师教育课程标准（征求意见稿）》予以认可或肯定，认为该课程标准框架合理，意义重大，有很强的针对性。

（一）有利于教师职业的专业化

《教师教育课程标准》的研制工作是 2004 年 10 月教育部为了适应教师专业化和教师教育发展的新形势，决定调整和改革教师教育课程，构建以促进教师专业发展为核心的教师教育课程体系而启动的。教师专业化的内容应包括：①要使教师掌握较高的专业知识（所教学科）和技能体系；②经过较长时期的专门职业训练，掌握教育学科的知识和技能，并需经过"临床"实习；③要有较高的职业道德；④教师需要不断增强自身的能力，即进修的意识和不断学习的能力；⑤教师有权根据教育方针和课程标准自主地处理教育教学工作，自主地提出教师资格的要求，并对自己的行为负责；要有职业的专门组织，即行业组织，进行行业自律。而这次的《标准》就从很多方面体现了以上内容，比如每个课程目标里的教育信念与责任、教育知识与能力、教育实践与体验这三大目标领域就已经涵盖了教师专业化的几大内容。而后面相应的课程设置既有教育教学、教育管理课程，也有职业道德和专业发展的课程，还有教育实践的安排，这也完全将几大内容融于了课程中，从而进行教师专业化的教育。而教师专业标准是提高教师队伍整体素质的重要保障，是教师教育教学活动科学有效的重要指导，是教师专业发展的重要依据，是教师教育的重要指南。

（二）分类细化，有所区别

这次的标准根据不同的教学层次针对幼儿园、小学和初中教师制定了职前教育的课程目标与课程设置。每个层次的教学目标、课程设置都具有针对性。比如在幼儿教师的教师教育课程中，目标就只针对其教学对象——幼儿，包括对幼儿心理的了解，对幼儿的教育与管理等；不管是小学还是初中，整个内容都只是针对以后将面对的教育对象，这样就更有针对性，真正达到了细化、专业化。

另外，课程目标的设定上分为教育信念与责任，教育知识与能力，教育实践与体验三个领域，每个领域又包括三个目标，每个目标下又有多条基本要求。关于幼儿园职前教师教育课程目标的教育信念与责任领域就有9条基本要求，教育知识与能力领域有19条，教育实践与体验领域10条，总共是38条；小学职前教师教育课程目标的三大目标领域的基本要求则分别是9条、18条和9条，总共36条；中学职前教师教育课程目标三大目标领域的基本要求分别是9条、16条和9条，总共34条。而从这些数字可以看出，目标要求非常细化，牵涉方方面面。这也充分说明专家组在制定标准的时候考虑得很全面、很精细。

（三）重视对师德的培养

百年大计，教育为本；教育大计，教师为本；教师大计，师德为本。我们今天都谈言传身教，身教重于言教。正所谓，"其身正，不令而行；其身不正，虽令不从"，老师就需要"为人师表"和"教书育人"。本次《标准》加大了师德的教育与学习，除了有教师的职业特点和专业要求，还有教师的权利与责任，教师职业道德。当然，对学生学习心理的了解和学习，也有助于从侧面提高教师的师德。这在丧失师德的各种报道满天飞的今天显得尤为必要。

（四）重视学生心理学，体现了人本的取向

《标准》中，各个层次的职前教师教育都把对教学对象心理的学习和认识放在了非常重要的地位，不管是从要求上还是从学习的模块上，都占了非常大的篇幅。这是把心理学、把教学对象放在首位，真正体现人本的一个举措。因为只有适合学生的，才利于学生发展；当教师了解了学生的认知特点、交往特点等一系列的心理特点，才可以设计出更适合学生年龄特征和心理特征的课程和活动，才更能激发学生的学习兴趣，便于学生掌握学习内容。

三 《教师教育课程标准（试行）》中的不足

虽然《标准》提供了基本的框架、理念和原则，内容范围、使用方法和要求显得非常详细，但是依然存在一些不足。

（一）学科教育活动相关课程比重较少

《标准》更多是侧重于教育相关理论的学习，在学科教育与活动指导这一学习领域的学习模块，除了幼儿园涉及活动的要多一些，达到了11个模块，小学和初中都很少，才4、5个模块。虽然高等教育是要注重理论，教师的工作也需要理论进行指导，但是理论在某种程度上是抽象的、滞后的，具体的学科教学光有理论是不够的，对教材的研读、课堂管理技巧、教学设计等方方面面都非常重要，这也是考察教师最基本的一些要求。就笔者所观察到的，亦是许多中小学教师发现的，很多

刚刚入职的新教师，虽然可以很好地通过公招考试，可是对于教学工作的了解却很少。所以，职前教育不应该只是理论的教育，还应该有具体的、可用的关于学科教学活动开展的学习。这样，我们的教师在进入岗位后才可以更好地开展教学工作。因为，教师以后要开展的是学科教学活动，不是理论研究；如果对学科活动的开展了解不深入，势必不利于教师快速成长，也不能创造很好的教学活动。所以，应该多增加这方面的学习内容，培养和促进教师的教学能力和素养。

（二）以实践取向的理念未充分体现

在教学实践领域这方面的整体体现是，教学实践时间过短且要求不明确，虽然《标准》中关于教育实践时间规定为18周，但是相对于繁重的理论学习而言就显得比重太低；同时，也没有强调和明确对教学实践的有效指导，也没有涉及指导的具体要求。毕竟准教师们不可能只是通过观察或观摩就可以掌握教学的精髓。而很多发达国家对于教学实践的时间要求很长，如德国非常强调师范生的教育教学实践，不仅在大学阶段安排了实践而且还规定了两年见习期；法国则将教育实习系统化和制度化了；英国"3+1"教师培养模式中，教育实践共计24周，师范生有大量时间置身于中小学。所以，相比之下，《标准》并没有真正做到以实践为取向，相反还是以理论为主导。针对情况，应该适度增加关于学科教学的课程学习。

（三）未制定大学教师教育课程标准

《标准》只是针对了基础教育阶段的教师，却没有涉及另一个非常重要的群体——大学教师。当今的基础教育被社会各界严厉批评，而大学教育又何尝不是被社会批判的对象。足见，大学教学依然需要提升、改变。前文已经阐述了教师在教育教学工作中的重要地位，如果不对大学教师进行教师教育，又怎能促进大学教育之改革和发展？然而，我国高校没有意识到大学教师发展是个全局性、终身性的概念，对大学教师的继续教育也没有足够的重视。一般高校教师仅仅是在暑期接受不到一个月的教师职前培训，这对一名从事教育尤其是高校教育工作的教师来说是远远不够的；而且这种职前培训时间短，又没有教育实习环节，自然不能很好地促进教师的专业发展。继续教育的缺失势必导致了大学教师的知识与能力等不能及时更新、重构与改组而引起教师素质下降，严重影响了大学教育的质量。所以，为了使高等教育不断发展、进步，为社会主义建设培养更好的人才，我们的大学教师教育课程标准也应该建立。

（四）在职教育的内容过少，终身学习的理念体现不充分

虽然《标准》对在职教育给出了框架建议，但是相对前面的职前教育就显得不够分量。今天的在职教育有形式化、时间短、内容不适用等各种各样的问题，但是《标准》却没有对这方面作出详细的要求，这不利于教师的继续教育和发展。终身学习不应该是口号或是形式，而应该是具体可行的，所以这方面的内容应该更具体一些。只有这样，才符合构建学习型社会的要求，才能不断提高教师专业素养以适应新时代对教师的要求和挑战。

（五）对教师心理健康维护内容的缺失

虽然《标准》加大了对学生心理的学习和教师师德的培养，可是唯独没有教师心理健康维护的内容。这是很多人根本就没有意识到的却又非常重要的一件事。

第一，从心理健康教育的工作内容来看，心理健康教育的对象本身就包括了教师；同时，教师又是学校的非常重要的组成部分之一，心理教师不能丢失掉这个本来就该开展的工作。教师和学生同等重要，教师的心理健康和学生的心理健康同等重要，只有在关注了学生的心理健康教育的同时，也同样关注教师的心理

健康，这才是人本与和谐的体现，也才是心理健康教育工作真正正常的、全面的开展。

第二，教师的心理健康一旦出现了问题，既不利于教学工作的开展，也不符合科学发展观的要求。作为老师要"教书育人"，要"为人师表"，教师队伍一旦出现问题，其教育教学工作必然会出现问题或受到影响，教育就不可能达到其目的或是收效甚微，毕竟教师对于学生而言，既要"传道"，也要"授业"，还要"解惑"。一旦这个要素出现任何问题，教学工作无从谈起，并且，和我们今天讲求人本的这个时代背景亦是不相符合的。

四 小结

每一次变革都需要经受检验，专家们在经历了长期的努力之后，制定了很好的《标准》，这对推动基础教育必然会起到非常好的作用。但是，只有不断总结、反思并认真听取各方意见，从各方面不断完善和改进，才能真正地全面推动我国的教育事业，才能培养出符合时代背景的教师和人才。

参考文献

[1] 李小融．教育心理学新编［M］．四川：四川教育出版社，2005（1）．

[2] 曾剑．新课程下教师的作用在哪里［EB/OL］．http：//www.szlh.gov.cn/common/icatalog/content.jsp? id = 131342．

[3] 钟启泉．教师教育创新的关键：教师教育课程标准［J］．中国社会科学报（教育学），2010·03·04（9）．

[4] 汪建莉．教师教育专业化课程标准体系研究［D］．江苏：江苏大学，2010．

[5] 《教师教育课程标准》专家组. 《教师教育课程标准（征求意见稿）》咨询专家意见分析［J］. 全球教育展望, 2008 (9).

[6] 侯蓉. 对大学教师教育课程标准建构的思考［J］. 扬州大学学报（高教研究版）, 2008 (2).

[7] 王嘉毅. 教师专业标准的意义与作用［EB/OL］. http://www.moe.edu.cn/publicfiles/business/htmlfiles/moe/moe_1485/201112/127997.html.

[8] 薛赛男. 发达国家教师教育课程设置的特点及启示［J］. 世界教育信息, 2006 (10).

[9] 课题组. 教师教育课程标准：设计与实施［J］. 湖南师范大学教育科学学报, 2005 (3).

[10] 倪志明. 论新时期我国教师教育课程的专业标准——《教师教育课程标准（试行）》解读［J］. 皖西学院学报, 2011 (6).

[11] 谢培松. 教师教育课程的"蜕变"——《教师教育课程标准（送审稿）》解读［J］. 湖南医科大学学报（社会科学版）, 2007 (2).

[12] 吴剑峰. 研究性教育实践课程的构建——基于《教师教育课程标准（试行）》的思考［J］. 教育发展研究, 2012 (6).

[13] 李鸿才. 新课程标准要求确立新的教师教育观［J］. 教育探索, 2007 (6).

[14] 钟启泉, 胡惠闵. 我国教师教育课程标准的建构［J］. 全球教育展望, 2005 (1).

[15] 钟启泉. 为了未来教育家的成长——我国教师教育课程面临的挑战［EB/OL］. http://bnu.cuepa.cn/show_more.php?tkey=&bkey=&doc_id=336277.

[16] 陈时见. 国际视野下中国教师教育的变革走向［J］. 全球教育展望, 2009 (5).

[17] 郑国庆. 教师教育的课程设置问题探讨［J］. 理论界, 2004.

[18] 教师教育课程标准专家组. 教师教育课程标准的国际比较研究［J］. 全球教育展望, 2008 (9).

[19] 姚静娴. 教师教育课程改革的必要性及其出路［J］. 常州师范专科学校学报, 2004 (1): 40~41.

［20］韩国海．教师作用的再探讨［J］．辽宁教育学院学报，1999（4）：46～47．

［21］钟启泉．开发新时代的学校课程——关于我国课程改革政策与策略的若干思考［J］．全球教育展望，2001（1）．

［22］王强．美国国家层面教师专业标准述评［J］．教师教育研究，2006（4）．

［23］钟启泉．我国教师教育制度创新的课题［J］．北京大学教育评论，2008（3）．

［24］汪明帅．制定教师教育课程标准：意义与价值［J］．现代教育管理，2012（2）．

培养教师的社会学意识
——关于教师教育课程设置的思考

林海亮[*]

(四川省内江师范学院，四川内江，641112)

摘　要：当前教师缺乏社会学意识，这对学生发展而言是一种风险，对教育而言是一种危机。教育是一种社会活动，具备社会活动的一般特性，与社会其他活动之间存在复杂的相互作用。而且，学校的公共关系内容越来越丰富，学校与社会成员、社会组织的关系越来越密切。因此教师必须有较明确的社会学意识，才能较好地保证学生的健康成长和教育的顺利发展。教师教育可以通过培养教师以人为本的意识、培育教师人文精神和开设教育社会学课程等途径来培养教师的社会学意识。

关键词：社会意识；社会性；人文精神

教师的社会学意识是指教师以社会学的立场来认识教育和处理教育问题的意识。每个个体的背后都是一个庞大的社会网络，其任何一个行为都与这个社会网络有着复杂的相互影响。因此，要理解和把握个体的行为，并给予有效地干预，需要有意识地承认这种复杂性的存在，并且尊重这种复杂性的基本规律。

---

[*] 林海亮，男，汉族，广东高州人，内江师范学院教育科学学院，副教授，教育学博士，主要研究方向为教育哲学和教师教育。E-mail：lints78@yahoo.com.cn。

一　教育者缺乏社会学意识

当前，中小学教师的社会学意识不强，导致了教师在认识问题和处理教育工作时出现种种短视现象。教育者往往习惯于把学生看成一个独立于社会网络而存在的个体来教育，导致教育行为引起了学生社会网络的一系列反应，不仅不能解决教育问题，反而引起了更多的问题。教育行为往往变成"反教育行为"。

最近，频频发生"红校服""绿领巾"之类的事件。教育者完全无视了学生作为社会网络中的一份子，其与社会网络的相互作用。首先，个体的行为总是受到其所处社会环境影响的，因此，认识学生的行为、找出教育对策，应该首先从学生所处的家庭环境、社会环境和学校教育几个方面入手。但是，教育者并没有认识到这一点，往往简单地把一个所谓的"差生"之所以"差"的原因归咎为学生自身，错误地认为"红校服""绿领巾"之类的处理方法，能够对"差生"产生很好的警示作用，"差生"就知道应该如何努力了。学生所处的环境没有丝毫改变，导致了"红校服""绿领巾"之类的"教育行为"不仅伤害了"差生"的尊严，又达不到教育预期的目的。其次，任何个体创造性地适应他所处的环境。对于那些没有被要求穿上"红校服"、戴上"绿领巾"的学生而言，他们对"差生"受到这样的"教育"，都有他们自己的看法，而且，不同的学生，看法是完全不同的。教育者错误地认为，只要"杀鸡儆猴"，其他学生就自然知道如何努力了。但是，实际上不仅绝大多数的学生不一定知道具体如何努力，而且还有形成其他学生歧视"差生"的危险。

还有一直备受推崇的封闭式学校，也存在同样的问题。封闭式学校在某些教育者那里看来，至少存在两个优势：第一，学生全身心浸泡在学习环境之中，有利于学生更好地学习；第二，封闭式学校能使学生免受社会的不良现象的影响，既能保证学生不受到不良现象的伤害，又能保证社会不良现象不会成为学生道德的"反榜样"。但是,封闭式学校却"封闭了学生的视野,压制了学生的个性",成了学生发展的障碍。其根本原因在于教育者无视学生是一个社会人,无视学校是一个正常的社会组织。人是社会关系的总和,学生是社会人,只有在健全的人际关系之中,学生的身心才可能健康成长。学校内部的社会关系只是学生社会关系的一小部分,因此,封闭式学校剥夺了学生作为一个正常人的正常社会关系,学生的交往需要在这里不可能得到满足,对学生正常个性形成"釜底抽薪"之势,导致学生无法顺利形成健全人格。另外,教育者也漠视学校作为一个正式的社会组织,具有开放性,必然地会与其外部环境存在各种形式的信息交流和相互作用。学校中所发生的大部分变化都反映了其外部环境的变化。一所不能正常与外部环境交流的学校,就像一个不能与旁人正常交流的残疾人。任何试图割裂学校与外部环境之间信息交流的行为都是无视事实的,必将扭曲信息交流的内容和形式,最终阻碍学校的正常发展。

可见,教育者缺少社会学意识,对学生发展而言是一种风险,对教育而言是一种危机。

二 重新认识教育的社会性

教育是一种社会特有的现象,因为教育是人类自觉的、有目的的活动,而动物的所有行为都是本能反应。这至少意味着我们必须注意教育的几个方面的属性。

首先,教育活动是人类重要的活动之一,因此,教育有着人类所有活动的共同基本属性。人类活动受活动参与者对活动对象、活动本质和活动工具的认识的影响,而活动参与者的这些认识,除了受活动实践的影响之外,还受活动参与者已有的哲学观的影响。因为人在认识新事物之前,总有一些前提性的价值观念,这些价值观念甚至左右个体对新事物的认识。伽达默尔认为,否定这些价值观念及其存在,我们将"不仅不能把握人的理解活动的机制，而且也否定了人的存在和理解活动的历史性，割断了人类思想、文化发展的历史联系"。教育活动的参与者包括教育者和受教育者，同时，教育者的活动对象，除了教学内容之外还有受教育者；受教育者的活动对象除了学习内容之外还有教育者。教育活动参与者的这些认识，有着其深刻而又错综复杂的社会根源和背景。人类活动还受活动参与者的主观能动性影响。积极的主观能动性是活动参与者的正动力，消极的主观能动性是活动参与者的负动力。而教育者和受教育者的主观能动性也有着其极具个性化的历史和现状根由。教育活动与其他活动有着盘根错节的关系。教育活动作为社会的重要组成部分，它本身就是多种活动的综合。例如，教育活动本身既是培养人的活动，又是经济活动和政治活动，还是文化活动。因此，从不同的视角来看教育活动，我们可以看到完全不同的教育活动图景及有价值的研究问题；从不同的活动领域来看教育活动，我们可以发现教育活动正通过各种社会关系，对多种活动产生影响，最终影响社会的存在。

其次，教育中的所有元素也是社会其他活动的元素。教育活动过程的三要素包括教育者、受教育者和教育内容。这三要素本身——人、知识和技能，不依赖于教育活动而存在，因为它们在教育活动开展之前就已经存在。它们产生的过程是一个复杂的社会活动，本质上是社会关系的总和。因此，它们是人类社会所独有的，是社会的重要元素，也全面介入其他的社会活动，成为其他活动的元素。这样，三要素肩负人类活动中的多重角色，加大了它们在不同活动之间的角色转换、在具体活动中的角色承担等方面的困难。

再次，教育活动与社会其他活动之间存在复杂的相互作用。由于人、知识和技能不是教育活动所独有的，它们在各种活动中角色关系复杂；而且自产生之日起，它们便与社会的各种元素发生了盘根错节的、终身无法摆脱的关系。因此，教育活动的任何行为都通过这些关系与社会其他活动或多或少、或密切或疏松地形成互动。而且这种互动受各种互动环境因素的影响，使得其复杂程度如此高以至于我们暂时还无法清楚地描述其规律。

最后，学校的公共关系内容越来越丰富，学校与社会成员、社会组织的关系越来越密切。随着社会文明程度的提高，社会成员对学校教育的期望不断提高，甚至直接关系到学校教育的各个方面，通过各种各样的途径和方法，促使学校教育得到一定的改善。但是，也有部分社会成员对学校教育横加干涉，干扰学校的正常教育秩序。所以，学校教育者必须正视学校教育所处的这种社会环境，恰当地处理学校的这些公共关系。

由此可见，作为学校教育者，必须有较明确的社会学意识，站在社会学的立场来思考和处理学校教育，才能较好地保证学生的健康成长和学校的顺利发展。

三 如何培养教师的社会学意识

（一）培养教师以人为本的意识

社会是人的社会，人是社会中的人。因此，只有正确认识人，才能正确认识社会，只有正确认识社会，才能正确认识人。培养教师的社会学意识与培养教师的以人为本的意识，是辩证统一、互为基础的。培养教师的社会学意识，首先要培养教师以人为本的意识。

教师以人为本的意识，至少包括两个方面的重要内容：尊重人的需要，尊重人的复杂性。马斯洛把人的需要分为五个等级：生理的需要、安全的需要、归属与爱的需要、尊重的需要、自我实现的需要。从需要的起源来看，人的需要又可分为自然需要和社会需要。需要是人活动的源泉和基本动力，因此不管是自然需要还是社会需要，都应该在社会环境中得到尊重和合理的满足。人的复杂性主要是指人性和人行为的复杂性。人性和人行为的复杂性主要体现在它们的表现形式的多样化、多变化、特殊化。人之所以如此复杂，是因为人的心理具有开放性，对周围环境的各种信息随时处于接纳、理解和包容的状态。这导致了个体从众、服从、依从等明显地受到环境影响的行为。教育者只有承认人的复杂性，才能够对学生和学校发展中的某些行为进行准确归因，正确诊断学生和学校发展过程中存在的问题，提出适切的解决问题方案，有效促进学生和学校的发展。

培养教师以人为本的意识，首先要引导教师清楚地认识到人的需要和人的复杂性。其次，要引导教师正确认识人的需要、人的复杂性与社会之间的关系。最后，要树立教师对学生的尊重意识。

（二）培育教师人文精神

"人文就是处理人与自然、人与社会以及人与自身之间关系的事情。所谓人文精神就是指人之为人的文化精神。"可见，人文精神本身就是一种在具体的历史背景下，站在社会学高度，实事求是地来做人之为人的事情、处理人类社会的各种关系的社会学意识及这种社会学意识的体现。

教育者在教育活动中，既要处理好师生关系、师生与自然、师生与社会、师生与自身的关系，又要引导学生如何处理好"师与生""人与自然""人与社会""人与自身"的关系。也就是说，人文精神既是教育者教育行为中的社会学意识及其体现，又是教育内容。如果教师没有人文精神，或者对人文精神理解不透彻，那么必将影响教育活动的实效。加之，教师行为具有示范性，教师自身的人文精神及对人文精神的理解和把握程度，显得尤为重要。

培育教育者的人文精神，关键的是在教师教育和教师管理两个方面，不断渗透和倡导人文精神，让教师在一个充满人文精神的环境中领悟并内化人文精神，并且根据人文精神价值取向不断调整自己的教育行为。

（三）教师教育中开设教育社会学课程

教育社会学是运用社会学的观点和立场来研究和解决教育问题的一门教育学、社会学的交叉学科。

教师教育中开设的教育社会学课程，从两个方面提高教师的社会意识。首先，通过这门课程，向教师传达教育社会学的基本观点和立场。这是教师社会学意识的基础和原料，教师只有掌握这些基本观点和立场，他才可能形成相对合理的社会学意识，并付诸教育实践。

其次，通过这门课程，培养教师用社会学基本观点、立场和研究方法来研究教育、解决教育问题的能力。研究能力的获得过程，本身就是社会学意识增强的过程，而且，当教师掌握了这些方法之后，他们将更加主动地站在社会学立场来研究教育问题，甚至，用社会学知识解决教育问题。教师用社会学知识研究和解决教育问题的能力越强，其教育实效就越高；教育实效越高，反过来越能增强教师的社会学意识、观念和立场。

因此，教育社会学课程在教师教育中应该是一门必修课。

参考文献

[1] 林海亮. 正面教育论 [M]. 北京：北京师范大学出版社，2011.

[2] 罗伯特·G. 欧文斯. 教育组织行为学（第7版）[M]. 上海：华东师范大学出版社. 2001.

[3] 潘德荣，魏名国. 伽达默尔的"传统"理论 [J]. 学术月刊，1994（12）.

[4] 康德. 任何一种能够作为科学出现的未来形而上学导论 [M]. 庞景仁译，北京：商务印书馆，1978.

[5] 刘春魁，柳国强. 论人性的层次性和复杂性 [J]. 理论探讨，2005（4）.

[6] 陆有铨. 关于学生人文精神的养育 [J]. 教育学报，2005（6）.

第二部分
教师教育职前人才培养研究

提高师范生公共教育学学习兴趣的教学策略探析[*]

尹 芳[**]

(四川师范大学教师教育学院，四川成都，610068；
四川省教师教育研究中心，四川成都，610068)

摘 要：一直以来，高师院校的公共教育学面临着"教师难教，学生厌学"的尴尬局面。作为教学的主体，教师可以尝试从以下教学策略入手来培养师范生学习教育学的兴趣和动力：一是在观摩教育视频中激发学生产生积极情感；二是在小组试讲活动中引导学生体验教育过程；三是在教育调研实践中帮助学生感悟教育现实；四是在教育案例教学中促成学生养成教育意识。

关键词：师范生；公共教育学；学习兴趣；教学策略

公共教育学是高师院校的一门标志性课程，同时也是师范专业学生的一门必修基础课程，其目的在于培养师范生的科学教育理念和教育教学技能。但是在教学实践中，公共教育学长期面临着"教师难教、学生厌学"的尴尬局面，由于认识上的偏颇、教学上的不足、管理上的失误等原因，师范生对公共教育学普遍缺乏学习的积极性，通过纯粹的背诵记忆追求"60分及格"成为诸多学生的学习目标，显然，这违背了公共教育学的课程教学初衷，

---

[*] 本文为四川师范大学2012年度校级教改项目"师范生公共教育学学习兴趣培养研究"的阶段性成果。

[**] 尹芳，四川省教师教育研究中心兼职研究人员，四川师范大学教师教育学院，副教授，主要研究教师教育、教育学原理。

同时也有悖于新课改对教师专业素质的期待与追求。

在公共教育学的课程教学中,教师是教学的主体,同时也是学生学习的引导者与帮助者。面对师范生兴趣不高、动机不强的学习现状,公共教育学任课教师有责任也有义务从自身出发,在教育教学中作出相应调整,寻求较为多样有效的教学策略,以激发师范生的课程学习热情。

一 在观摩教育视频中激发学生产生积极情感

所谓情感是人对客观现实的对象和现象的刺激所产生的一种心理反应。当客观事物符合自己的需要、愿望或观点时,个人就会产生积极的情感反应,反之,就会产生消极反应。美国教育学家布卢姆曾经说过,一个带着积极情感进行课程学习的学生,与那些缺乏情感或兴趣的学生,或者与那些对学习材料感到焦虑、恐惧的学生相比而言,其学习会更加轻松、更加迅速。传统的高师院校公共教育学的课堂教学单纯强调知识和技能的学习与训练,单调的 PPT 和板书对于学生而言早已形成了视觉疲劳,而动态的、富有情节的教育视频资料可以在很大程度上调动师范生的热情和兴趣,为较为沉闷的课堂增添些许活力。任课教师可以结合教育教学内容选取恰当的教育视频资料,让学生在欣赏视频的轻松氛围中感受并进而内化教育理论知识。比如讲到"师生关系"时,笔者与学生一起观看电影《花儿怒放》,然后组织学生就其中的一些片段展开讨论,经过交流与反思,很多学生不仅对师生关系的价值以及构建方式有了更为深刻的认识和理解,同时在情感上也受到了极大的鼓舞,不少学生在观后感中明确表达了自己的教师职业理想。比如讲到"班主任班级管理工作"内容时,笔者播放了魏书生的班主任工作报告视频,魏书生的质朴表达、传奇经历、教育智慧给学生留下了深刻的印象,学生在感叹魏书生的成就同时也对班级管理的具体操作有了直观的认识和理解。再比如讲到"我国新一轮基础教育课程改革"的内容时,笔者组织学生观看不同地区新课程改革的新闻视频，在轻松愉悦的氛围中学生了解了新课改的具体做法，并通过讨论总结出新课改的基本理念。此外，在课间休息时，任课教师可以播放一些教育新闻、优秀教师的相关视频，也可以播放一些与教师、教育有关的歌曲，让学生在心灵深处受到感化，渐渐地对教师职业产生内源性需要，从而形成持久而又强大的学习动力。

二 在小组试讲活动中引导学生体验教育过程

目前，"教师讲，学生听"是高师院校公共教育学课程教学的真实写照。在这种教学模式下，师范生将教育学的学习简单等同于"上课记笔记，考前背笔记"的过程，有些学生上课连笔记都懒得记，考前把同学的笔记直接复印一份背几遍以应对考试。公共教育学的课堂教学变成任课教师的独角戏，学生抱着"此时无声胜有声"的态度，缺乏参与课堂教学的热情与激情，更习惯于安安静静地等候着下课铃声的敲响。建构主义学习论认为，学习是学习者主动积极地建构意义的过程，师范生才是课堂学习的真正主体，任课教师可以组织学生以小组为单位，集体备课，轮流试讲，让学生在合作学习中感受自我与教育的关系，在试讲交流中体验成功的愉悦，进而激发学生对公共教育学的学习兴趣。小组试讲活动一般分为以下几个步骤：第一步是成立小组，让学生自由组合，每 8 个人左右构成一组，协商选取小组长；第二步是确定主题，结合教学内容，选择与学生经验有关的、能拓宽思路的内容作为试讲主题，如"教育的个体功能"就比较适合做试讲主题，学生在中小学的学习收获与体会为其理解教育的个体功能提供了很好的基础，加上学生已经具有较强的理解能力和判断能力，对这一部分的内容学习由学生自己总结效果会更好；第三步是集体备课，给学生一个星期的时间查阅资料，准备教学方案，任课教师要给予适当的指导与帮助；第四步是正式讲课，推举一位学生代表小组进行试讲，时间控制在 20 分钟左右；第五步是评课活动，采用自评与他评相结合的方式帮助学生明确试讲过程中的优点与不足，从而进一步完善教学能力。为了能够把课上好，学生事先需要查阅大量的资料，小组成员之间需要讨论讲课的内容与方式，这一过程既培养了学生之间的合作能力，又拓宽了学生的教育知识面；既培养了学生的实践能力，又强化了学生对教师职业的感悟；既增强了学生的自我效能感和成就动机，又充分调动了学生的主体性，激发了学生对教育问题的探讨兴趣。当然，鉴于有限的教学课时，在开展小组试讲活动时，最好是每个小组负责一个试讲主题，任课教师要给他们提供充足的准备时间和适当的教学指导。

三 在教育调研实践中帮助学生感悟教育现实

在与师范生的交流中，笔者发现，不少学生对教育学书本上所说的知识和理论持怀疑甚至是否定态度，认为学习教育理论没有什么社会价值，学不学无所谓。究其原因，一方面与教师只重书本知识的讲解有关，另一方面也与功利主义、实用主义等社会思潮对学生的影响有关。让学生感受到教育学的价值既需要任课教师对学生做思想上的引导工作，更重要的是任课教师不能再单纯依赖刻板的课堂教学，而是要将课堂教学与调研实践结合起来。正如陶行知所提倡的生活即教育，生活中处处皆教育。在公共教育学的教学中，所用教材只能当作参考书或者是学习资料，课堂教学更多的内容应来自现实的教育现象与问题。任课教师可以根据学生的实际以及教学的需要组织学生深入到基础教育的实际中开展教育调研，在发现问题、研究问题、解决问题的过程中，学生既可以结合调研中的体验深刻领会教育理论知识，同时又可以将课堂上所学到的知识用于教育实践中。当学生感受到了教育知识的现实价值，感受到了教育学与自身专业的关系时，其学习教育学的积极性自然会被调动起来。比如在学习"现代教师的素质"时，笔者一改传统的讲授方法，而是结合不同专业学生的实际情况，以"我心目中的某某学科教师"为主题，组织学生以小组为单位，到附近的中小学展开调查，撰写调研报告，然后进行小组调研汇报。学生的积极性很高，从小组成员分工、调查问卷编制、调查对象选定、调查方式选择、正式调查开展、调查数据统计、调研报告撰写、幻灯片制作，一直到正式汇报，可以说每一道程序，学生都做了精心准备，并且力求完美完善，尤其是在正式汇报调研情况时，几乎每个小组都制作了精美的PPT，有的还配有调研图片和调查录音，学生俨然把调研汇报看作是一场比赛，劲头十足。经过这次调研，学生在很多方面都有所收获，不仅了解到现在的中小学生对不同学科专业教师的期待与要求，明确了自身与学生心目中理想教师之间的差距，同时经过总结，学生发现自己的调研结果与教材中的理论知识有着极大的共同点，改变了学生对书本知识、理论知识是空洞说教、毫无实用价值的错误认识。很多学生开始认识到间接经验的学习对自身发展的重要性和指导作用，学习态度发生了转变，课堂学习的主动性、积极性也有所提高。公共教育学是一门实践性很强的学科，任课教师应该给予学生更多的探索空间与自由，营造一个开放的、多元的教学环境，让学生在课堂内的书本知识学习与课堂外的教育调研实践中体悟教育与生活、教育学与师范生的关系，进而自主地形成教育学学习的动力。

四 在教育案例教学中促成学生养成教育意识

案例教学是指"在教师指导下，根据教学目标和内容的需要，采用案例组织学生进行学习、研究、锻炼能力的方法"。作为一种探究式的教学模式，教育案例教学着眼于师生、生生间的合作学习，要求学生自己去思考、去创造，使得"教师一言堂"的枯燥课堂变得生动活泼，学生的自主性、创造性、独立性、自我意识性得以充分发挥，学生的学习成为真正意义上的"有意义学习"。比如，在讲到"课堂教学评价"时，笔者选取中学特级教师的上课视频，组织学生一起观看，然后以"一堂好课"为主题进行分组讨论，最后总结出课堂教学评价的基本要求、评价原则和评价内容。由于学生带着问题置身于真实的教育情境中，通过集体智慧的碰撞，学生不断产生"疑问"或"质疑"，表现出强烈的探究欲望，并在小组学习共同体的支撑下尝试分析问题，解决问题，学生的表现显得十分积极。

当然，有效的案例教学有赖于较为完善的案例教学设计与实施。首先，教育案例的选择要立足于真实性、典型性、冲突性、启发性，这样易于让学生产生身临其境之感，愿意认真对待教育案例中的人和事，认真分析错综复杂的案例信息，并充分发表个人见解，在学生群体中形成思维的碰撞，最大限度地调动学生的学习热情。其次，教育案例的呈现要突出客观生动。任课教师要摆脱刻板的讲述方式，可以尝试角色扮演、视频播放、图片展示、示范演示等多样化的引入方案，吸引学生的有意注意。再次，教育案例的讨论要讲究组织性、问题性、民主性。所谓组织性强调教师要帮助学生进行有效分组，采用"组内异质，组间同质"的方式创建学习共同体，并引导学生自主制定案例讨论的规则；所谓问题性强调教师要根据预期的教学目标围绕案例设计一系列的具体问题，由浅入深、由易到难地开拓学生的思维；所谓民主性强调教师要充分尊重学生的观点与看法，不要苛求统一一致的结论，尽可能给每位学生提供较为充足的参与讨论的时间与机会。最后，教育案例的评价要做到激励性、自主性、多元性相结合，所谓激励性是指教育案例评价要以激励为导向，在教师真诚的激励下，学生的主体性将被大大激发，易于让学生从评价中获得成功的喜悦与体验，进而增强教育学课程学习的兴趣；所谓自主性是指任课教师要给予学生自我评价的机会，鼓励学生展开自评、他评、组内评价与组间评价，保障学生在评价中的话语权，提高学生参与课程学习的热情；所谓多元性是指教育案例教学的评价要综合考虑学生对案例的分析理解程度、教学目标的达成情况、学生在评价过程中的表现和收获、小组团队合作的具体情况等等。

参考文献

［1］卢小勤. 情感教育在英语教学中的应用［J］. 中学英语之友（下旬），2010（8）：51.

［2］潘懋元，王伟廉. 高等教育学［M］. 福建：福建教育出版社，1995：232.

［3］郭礼智，余燕秋. 公共教育学课程中的案例教学策略探讨［J］. 内蒙古师范大学学报（教育科学版），2010（11）：100~103.

论高等师范院校学前教育专业双语师资的核心能力和人才培养模式[*]

杨 静[**]

(成都师范学院学前教育系,四川成都,610000)

摘 要：学前教育专业双语人才核心能力的提高是其专业化发展的关键所在。基于调研，我们认为其核心能力应该包括教学能力、艺术创新能力、教学研究能力、职业能力四大要素。围绕四种核心能力，本文提出了"EGP + ESP"（英语+专业）的人才培养模式。专业核心能力的提高需要从业人员，用人单位，高等师范院校深入了解专业核心能力的内涵，才能促进发展。

关键词：专业核心能力学前双语教育；EGP；ESP；人才培养模式

目前，随着经济发展，在大的国际经济形势下，越来越多的家庭希望把孩子送到国外留学以适应国际发展的需要。与此同时，随着跨国企业的涌现，越来越多外籍人士的孩子在各个层次的学校学习英语。社会对英语学习的关注度普遍提高，并且出现低龄化的趋势，传统教学体系规定中学才开始学习英语，现在提前到小学开始学习英语，甚至有些家庭在学前就把孩子送到儿童英语培训机构学习英语，或请外教陪练英语口语。这种发展趋势就需要大量学前教育专业毕业的双语师资来组织和开展有针对性的英

---

[*] 本文为四川省教育厅人文社会科学重点项目"立足四川学前教育现状，构建高职高专学前教育专业'全实践'人才培养模式"的阶段性研究成果。

[**] 杨静，成都师范学院学前教育系讲师，硕士，研究方向：英语语言文学，E-mail: 843276652@qq.com。

语教学,做好英语启蒙工作。

在国家重视和大力发展学前教育的形势下,如何根据学前儿童的生理和心理特点以及发展需求,开展英语教学,激发和培养儿童学习英语的兴趣,如何创设良好的语言学习环境,提高英语课堂教学的质量,学前双语语教师应该具备什么素质,如何培养合格的学前英语教师,加强学前双语师资队伍建设等等,这些都是迫切需要我们思考并解决的问题。本文着重分析和探讨高等师范院校学前双语教师应该具备的核心能力和学前双语教师培养的模式等,旨在促进学前英语教育,提高学前英语教学质量,从而推动学前双语师资队伍的建设工作。

一 学前双语教师的专业核心能力的基本架构

"专业核心能力"指职业工作中最重要的、会直接影响工作效率的能力。从学前教育专业的培养目标分析,双语人才应定位为具有较为扎实的英语语言基础知识;系统地掌握学前教育专业基础知识、基本理论、基本技能;具有独立获取知识、提出问题、分析问题和解决问题的基本能力和开拓创新精神;具有从事双语教育实践工作的专业素质及技能,包括有观察和评价儿童发展的能力、创设双语教育环境的能力、开发课程和组织开展学前双语教学活动的能力、家庭英语教育指导的能力、教育实践研究的能力等。在调研基础上,笔者提出了学前教育专业双语人才需要具备的四大核心能力。

(一) 教学能力

1. 具备英语语言基础知识的能力

学前专业双语师资不仅应该掌握英语语音、词汇和语法方面的基础知识,而且应该具备相应的听、说、读、写语言技能。尤其是需要具备流利的英语口语表达能力和熟练地应用英语的能力。特别需要掌握幼儿一日活动用语,幼儿课堂用语等专业英语知识。

2. 开展学前英语教学活动设计的能力

学前英语教学活动是儿童英语培训机构和双语幼儿园的主要工作，活动设计直接影响了教学质量和效果。学前英语教师不同于一般的英语教师，有其独特的教学方法，如 TPR 教学法、奥尔夫教学法以及基于多媒体的教学法就是三种各具特色的学前英语教学方法。在具体的实施过程中，它们对教师具有不同的要求。TPR 教学法是通过刺激幼儿的视觉、听觉和感官来发挥作用的，因而其对教师自身素质的要求特别高，它要求教师唱、跳、画基本功扎实。奥尔夫教学法要求教师节奏感强，创新能力强。这要求教师能收集和创编儿童英语歌谣，加入一些具有创新性的节奏感，从而吸引儿童的注意，有效地引导儿童的英语学习。多媒体的教学法与上面的两种教学法相比，对相关条件的要求有些不同。该种教学法对教师的要求也相应较高，如何把故事教学、游戏教学与多媒体使用完美结合是学前英语教师必须具备的又一技能。

3. 学前教育专业知识和开展学前教育活动的能力

学前双语教师应通过系统地学习学前教育学，形成正确的儿童观、教育观和发展观，用现代教育思想思考和解决学前教育问题；通过对学前心理学的研究对象、任务和研究方法的了解，掌握学前儿童心理发展的基本理论以及各个年龄阶段儿童心理发展的基本规律和特点，促进儿童心理健康发展；应该正确把握学前教育的特点和规律，不断提高从事学前教育教学工作的专业技能和实践能力。

（二）艺术创新的能力

掌握英语语言知识能造就一名合格的英语教师，具备艺术创新能力更能够造就一名优秀的学前英语教师。为了增加学习的趣味性，营造英语学习环境，增加学生的参与性，学前英语教师也必须掌握教学语言的艺术、运用板书的艺术、运用各种直观教具的艺术等，具备美术、书法、音乐、摄影等艺术创新才能。

1. 美术素养

学前双语教师在教学中也会因制作教具、上课简笔画示范以及环境创设等需要而创造美术作品，需要具备颜色搭配、变色等基础知识。

2. 音乐素养

学前双语教师需要具备音乐鉴赏能力，即如何理解音乐的能力。学前英语教师要懂得音乐节奏和节拍，懂得如何选择适当的音乐组织衔接教学活动。

3. 摄影能力

如何抓取镜头，如何布景，如何构图，如何照相等能力。

（三）教学研究能力

1. 观察与评估能力

学前双语教师需要具有观察的技能，尽可能地在幼儿学习过程中观察幼儿的兴趣焦点，探知到幼儿最细微的需要，了解幼儿某个行为的意义，并作出及时反馈。学前双语教师还应该具有制作记录幼儿学习成长档案的能力，通过档案评估和分析出每个幼儿的优点和缺点，从而，为幼儿设计出适宜的学习方案。

2. 教学反思能力

学前双语教师应经常思考教学理论和实践，在研究中实践，在实践中反思。通过反思，提出和解决教学过程中存在的问题；通过反思，更新观念，转变行为，提高教学水平。另外，教师的教研能力还体现在教师个人在教师群体中的协调和合作的能力，教师在教研过程中，要善于在与同伴不同的思想、观念、教学模式、教学方法的交流和冲突中吸取宝贵的经验，互相学习、彼此帮助、共同成长。

3. 沟通能力

学前双语教师与幼儿的言语沟通，通常是围绕一个幼儿感兴趣的话题开展的，如当前流行的动画片，儿童英语故事等。与家长之间的沟通，双语教师处于主动的一方，需要在对家长了解和尊重的基础上，根据家长对子女的期望、家长的个性、职业、文化水平、教育观念和方法等，确定自己的工作方法和沟通策略。

（四）职业能力

有爱心，有童心。苏霍姆林斯基认为教师最重要的职业素养就是"感受孩子精神世界的能力"，或者说"深入儿童精神世界的本领"。学前双语教师要爱护儿童，拥有一颗童心，即会收集流行的素材，会全面分析儿童。例如，会唱流行的儿歌；会跳流行的儿童舞蹈；会讲流行的儿童故事，比如，读最好的儿童绘本；会玩流行的儿童玩具；会看流行的儿童动画片，比如，美国迪斯尼动画片，少儿节目，比如智慧树、大风车；会想许多的儿童游戏；会做许多的儿童趣事，比如，过家家、玩泥巴、DIY、沙画、手工、糕点制作。

二 以专业核心能力为基础的"EGP+ESP"人才培养模式

英语根据其用途可分为通用英语即 EGP（English for General Purposes）和专门用途英语即 ESP（English for Specific Purposes）。EGP 是指以教授基本的语言知识，以提高学生受教育水平和素质为目的的英语语言课程。学生通过 EGP 阶段课程的学习，可以掌握英语听、说、读、写、译等基本技能，即掌握语言的共核，就是语言教学中不论学习者的学习目的和未来从事的职业而必须掌握的那部分语言和表达方式。ESP 的教学主张形成于 20 世纪 60 年代。Robinson 认为，ESP 有两个最基本的判断标准，一是 ESP 必须是"以特定目标为导向的"英语教学；另一条是 ESP 教学必须是建立在"需要分析"基础上。也就是说 ESP 是指与某种特定职业相关的英语，是根据学习者的学习目的和需要而开设的语言课程。其内容不仅包括语言学知识，而且涵盖学生所学专业的英语知识。

要实现学前教育专业双语人才的培养目标，根据上述四大核心能力的要求，笔者认为如果忽略 EGP 阶段基础英语的学习，直接开始 ESP 阶段知识的学习，是不符合英语学习规律的，然而，只进行 EGP 阶段的基础英语学习，而不开设 ESP 阶段课程的学习也是无法满足学前教育专业的核心能力要求的。因此，学前教育双语人才的培养应该遵循 EGP + ESP 的模式进行课程设置，如下：

1. EGP 阶段（第一年）：语言基础 + 学前知识基础

在 EGP 阶段安排基础英语课程，包括：《大学英语精读》，主要培养学生的英语综合运用能力，巩固和深化核心语法、重点词汇等知识，培养和提高英语阅读能力以及英语写作能力；《大学英语视听说》，重点培养学生听力理解能力以及提高学生英语口语表达能力。通过开设这些课程，强化学生的英语语言基础知识，培养学生的英语交际能力。经过一年的学习，绝大部分学生可以通过高等学校英语三级考试，基础较好、素质较高的学生可以通过大学英语四级考试（CET-4），使用英语流利地进行日常会话与口头或书面交流。在教学过程中，应本着"全实践"的理念，积极开展第二课堂，组织学生参加英语演讲比赛，英语歌曲比赛，儿童英语故事话剧情景剧表演等活动，使学生的英语基础知识与英语实际应用能力得到训练和提高。与此同时，学前教育相关课程如学前教育学、学前心理学等核心课程也应当在本阶段进行学习。

2. EGP + ESP 阶段（第二年）：语言基础 + 专业拓展 + 技能辅助

在 EGP + ESP 阶段，创设以英语为主线，以学前教育专业知识为背景，以英语为交际目标，以艺术技能为工具，即"英语+专业+技能"的培养模式。具体来说，继续开设语言基础课程如《语音》，这里需要指出的是进行 phonics 为主线的语音教学（内容包括字母名称、字母发音、拼读规则等），以训练学生标准语音，使学生系统地掌握基本的语音知识，为学生今后语言教学工作打下基础。重点开设《学前英语教学法》课程，每周达到 4 课时，安排儿童英语文选，英语儿歌与表演，儿童英语故事绘本与英语游戏教学。除此之外，专业技能课程如《教师口语》《音乐基础》《琴法》《舞蹈》和《美术》等课程也应该在此阶段展开。这样一方面可以使学生的英语学习得到延续，另一方面也使他们所学的学前专业的知识得到巩固，并且相关艺术技能的学习为他们适应学前英语教学工作作好充分的准备。

3. ESP 延伸阶段（第三年）：顶岗实习，增强从业素质

在经过两年的学习之后，这一年，学生通过到幼儿园、学前班或儿童英语培训机构开展为期一年的顶岗实习来了解学前双语教学现状，参与学前双语教学、教研活动（备课、讲课、评课），从而增加了学生的实践教学环节，提高学生的教学能力，锻炼学生的适应能力，为教师专业化发展提供有效途径。

总之，当前学前教育双语人才培养和专业化发展都需要对从业人员核心能力的解读，只有当从业人员、用人单位、高等师范院校都了解其核心能力，才能促进自身不断地发展。在教学过程中，要特别注意英语课程、学前教育课程和专业技能课程三个模块之间的有效平衡和有机融合，真正培养出复合型的、应用型的学前教育双语人才。高等师范院校 EGP + ESP（外语 + 专业）的学前双语师资培养模式不仅注重英语语言基础知识的学习，也强调了专业技能的训练，两者的结合能更好地提高学生的从业素质，满足学生未来的职业需要，具有很强的操作性和实用性，是学前教育专业双语人才培养和教育教学改革的发展方向。

参考文献

[1] 冯媛. 试析高职高专英语教学 ESP + EGP 方案［J］. 疯狂英语：教师版，2007（10）.

[2] 罗杨. 论高职高专英语 ESP + EGP 课程设置的必然性和优越性［J］. 考试周刊，2009（46）.

[3] 教育部高教司. 高职高专教育课程教学基本要求［M］. 北京：高等教育出版社，2000.

[4] 蔡基刚. ESP 与我国大学英语教学发展方向［J］. 外语界，2004（2）.

［5］徐小贞. 高职英语教育理论与方法［M］. 北京：高等教育出版社，2004.

［6］陈歆. 试论高职英语课程中 EGP 和 ESP 融合的必要性和原则［J］. 广西轻工业，2011（10）.

［7］刘满堂. 关于学前英语教育师资培养模式的思考［J］. 陕西教育学院学报，2011（12）.

［8］李宝峰. 高专类学校学前教育专业（双语方向）EGP＋ESP 模式课程设置探讨 2012（5）.

［9］刘寸刚，宋占美. 高职学前英语教育专业课程模式研究与实践［J］. 职教论坛，2011（5）.

［10］高稳. 学前教育专业英语分段式教学模式改革的研究［J］. 辽宁高职学报，2010（1）.

［11］唐冬梅. 改进高校学前教育专业英语课程教学模式，培养学前教育双语人才的探索［J］. 安徽文学，2009（9）.

［12］Robinson，P. *ESP Today*：*A Practitioner's Guide*［M］. New York & London：Prentice Hall International（UK）Ltd，1991.

试论新课程实施下高师历史学专业师范生实践技能培养的优化

李 荇[*] 刘晖龙[**]

（内江师范学院，四川内江，641112；
广西师范大学，广西桂林，541001）

摘 要：基础教育新课程改革已全面实施，对高等师范院校人才培养提出了新的挑战。当前高师院校历史教育课程必须适应时代和基础教育发展的需要，以培养适应基础教育新课程实施的未来历史教师为目标，加强与深化对应用性实践技能的培养，本文具体内容着重于针对高师历史学专业在教育教学实践能力的培养。

关键词：新课程改革；师范生；实践技能

一 教育教学实践能力培养的必要性

（一）教育教学实践技能培养是高师院校人才培养的重要课程

教育教学实践课程作为培养教师职业技能素质的重要课程，是教师教育区别于其他职业教育的重要标志。高等师范院校承担

---

[*] 李荇（1963- ），女，汉族，四川内江人，副教授，四川内江师范学院课程与教学论教师。主要研究方向：历史教学、教师教育、高考命题研究。
[**] 刘晖龙（1970- ），男，汉族，广西桂林人，副教授，广西师范大学历史文化与旅游学院历史课程与教学论硕士生导师，主要研究方向：历史教学、教师教育、高考命题研究。

培养基础教育后备队伍人才的重要任务,对未来教师教育教学实践能力的培养是高师院校人才培养与教育发展的必然要求。

(二) 回应基础教育课程改革的挑战

课程改革是当前教育发展的趋势,特别是基础教育课程改革的浪潮更是一浪高过一浪。高等师范院校是培养中小学教师的主要基地。要使自身所培养的师资能够适应新课程改革的要求,高师首先必须紧紧跟上课程改革的步伐,发挥服务和引领新课程改革与实践的重要作用。

基础教育历史新课程的实施,成败的关键在于广大的历史教师。而作为专门培养中学基础教育历史教师的师范院校,必须立足于基础教育的发展,加强实践性教学,为基础教育培养出高素质的历史教育工作者,以适应新课程实施的需要。

二 历史学专业师范生实践技能培养存在的问题与不足

(一) 重理论、轻实践的课程设置

现行师范院校历史学课程设置过分专注历史专业基础知识的灌输,而忽视对学生教育教学技能的培养。高等师范院校历史教师培养课程过分强调知识的完整性、系统性、学术性,而忽视专业的前瞻性、应用性、实用性。重视书本知识和课堂理论教学,轻视教学技能和实践能力的培养,这是当前高等师范院校历史教师培养中一个十分常见的问题。

根据一项对部分高等师范院校历史专业师范生培养的课程调查:各院校大都是学制四年,2506 学时,总学分 166 分。其中,实践(试验)学时仅 145 (包括学年论文、社会实践、教育调查、实习支教、专业实习、教育实习、毕业论文),占总学时的不到 5.7%,实践(试验)学分 27 分,占总学分的 16%。可见,教育

教学实践技能及课程在整个课程体系中所占的比例过小，使得师范院校的"师范"特色难以体现，师范生的职业素养难以形成。高师院校在培养师范生形成教育教学技能和能力方面未能发挥应有的作用，导致师范生毕业后灵活运用知识、解决问题的能力明显欠缺，难以胜任新课程改革下中学历史教学工作。

（二）教学技能培养观念落后，形式封闭

目前的教学技能培养以课堂教学、单一技能培养为主，情景性、实践性、综合性不足，不能走出高校，未与本地中学教育教学密切联系合作。这种一刀切、整齐划一、封闭的做法，与现代教育以人为本的理念及个性化的培养要求相冲突，与现行中学教育教学相脱节，难以真正调动师范生的积极性、主动性，教学技能培养难以收到实际的效果，这是导致师范生教学能力不高的主要原因。

（三）教学技能培养内容与目标指向不明确

目前国家对师范院校本科水平中学历史教育专业学生教学技能培养目标及相应的培养内容没有一个明确的规定和要求，使得师范院校历史专业本科教师教育教学技能培养应达到怎样的专业水准，在实施中缺少可依据的文本参照。随着新课程改革的实施，目前教学技能培养目标的不足也日渐显露出来。培养目标定位水准偏低（目前教学技能训练仍然以教学基本功为主），教学技能培养内容单一，专业教学技能训练不足，这些已明显不适应学生及中学教育发展的需要。因此，提出科学有效的教学技能培养目标是目前首先要解决的问题。

（四）教学评价手段单一

不少师范院校对师范生培养评价的模式仍以考试为主，不管是专业课测评，还是公共课测评，都是笔试，一卷定结果。绝大部分学生都是平时记笔记（记理论知识），考试背笔记（考理论知识），评价的单一性在一定程度上限制了学生学习的积极性、自主

性和创新性,限制了学生教学实践能力的提高。

三 师范生教育教学实践技能培养的优化途径

(一) 理论与实践并重的口语技能训练

教师口语是教师专业能力构成的重要因素之一,教师的教学能力,育人能力,社交能力等均离不开口语表达。可以说,教师职业口语是教师必备的基本功,在各项师范技能中占据首要地位。口语不仅仅是能说一口流利的普通话,它是融合了教育学、口才学、心理学等多学科的知识。《师范院校"教师口语"课程标准(试行)》中明确规定:"教师口语"课程由普通话训练、一般口语训练、教师职业口语训练三部分内容组成。"教师口语"课固然要进行普通话训练,但普通话训练并不能代替教师口语训练中的其他内容。针对未来教师课堂教学中的导言、讲解、提问、解惑、启发、总结等各环节语言基本功的学习和训练应是"教师口语"课程的核心内容。通过训练,未来教师将会语言规范,话语清晰流畅,熟谙教师职业口语特色,并能根据不同教育情境,熟练运用流畅得体的语言组织教育教学活动。

提高师范生的口语水平,不仅需结合理论学习,更应注重实践训练,在训练中发现问题,解决问题,是提高师范生口语技能的有效途径。在教学实践中,可以采取创设情境训练,采用角色扮演、小组合作等方式让学生真正参与到训练中来。运用模拟课堂教学情境的教学方法训练学生的教学口语,教师将学生的口语技能训练置身于模拟的教学场景中,使学生身临其境,寻找"感觉",从而提高训练效果,提高口语水平。

在口语教学中,教师还可以根据不同的标准,将学生划分成小组进行训练,确保每节课上每个学生都能得到实训。每个人都有"表演"的机会,不仅得到了"表演"的机会,从中也可以考察"未来教师"应对突发事件时的反应能力和驾驭教学口语能力情况。

（二）重视传统书法技能的培养

教学的基本功，还体现在美观、大方的"三笔字"。在课堂教学中，板书除了能为学生提供清晰的知识线索，为学生构建知识体系起重要作用，美观、漂亮的字体，还能给予学生美的享受，从中感受与体验教学之美，潜移默化中培养学生的美育。因此，作为师范生，必须掌握良好的书法技能。对此，加强对书法课的技能教学仍有必要。"三笔字"书法课，应从基础年级抓起，有步骤、有计划地开展，书法课的开设，除了在课堂上进行书法理论的方法与技巧的讲授外，应特别加强实践练习，也就是说这些可以在课堂教学之外实施。书法课的教师任务更多的是指导课外练习，并做适当的作业批改和跟踪指导，指导学生组成学习小组，合作学习，共同提高。关于书法技能的课程，在传统课堂教学已然成熟，在此不作更多的论述。

（三）提升与加强教育教学实践基本技能训练

教学论课程的教学进度计划中，应安排一定的时间到教育实习基地进行教育见习，以小组为单位进入中学历史课堂集中听课，课后由指导教师组织进行评课，使师范生对教师这个职业有所了解，并对教师职业和劳动的特点有一个初步的认识和了解。

1. 模拟中学历史课堂教学

教师教学技能只能通过个体的实践和体验形成，在教学中确定课题，然后由小组同学精心设计不同模式的教学案例，并轮流由学生在课堂上模拟中学历史教学、模拟"教研活动"等教学活动，力图创设最真实的课堂情境，使师范生们获得教师基本技能的实践与体验，通过模拟实践形成教学技能。

2. 撰写历史教案和多媒体课件制作

相关理论学习后，安排学生撰写纸质教案，形成对教案书写内容及格式的规范化，同时加强多媒体课件制作的训练。

3. 开展说课等多种形式教学技能竞赛

开展说课、教学设计、课件制作和教师教学技能（引入技能、板书板画设计技能、讲解技能、提问与反馈技能、课堂小结技能等）比赛活动，培养高师生学以致用的能力，进一步提高高师生的教学实践能力和就业竞争力，从而更好地提高师范生的教育教学技能，以适应新课程改革的要求。

4. 微格教学手段的运用

在教师理论介绍、范例赏析的基础上，利用学院的微格教学实验室，对高师生在新课导入技能、讲解技能、提问与反馈技能、结束技能、板书设计技能等方面进行训练，并摄制高师生试教录像，教师再和试教的高师生一起观看试教录像并做多层面评价，让高师生自己就能发现在试教过程中的不足之处，这种"试教—摄像—反思"等一系列的教学活动，能使一个高师生从感性认识到理性认识实现一次飞跃，通过对自我和他人的教学实践的不断反思，加强了实践环节的教学。

5. 教育调查

让高师生开展教育调查，了解中学历史教育及新课程实践中存在的问题，收集解决有关问题的资料，并在调查中形成理性思维能力及开展教育调查的实践能力。

（四）打通高师院校与基础教育合作交流的渠道

高师院校要承担为基础教育服务的重任。基础教育师资需求是高师历史学专业培养的目标与规格质量的基本依据，同时也是高师历史专业人才培养进一步改革与发展的出发点和归宿。

在当前基础教育新课程改革的背景下，高师院校应密切了解基础教育新课改动态，密切高师院校与中学基础教育的联系，加强教育理论与教育实践的结合。我国的教师教育应该借鉴其他国家的经验，加强师范院校与中学基础教育建立合作关系。

一方面，中学基础教育为高师院校的师范生提供见习与实习基地，为师范生感知和实践新课改提供平台；中学基础教育还能为高师院校的师范生提供教改经验丰富的指导教师,提高师范生对新课改的适应能力。

另一方面,高师院校的专家学者为中学基础教育提供历史教学的新理论、新视野,增强中学基础教育教师的理论修养,提升基础教育教师的教学与研究的水平。同时,师范生通过到中学见习、调查、观摩等各项实践性活动,让师范生体验与感受教师的角色,理解与体会教师职业的特点、有意识强化对教育教学实践技能的形成,反思自身的教育教学实践,自觉调整和提升自身能力与水平。

参考文献

[1] 教育部.《基础教育课程改革纲要(试行)》(教基〔2001〕17号).

[2] 教育部.《普通高中课程方案(实验)》(教基〔2003〕6号).

[3] 沈小碚.关于高师院校引领基础教育课程改革的一些思考[J].中国教育学刊,2004(1).

[4] 杜勇.高师历史教育专业课程体系改革研究[J].天津师范大学历史系课题组.2000(11).

[5] 陈冀平.高师院校创新教育与课程结构改革[J].高等师范教育研究,1999(5).

[6] 郭晓明.从基础教育课程改革看我国高师教育改革[J].高等师范教育研究,2001(4).

[7] 彭惠芳.论基础教育课程改革与师范生的培养[J].继续教育研究,2002(2).

[8] 许芳.略论新课改革背景下高师历史教学法面临的困境与改革[J].社科纵横,2008(23).

[9] 许云凤.培养高师学生教育研究能力的途径[J].教育探索,2009(8).

发达国家低收费培养定向师范生的措施及其对四川省的启示[*]

曹惠容[**]

(乐山师范学院,四川乐山,614004)

摘　要：发达国家如新加坡、韩国、法国与德国等国家非常重视师范生教育,尽管它们没有实行完全免费的师范生培养制度,但是这些国家采取低收费培养师范生的措施依然对位于我国西部地区的四川省在未来推行免费培养定向师范生政策有一定的启示。

关键词：发达国家；师范生经费投入

2007年,温家宝总理提出在教育部直属的6所师范大学开始推行免费培养定向师范生的政策,两年来,各级政府与相关部门都作出了很大的努力并开始付诸实施。这一举措既是关注教师培养方式模式改变的一种尝试,同时也是对贫困学生进行教育扶贫政策的又一良策,也可以说是我国教育扶贫政策的深入与拓展。有关调查数据表明,目前我国高校贫困大学生人数所占的比例是比较高的,尤其是地方性高等院校。而这批贫困大学生中间,不乏品学兼优的学生。他们为了完成自己的学业,往往采取兼职的形式以赚取微薄的收入。针对这一情况,很多专家和学者提出免费培养定向师范生的政策更应该在地方性的高师院校开展。所以,

---

[*] 本文系2007年度四川省教育厅重点课题"四川省免费师范生教育研究"(编号为TER2007-002)的子课题。

[**] 曹惠容(1972-　)女,四川乐山人,乐山师范学院教科院副教授,教育学博士。研究方向为新加坡的教育。

四川省实施免费培养定向师范生的政策既是积极配合教育部政策的一种努力，同时也是为了吸引优秀贫困生进入教师队伍以提高全省中小学教师素质的积极举措，而这项政策对于为中央继续推行西部大开发政策提供相应的人才资源是至关重要的。因为我们知道，在我国西部的 11 个省市中，四川的经济、人口资源以及自然环境等方面明显好于其他省，若要充分发挥四川省在西部大开发中的核心和辐射作用，提升四川省人口的整体素质是至关重要的。而人口素质的提高，离不开高素质的教师。因此，提高四川省教师的质量尤其是贫困地区以及边远地区中小学教师的素质就显得非常必要而迫切。

一 发达国家师范教育经费投入的特点

由于我国在新世纪实施免费培养定向师范生的政策还处于探索阶段，为了避免知识经济时代该政策制定的不合理性以及在执行过程中出现诸如政策失真、缺失等多方面的问题，我们不妨借鉴国外发达国家低收费培养师范生所采取的有效措施。当然，由于每个国家的经济实力、师范生培养的目标以及对象等方面的不同，采取的政策也呈现出较大的差异性。低收费的师范教育，主要发生在采取定向型师范教育体制的国家，如新加坡、法国、韩国等。下面具体探讨新加坡、韩国、法国等国家培养师范生的经费投入措施，并从其经验中吸取对四川省制定免费培养定向师范生政策措施可以借鉴的理论与实践经验。

（一）采取多种激励措施吸引优秀学生报考师范类院校

为了吸引更多的优秀青年投身教育事业，各国政府都不同程度地出台各种激励措施以吸引优秀学生进入师范院校就读。如新加坡政府在经济上给予师范生两项优惠政策。一是代缴学费。以 1989~1990 学年为例，中等师范教育学制 1 年，学费 10500 新元，政府代缴 9420 新元，学生只需要缴纳 1080 新元，仅占总学费的 10.28%；小学师范教育学制 2 年，学费共 10500 新元，政府代缴

9960新元，学生只需缴纳540新元，占总学费的5.14%。二是实行师范生助学金制度。凡正式录取的师范生，皆享受国家助学金，如那些在前两年学习的师范生都有资格获得每年3200新元的奖学金。如果在学习期间获得奖学金，他们的学费也将得到政府资助而被免去。而那些考试成绩获得"A"水平的学生将有资格获得奖学金，具体数额是在前三年的每一年都有3200新元的奖金。在第四年获得2400新元，因为这一年只有9个月的学习时间。整个四年的学费由政府提供。而且，该政府还规定，所有师范生一旦完成学业都必须为政府服务3年，而那些获得奖学金的师范生则需要服务5年。

再如，韩国为了吸引优秀学生报考师范学院采取了师范类院校学费比非师范类院校低的政策。韩国师范生享有学费上的优惠政策，这一点尤其体现在国立师范学院和国立教育大学，不仅学费比国立大学低，而且还向15%的学生提供奖学金。为此，韩国政府投入了大量经费以发展教育，如2003年教育人力资源全年预算支出占韩国国民生产总值的7.5%。良好的优惠措施、就业前景较好以及教师社会与经济地位的日渐上升，使得韩国的师范院校非常具有吸引力，尤其是对那些家境困难以及高考成绩非常优异的学生来说，是不错的选择。如1990年以来韩国的教员大学采取免费招收农村学生、有特殊贡献者子女、生活困难户和成绩优秀的学生，使得这部分学生占总数的30%。不仅如此，韩国教育人力资源部于2003年决定今后两年在釜山、光州、大邱等7所教育大学扩招600名学生，招生人数由原来的5015名扩大到5615名，扩招部分采用定向、提供奖学金等教育部推荐制度的培养措施。免费或提供奖学金吸引优秀学生报考师范生的目的一方面是为了解决农村教师流失现象十分严重的难题，另一方面也是为了提高教师的整体素质。

而法国政府则通过给予教师较高的社会地位和经济地位以及给师范生发放津贴等措施增加教师职业的吸引力，保证师范生的质量。法国的师范教育由教师培训学院承担，培养从幼儿园到高中所有层次的各类教师。教师培训学院的招生对象为读完大学三年级并获得学士学位者，学制两年。法国现有教师培训学院29所，办学经费由中央政府拨付。所有的师范生一经录取便成为公务员，领取工资。他们与政府签订合同保证毕业后能服从国家分配，为国家服务一定的年限。[11]为增强教师职业的吸引力，法国为有意从教的大学生设置专门津贴，如为准备从事中小学教师职业的大学三年级学生设置的津贴为每人每年5万法郎，而为准备担任中学职业技术学科教师的大三学生提供的年津贴为7万法郎，对大学的教师培训学院一年级学生提供的年津贴为7万法郎。该学院学生如在第一年学习结束时通过了教师资格考试，即获得实习教师资格，在学院的第二年学习阶段应可领取实习教师的工资。[12]

德国是世界上开展教师教育较早的国家。该政府是通过建立完善的教师教育法律机制，进行严格的教师教育管理以及加大教师教育经费投入等措施来促进教师教育的长足发展的。

（二）师范生培养过程所需经费较为充足

新加坡是一个非常重视教师培养的国家，教师培训工作的重任主要由国家教育学院来承担，它是南洋理工大学的一个机构，所有的教师都在这里接受培训。该学院由一位领导和四个分支机构构成，即艺术学校、物理教育学校、教育学校和理工学校以及独立的应用教育研究中心，以协调和促进教学与科研。新加坡重视教师教育的最直接体现就是投入大量经费。例如，教师培训就直接得到政府的资助，而且教师教育经费的投入比例也比较高，如1991年是1%，1992年为1.45%，1993年为1.31%。

实习是新加坡师范生培养的重要环节，教育研究生文凭课程的后半年、教育文凭课程的第二年，音乐（美术）教育文凭课程的最后半年，师范生要到学校实习，教育学院的老师随堂听课，并由实习学校的校长作出评价。只有那些理论学习和实习都合格的准教师才能获得正式教师资格，而较长的实习时间使师范生在成为正式教师后能较快进入岗位角色。国家教育学院的实习也是收费的,但全部费用由教育部支付。准教师在培训期间能得到教育部发给的月薪。因此,教育部对学员的培训成绩和教师的服务年限作出了要求。新加坡的中小学教师原则上是终身聘用的,即便不想终身从教,从教育学院毕业的学生,也必须履行一定年限的教学合同。其中获得教育研究生文凭和教育文凭的教师须服务至少三年,获得音乐、美术教育文凭的教师须服务至少五年,没有如期完成培训任务的学员以及没有履行服务合同的教师必须将薪水偿还给教育部。

(三)提供良好的薪酬待遇以留住优秀人才

为了让师范生能够留在教育部门继续从事教师职业,新加坡政府给予教师良好的薪酬待遇,比如刚参加工作的大学毕业生无论到小学、中学、初级学院任教每月都可以拿到2000多新元,另外他们每月还有政府发放的其他津贴。这种薪酬等级的设计对于鼓励教师不断学习以获得较高文凭从而获得较高收入有很大的刺激作用。而且,新加坡教师的工资往往与教师的资历也有一定的关系,教师工龄越长,那么教师的收入也就越多。1994年,一位工龄10年的中学教师月薪为3000~4000新元,相当于人民币1.5万~2万元,工作19年的则可以拿到最高工资,如小学教师达到四千多新元,中学教师达到五千多新元。这种薪酬制度有利于鼓励优秀人才从事教学工作以及让教师长久留在教育界。

韩国教师的选拔非常严格,不论是幼儿园还是中小学,都必须通过严格的国家统一资格考试方能任用。即使是国立幼儿园教师的任用考试都相当激烈,竞争者中教育硕士并不少见。即便如此,考试的通过率也只有20%~30%。正是在教师选拔的环节就严格把关,才保证了具有真才实干的人才进入教师行业。而且,韩国对校长、校监、教师的教学指导方法和学校运营方式的评价也是非常严格的,如果评价不好就有被开除教师队伍的可能。为了鼓励在职教师继续学习,韩国政府还为教师个人发展与晋升提供相应的资助措施。教师工作之后要参加各种培训,如在职教师每隔3年便要到政府办的培训机构接受脱产培训一年,其政府为他们提供一定的经费支持。再如1990年以前进入韩国教员大学学习的学生或在职教师,总共4年的学习时间,其所有的费用如学费都不用自己支付,而且前两年的住宿费也被免去,对具有教师资质的学生还发放师道奖学金。

德国教师教育制度与政策以及法规都比较具体和完备,教师教育工作的每个环节都有明确的规定。德国教师是国家公务员,享有较高的社会地位,可以终身任职。为提升教师职业的吸引力,德国联邦和各州政府投入大量经费为师范生发放专门补助,同时不断提高教师的福利待遇,加大对教师继续教育的经费投入。教师基本免费参加在职进修,以保证教师队伍的质量。

目前,俄罗斯联邦政府依然保持着苏联时期重视师范教育的传统,通过制定和实施一系列法律法规、政策措施,加强师范教育系统的发展。师范教育在俄罗斯教育系统中处于优先发展的地位,绝大多数师范院校的传统师范类专业仍保留着免费教育制度。

二 发达国家低收费培养定向师范生的具体措施对四川省的启示

四川省是一个农业人口占绝大多数的地区。尽管该省的师范类院校有很多所,为该省培养出了不少的优秀师资,但目前该省中小学师资队伍存在很多问题,如中小学班级规模太大的现象相当严重,大班额的高中占整个省高中总数的68.5%而造成师生比例严重失调,严重缺乏农村尤其是边远山区的教师以及在职教师也有一定比例的人不安心教书等。因此,如何平衡城乡教师、稳定边远山区的师资队伍以及构建合理的师生比例等都牵涉教师培养的问题。而随着教师教育培养日趋一体化的特点,我国各地越来越重视师范生的培养。

（一） 构建理性的师范生免费制度

从新加坡等发达国家实行低收费培养定向师范生的措施可以看出，这些国家都是经济发达的国家，也就是说只有当国家具有一定的经济实力时，才具备实行低收费或免费培养师范生的可能。当然，这并不等于经济发达，其师范生教育就能够采取免费培养。决定采取何种方式培养师范生，与该国政府最高领导人是否具备重视教师培养的意识直接相关。我们知道，人是思想文化、知识和技能的载体，是社会生产力中最为活跃的因素，人的一切行为都是在一定的思想观念支配下展示出来的。新加坡、韩国、法国以及德国等国家具有高度重视师范生教育的传统，最直接的表现就是投入大量的经费。而我国各省要实行免费培养师范生，也只有从中央到地方的各级政府领导都具有高度重视师范生教育的强烈意识，那么才可能将财政收入中的经费投入高等师范学院以培养师范生。2007年，我国政府已经开始试点的6所教育部直属师范大学进行的免费师范生教育，首先在经费支持方面就得到了中央政府的大力支持。而各省的地方性高等师范院校要实行免费师范生，经费来源是最大的困难。尤其是位于我国西部的省份如四川省的高等师范院校，学生学费占学校经费来源的大部分，如该省某所地方性高等师范学院在2008年总收入中，财政拨款占总收入的44.9%，而学费与学生住宿费占55.1%，如果学校实行免费培养师范生的话，学校经费缺口占其总收入的一半还多，那么这笔经费靠谁来支付？完全依靠省或市级政府的财政拨款，就目前四川省的经济发展现状以及政府领导重视师范生教育的意识等方面来说，既不现实，也不成熟。不仅如此，我国很多地方性高等师范学院由于最近几年来的扩招等因素的影响，为了改善办学条件，增加办学设施以及支付新引进的高层次教师的薪水等，向银行贷款办学。这些学校一方面要面临还贷款的困难，另一方面又要实行免费培养师范生，办学经费的紧缺使其不太可能。但是，对于少数师范生收取少量费用或完全免费的措施也是可行的，至于这部分学生的比例以及具体免除多少费用,可以根据各所学校的财务情况、学生的学习成绩、家庭收入以及当地师资需求等状况而定。

(二) 构建合理的定向工作分配机制

目前,我国高等师范学院实行免费培养定向师范生,最关键的环节还在于构建合理的定向分配与管理机制。从发达国家低收费培养师范生的措施可以看出,这些由政府提供一定资助的学生,毕业之后都要在教育界从事一定年限的教学工作,否则,这些国家将采取严厉的法律制裁或者令其退还政府当时支付的学费等措施,其培养机制中较好地体现了权利与义务的辩证关系。也就是说,四川省要构建免费培养定向师范生政策,既要制定和出台相应的法律条文以便让师范生在享受权利的同时,又要承担应有的义务。如果人们只强调权利和自由,尽情地享受,而不顾及本身的责任和义务,不仅各种资源将被浪费,而且社会规范也将被破坏。位于我国西部内陆地区的四川省,实行免费培养定向师范生的主要目的是希望能够比较有效地解决农村教师的流失与整体素质不高等问题,所以对于享受免费的师范生能否按照签订的协议在教育系统服务应有的年限以及是否能够在4年之后按照当时的协议而到边远山区从事教学工作,这些在制定免费师范生教育政策时都是需要认真考虑和预测的。只有这样,免费培养师范生的政策才能有效得以执行并较好地延续,也才能最终保障优秀人才留在教学岗位上,以提高该省的整体教育水平。新加坡等国家尽管还没有采取完全的免费培养措施,但也是对师范类院校学生毕业的去向问题作出了明确的部署,这样既能保证师范生的充分就业,同时也采取了很多措施来保障教师的社会地位,激励教师从教的意愿,进而保证教师队伍的质量与稳定性。

(三) 构建体系化的在职进修与评价机制

尽管发达国家很少实行全部免费培养定向师范生,但这些国家不仅加强对师范生的培养工作,而且还严格把好教师人才选聘的环节,赋予教师较高的社会和经济地位,新加坡、韩国、德国、法国等国家的教师不仅具有很高的社会声望,而且收入也不低。与此同时,这些国家还形成了体系化的在职教师进修机制。师范生培养仅仅是教师培养的前期阶段,要想持续不断地提高教师的素质,还得鼓励在职教师继续学习。由于文中所列举的国家在激励在职教师继续学习方面也形成了比较成熟而完整的机制,如为在职教师继续学习提供经费支持、发放补助以及提供奖学金等措施。而且,还将教师是否参加在职进修作为其考核的标准之一。因此,师范生在选择教师行业时,能够清楚地看到自己提升的空间与发展方向而愿意从事教学工作。

不仅如此,新加坡等发达国家对于在职教师的考核与评价也是非常严格的。有的国家对于考核不合格的人员,采取直接开除的办法。目前,我国当然也包括四川省对待在职教师的考核更多的是流于形式,比如随着大学生毕业人数的不断增多,很多大学本科生愿意从事教师职业,但由于很多学校教师岗位已经满员,而留在教师队伍的个别教师却不认真教书,这样就形成了想做教师的优秀毕业生不能如愿,而拥有教师工作的人员却由于缺乏严格而合理的评价机制而在混天过日,误人子弟。所以,要想实行免费师范生培养机制,还要加强对在职教师队伍的考核与评价体系的完善,使在职教师具有更强的竞争性和危机感,以便不断地提升自己的教学水平。

参考文献

[1] 孔春辉. 新加坡中小学教师的准入条件和岗前培训 [J]. 教师教育研究, 2007 (6).

[2] 李志学. 新加坡的教育投资和教师待遇 [EB/OL]. http://www.e-principal.com.

［3］徐献红．从师范生免费教育谈现代教师的培养［J］．当代教育论坛，2008（7）．

［4］钟名诚．韩国：制度保证优秀人才从教［J］．上海教育，2007（58）．

［5］李水山，郑范诛等．韩国中小学教师的职前培养和在职培训［J］．高等农业教育，2004（12）．

［6］佚名．韩国教师不好当：资格考试淘汰业绩不佳开除［J］．基础教育外语教学研究，2007（4）．

［7］沈曦．国外师范教育收费制度及其对我国的启示［J］．湖北大学学报（哲学社会科学版），2007．

［8］四川省教育科学研究所教育改革与发展研究室．四川省中小学"大班额"现状及对策建议［J］．科研与教育改革，2007（3）．

［9］常俊霞，马素英．西部开发重在西部人的思想观念转变［J］．经济师，2007（2）．

［10］Darling-Hammond, Linda, ed.; Cobb, VelmaL. ed.: Teacher Preparation and Professional Development in APEC Members: A Comparative Study, 1995.

美国教师资格认证制度的特点及对我国的启示

马骋* 张雳**

(四川师范大学教师教育学院,四川成都 610068;
四川省教师教育研究中心,四川成都 610068)

摘　要:美国自 1825 年开始在俄亥俄州试行教师资格认证以来,在经历了一个从重数量到重质量,从低标准、宽要求到高标准、严要求,从各县、各州分散独立到全国逐步统一标准的完善过程后,现已建立了整个国家层面的较为完善的教师资格认证体系。美国教师资格制度化的一个典型的标志就是实行严格的教师资格证书制度。本文旨在对美国教师资格认证制度的特点进行考察并对我国目前教师资格认证问题进行分析的基础上,指出美国教师资格认证制度对我国的启示,以图更好地促进我国教师资格认证的发展。

关键词:教师资格认证;教师资格证书;美国教师资格制度

教师资格证书是教师专业发展水平的重要标志,教师资格认证制度是在教师专业化发展理念基础上构建起来的并体现着教师的专业特质。美国最早于 1825 年开始在俄亥俄州施行教师资格认证制度,此后随着时代和教育发展不断对这项制度进行了持续的改革。在经历了一个从重数量到重质量,从低标准、宽要求到高

---

　* 马骋,男,四川师范大学教师教育学院研究生。
　** 张雳,女,四川师范大学教师教育学院硕士研究生导师,主要研究方向:成人教育学。

标准、严要求,从各县、各州分散独立到全国逐步统一标准的完善过程后,美国现已建立了整个国家层面的较为完善的教师资格认证体系。本文在对美国教师资格认证制度的特点进行考察和对我国教师资格认证存在的现状问题进行分析的基础上,提出美国教师资格认证制度对我国的可借鉴意义,旨在希冀能促进我国教师资格认证制度的发展与完善。

一 美国教师资格认证制度的特点

为了保证教师的专业化发展和教育教学工作的专业水平,美国分别针对初任教师、合格教师和优秀教师三个教师发展阶段建立了层次分明且可持续发展的教师专业标准和教师资格认证制度。美国教师资格认证制度具有多方面的显著特点。

(一) 认证主体多元化

美国很早就成立了众多的教师资格认证组织,但由于一度受到行政管理部门和教育部门的管辖和支配而无法真正发挥其专业执行力。随着教师专业化步伐的加快,专业团体开始逐步摆脱政府的控制而实现自主参与教师资格认证,且参与教师资格认证工作的成员也越来越多元化,代表了各阶层、各群体的利益,教师资格认证已不只是政府的专属权力,而与更广泛的社会成员产生密切相关。美国教师资格认证机构可分为州、全国、地方三级,州级的认证机构是由政府主导,具有法定的评估与认证责任,资格证只在本州通用。州一级的教师资格认证机构通常授权某一教师专业组织制定一套教师资格认证标准,然后再由教师资格认证机构根据标准所要求的范围采取多种方式来进行教师资格认证。全国性和地方性的教师专业组织多是由教育专业人士自发成立,更多具有义务性质,且不同组织在教师资格认证标准方面各有侧重,资格证可在州际流通。由于美国教育管理实行分权制,认证标准各州均不相同,使教师资格认证具有很大的灵活性,当地政府能够从具体实际情况出发,及时对其师范教育发展情况进行调整。"最近美国各州为了便于教师流动签订了'州际互惠协定',彼此承认教师资格,为转州服务者提供方便。"有数据显示,20世纪70年代地方性的专业团体认证了全国范围内的85%的四年制师范教育机构。目前寻求全国性组织的认证是一个总体趋势,教师资格证书可在全国通用。全国性和地方性教师专业组织参与制定了全国统一的教师认证标准,不仅加强了认证标准的权威性,也促进了优秀教师在州际的流动。

(二) 认证对象有严格要求

所谓教师资格认证对象是指所有想要申请教师资格认证并从事教师职业的人。目前,美国各州对教师资格认证对象的学历和经历提出了较高的要求。52个行政区域均要求中小学教师资格证书的申请者需具有学士学位,接受过经权威机构认证的师范教育培养项目或机构的培训。随着教师专业化水平不断地提高,各地区对教师学历水平的要求也有进一步提高的趋势,如哥伦比亚特区就要求高中教师需具有硕士学位。国家高级证书的报考条件对申请者又有更高的要求,申请者需具有学士及以上学位,毕业于经认证的大学或学院,拥有州授予的教师资格证书,至少有3年教学经验。此外,所有教师在持有教师资格证书后还要在从业过程中不断更新教师资格证书,强调教师专业发展的持续性。

(三) 认证标准专业化

教师资格认证标准是有关进入教师职业必备条件的条例性文件,它是进行教师资格认证的依据。1986年颁布的《教师专业标准大纲》最早对教师专业标准进行了明确的要求。此后州际初任教师评价和支持联合会(INTASC)制定了针对初任教师资格认证的十大核心标准,不同学科的初任教师资格认定标准也是依该准则制定。各州都将该标准作为模板和依据,发展出了适合本州情况的个性化资格认证标准。为了迎合国内认证标准统一化的趋势,州际初任教师评价和支持联合会（INTASC）联合全国师范教育鉴定委员会（NCATE）和全国专业教学标准委员会（NBPTS）于1993年一起制定了"教师职前培养与继续教育一体化"（the continuum of teacher preparation and development）的政策。该政策使三个权威教师专业组织各挥所长，将教师的职前培养、教师资格证书的获得和教师的专业发展三个阶段紧密联系起来了。

（四）资格证书类型多样，适用针对性强

美国各州的教师资格证书门类众多。按阶段划分，主要有托儿所至3年级教师证书、幼儿园至6年级教师证书、7～12年级教师证书等；按任教科目分，有英语教师证书、数学教师证书、理科教师证书、体育教师证书、特殊教育证书等；按资格等级分，有临时教师证书（有效期一年）、短期教师证书（1～4年）、永久性教师证书等。不同的资格证书分别适用于不同领域、类型和层次的学校，基本上能够满足不同年龄阶段和不同类型学生的个性化心理特征和发展需求。在颁发资格证书前，大多数州要求申请者参加设在普林斯顿的教育测试服务中心（ETS）编制的全国教师测验（NTE）。

（五）教师资格证书更新与升级有制度保障

教师资格证书更新和升级制度与教师的专业发展息息相关。在美国，虽然终身制的执照曾经占据了统治地位，但是随着改革的深入，这种执照已经慢慢退出了历史舞台。美国绝大多数州的教师资格证书需终生间歇性更新，初始教师资格证书有效期为3年，专业教师资格证书有效期为5年。一名获得初任教师资格的教师，一踏上教育工作岗位，就要尽力在证书有效期内接受各种培训项目学习，申请继续教师或二级资格。二级教师同样要以5年为周期参加专业培训，更新证书以获得继续任教的资格；还可以努力达到专业教师、终身教师的标准，从而获得更高的资格。伴随着教师资格的不断提高，薪酬待遇也会相应地得以提高，"这样，

一个清晰的、等级分明的职业阶梯就呈现出来了"。

二 中国教师资格认证制度存在的问题

中国教师资格认证制度在实施过程中存在的问题主要表现在以下几点。

（一）门槛太低，缺乏有效的认证对象限制

师范生在校期间参加教学计划中安排的教育学、心理学和教育实践课程的学习和训练并通过考试，毕业后就可以顺理成章地获得教师资格证书；非师范生即使以前没有学过教育学和心理学课程，但是只要考前买一本应试的练习册好好背一背大多都能通过教育学和教育心理学考试，再通过普通话水平测试和说课测试就可以获得教师资格证。对于非师范生也没有具体的教育实习要求，导致有些获得教师资格证书的人缺少教育教学的实践经验，甚至有些人从来都没有上过课，教学技能水平低。

（二）分类单调，适用针对性机制不健全

中国的教师资格证书分类单调，仅按学校所处阶段划分为高级中学教师资格证、初级中学教师资格证、小学教师资格证书和幼儿园教师资格证书，高一级的教师资格证书可以在比它低等级学校使用，所以高级中学教师资格证就同样可以在幼儿园、小学和初级中学使用。这就使得教师所具备的素质不能很好地符合阶段性的学生发展需求。另外，教师资格证的使用没有明确的提升机制，这可能也是分类不健全的直接结果。

（三）教师资格标准的缺失导致评定缺乏有效依据

我国目前教师资格认证主要是采用考试的方式来完成的，申请者主要是通过死记硬背的方法在短时期内"存储"一些僵硬的用于应付考试的"零碎的"知识碎片，毫无可应用性保

证；评定时仅以考试通过与否来裁断是否达到了获得教师资格所要求的素质，对于申请者的教育教学实践经验和技能没能作出相应的要求并进行考核，可谓大有失之偏颇之嫌。教师资格标准的缺失也使教师发展和资格提升同样失去了参照标准和努力方向。

（四）没有明确的教师资格更新制度

中国教师资格证一经获得便无需更新而终生有效，这就使得有些人拿到了教师资格证书之后就不再继续学习教育学和心理学知识，忽视学生心理发展特点研究，导致了部分教师教育观念停滞不前，造成教育教学能力无法得以提高，教育教学方法落后，教师发展停滞不前，给学校教育教学带来了诸多不便。教师培训往往流于形式，教师往往是为了完成上级"任务"而参加培训，没有真正激发教师专业化内在发展动机。

三　美国教师资格认证制度带给中国的启示

美国教师资格认证制度的实施经验，可以为我国的教师资格制度尤其是非师范类人员获得教师资格的制度改革提供重大的启示与借鉴。综合以上分析认为，中国教师资格认证制度的完善可从以下几个方面入手。

（一）提高门槛，增加对教师资格申请者的条件限制

教师素养的形成与提高必须在学校教育教学实践中才能真正实现。所以我国各级教师资格认定机构必须加强对申请人教育教学的实践考核。规定非师范生必须参加教育类课程的学习并具有一定时期的教育教学经验才有资格参加教师资格证书考试。这样深入到具体课堂与学生面对面地交流，既可以提高教师的教学实践能力又可以保证教师资格证书的权威性。另外可尝试将教师资格证书考试分为甲、乙两种考试，甲种考试是教师职业技能考试，

面向所有具备学历的非师范毕业生和通过乙种考试者，只有通过甲等考试者才能认定教师资格，这样能保证教师们对教育教学的学科基础知识的掌握；乙种考试是对不具有规定学历的在职教师的学历替代考试，参照自学考试和国家文凭考试的做法来组织，保证他们的专业学科知识水平。

（二） 实现教师资格培训与认证主体多元化

当前我国对非师范类毕业生进行培训和教师资格认定的主体都是各省市教育行政部门或其委托的机构，培训主体单一，且部分省市存在着同一机构既组织培训又负责认定的现象，不利于保证培训质量和认定公平。相比而言，美国选择性教师培养计划的特点之一是培养主体的多元化，打破了原来仅有综合大学教育学院培养教师的单一局面，多方参与制订和实施培训计划。我们应借鉴美国教师资格制度的实施经验，面向师资市场，实现培养主体的多元化，用市场机制来调节师资培训，通过发挥社会其他方面力量的作用，更有效地吸收优秀人才，逐步推进教师教育的开放化。

（三） 进行严格的有效期限制，施行教师资格更新制度

教师是专业性很强的工作，随着社会的发展，教师专业化程度越来越高，而知识的更新速度越来越快，教师资格终身有效制，不利于师资队伍水平的提高。中国教师资格证书终身有效带来的缺陷使得教师资格证制度无论怎么改革，都不能从实质上解决教师培养和教育的质量问题。在这方面我们应该借鉴美国的做法，美国的教师资格认证制度规定每五年注册登记一次，某些教师资格证在脱离教育教学岗位一定年限后自行失效。如果这些教师想再从事教育则必须重新申请教师资格证书的考试，这种制度既能定期检验教师的水平，又能不断激励教师的教学专业技能的发展。

（四） 尽快建立并完善多样化、多层次的教师资格标准

教师资格认定标准与教师专业标准是一脉相承的，两者都建

立在对教师素质要求的基础上，以教师专业化的眼光来审视并深入剖析和梳理新时期各类型学校教师素质的应有结构，分别对初任教师、优秀教师和专家教师应达到的专业水平进行标准化、可操作性的规定。如此一来，教师资格认证和教师专业发展便有章可依、有规可循，循序发展、引领未来。

（五）取消自上而下的覆盖制度，加强不同阶段教师资格证书的适用针对性

在不同类型和层次的学校，由于学生所处的年龄阶段不同，其心理特征有明显的差异，这就要求教师重视不同年龄阶段儿童的不同心理特点，选择不同的教育策略和教学方法。一个教师拿到了高中教师资格证书，只能说明他（她）具备了一定的高中阶段的教育教学实践素质，并不代表他（她）就可以将这些素质"移植"在其他阶段的学校教育教学中。因此，取消自上而下的教师资格覆盖制度，加强不同阶段教育教学的教师资格针对性已成为共识。

参考文献

[1] 金礼久. 教师专业发展与教师资格认证的制度设计 [J]. 教育导刊，2010（10）.

[2] 李进. 教师教育概论 [M]. 北京：北京大学出版社. 2009.

[3] 刘翠航. 美国教师资格认证的现状及发展趋势 [J]. 比较教育研究，2001（5）.

[4] 朱旭东，张眉. 试析美国教师资格证书制度 [J]. 外国教育研究，2007（5）.

[5] 李丹丹. 美国教师资格证书制度改革述要 [J]. 华中师范大学研究生学报，2011（1）.

第三部分
教师教育职后专业发展研究

近十年教师专业学习共同体研究述析[*]

李桂娴[**] 郭 英[***]

（四川师范大学教师教育学院，四川成都，610068；
四川省教师教育研究中心，四川成都，610068）

摘 要：教师专业学习共同体（PLC）是教师基于共同的目标和兴趣而组织的，旨在通过合作、对话和分享性活动来促进教师专业成长的教师团体，是促进教师专业发展和实现学生学业成就提高的重要平台。随着PLC研究的逐步深入，教师专业学习共同体已经从理论模型发展成为一个切实可行的教师专业发展模式。论文在简要介绍PLC理论的基础上，重点分析了PLC对教师专业发展和学生学业成就的影响两个方面的研究成果，最后对日后PLC研究的趋势进行了展望。

关键词：专业学习共同体；实践性知识；学业成就；教师专业发展

20世纪末，致力于教师教育研究的学者开始思考一个教育基本理论问题——"中国师范教育的旗帜能打多久？"对这一标志性的教育基本理论问题的反思和探索，使得学者们提出了

---

[*] 四川省哲学社会科学"十二五"规划项目"高中新课程改革背景下初任教师的专业发展研究"（SC11E002），四川省教育厅人文社会科学重点项目"高中新课程改革背景下教师的专业发展研究"（115A051），四川师范大学教学改革项目"教师教育课程体系与教学改革研究"成果之一。

[**] 李桂娴，四川师范大学教师教育学院在读研究生，研究方向：学习与教学心理。

[***] 郭英，E-mail：guoying517@163.com，四川师范大学教师教育学院教授，四川省教师教育研究中心研究人员，硕士生导师，主要研究方向：学习与教学心理，教师教育。

一个教师教育改革的重大课题,即教师专业化与教师教育改革的关系问题。这一课题得到了学界的热烈回应,引发了广泛的研究兴趣。大批学者围绕教师专业化展开了深入的研究,试图找出教师专业发展的有效途径和方法。在这种背景下,教师专业学习共同体作为教师专业发展的一种有效形式,逐渐进入学者们的研究视线,他们对此展开了多方面的研究并取得一定的成果。本文通过分析梳理近十年来国内外教师专业学习共同体的相关研究成果,以期为同仁进一步开展本领域的研究提供参考。

一 PLC 理论概述

从教育领域的角度来看,"共同体"和"学习共同体"可以说是专业学习共同体(Professional Learning Community,PLC)的雏形。三者有其共同的特征,同时 PLC 也有自己的一些理论特质使之能够适应教育领域的需求。

(一) PLC 概念

PLC 这个概念来源于社会学领域的"共同体"和企业管理领域中的"学习型组织",为了适应教育领域的研究,教育专家对其进行了修改并把它定义为:可以促进教师合作文化发展的学习共同体。而教师专业共同体是教师基于共同的目标和兴趣而组织的,旨在通过合作、对话和分享性活动来促进教师专业成长的教师团体。在 PLC 中成员以一种持续的、相互的、合作的、包容的方式促进各自的学习和成长,其目标是提高教师的专业能力以及学生的学业成就。PLC 理论建立在两个假设之上:第一,知识产生于教师每天的生活(工作)经历,这些知识可以通过相互分享得到更好的理解;第二,在教师专业学习共同体中,教师可以增加他们的专业知识并借此促进学生的学习。PLC 的核心是"学习",在共同体中教师以合作学习的方式在教学实践当中学习，通过学习促进教师的专业发展和学生的学业发展。

（二）PLC 的三大理念和五大特征

2004 年，杜福尔（Du Four）提出 PLC 的三大理念。

（1）专注于学生的学习。教育的核心任务不仅仅是保证学生接受教育，更重要的是保证学生在学习。PLC 将焦点从教师的"教"转到学生的"学"上，这个转变的中间环节是教师的合作学习。参与 PLC 的教师要在共同体中探讨以下 3 个问题：我们想要学生学什么；我们怎么评估学生已经掌握了这些知识；如果学生在学习过程中遇到困难，我们该怎么做。这三个问题明确之后，当学生在学习过程中遇到困难时，教师就应该制订一个系统的计划来帮助学生，计划包括：迅速找出需要帮助的学生，教师立刻给予辅导，要求这些学生花费额外的时间来接受教师的辅导直到他们掌握了必要的知识。PLC 中所有的参与者都是学习者，教师的学习是为了学生更好地、更有效地学习。

（2）合作文化。合作文化的形成是构建专业学习共同体的核心。在 PLC 中教师应该共同分析教学问题，共同提高课堂教学能力。教师持续地讨论教学问题，不但能提高教学能力，同时可以提高学生的学业成就。在 PLC 中，应该要保证教师每天都有时间共同讨论教学问题，教师在相互分享对方的成功经验与失败教训的过程中共同发展。只有在民主开放、相互信赖、相互支持的环境中，教师之间才能齐心协力，才能够实现为所有学生提供高水平学习的最终目标。

（3）聚焦于成果。PLC 是否有效，关键在于成果。教师为提高学生的学业成就而合作成为学校的日常工作，每位教师都参与到一个持续的过程中：评估学生现有的学业水平，确定提升目标，合作实现目标，评价学生的进步。如果不是在教育教学实践中以实际的效果来评价所实行的改革，改革就会成为随机摸索而不是有目的的发展。PLC 通常是以学生的学习成果，而非教学的意图来评估教师的教学成效。评估的焦点从"教了哪些"转移至"教会哪些",也就是说将注意力从"教学的意图"转移到"教学的成果"。

对于 PLC 特征的界定,起关键作用的两个理论研究是:1995年博耶尔(Boyer)提出的"学习共同体"三大特征以及 1997 年霍德(Hord)提出的完整教师专业学习共同体的五大特征,他们的观点在学界得到了广泛的认可。

(1)共享和支持性的领导。在传统的学校中,只有校长、院长、主任等具有行政职位的人才被视为领导者,而教师和学生被视为执行者。但是在 PLC 中,通过分布式领导机制(distributed leadership)所有成员共享领导权,共同决定学校的目标和任务,也共同为实现目标而工作、学习。

(2)共同的价值观和愿景。共同体成员对于学生、学习、教学和教师角色等持有共同的假设,认同主体间互相联系的重要性,致力于维护集体的利益。在 PLC 中,每一个教学目标,无论是课堂的、课程的、班级的,还是学校的都是由全体成员共同讨论决定的。因此能得到广泛的认可,在共同愿景的聚合下全体成员能够更好地合作来实现上述目标。

(3)共同学习和应用。尽管许多证据表明合作是最有利于实践的,但是学校里的教师依旧是孤立地工作。即便在倡导合作的学校,教师的合作意愿仅仅停留在课堂上。然而在 PLC 中,教师会一起工作,共同分析课堂教学问题,分析教学难题,进而提升彼此的教学实践能力,促进其专业发展。

(4)共享的个人实践。在 PLC 中教师可以随时交流各自的课堂教学经验、学生的发展情况等与教学有关的经验和体验。共享个人实践要求教师之间必须对他人的教学实践进行评价和反馈。在传统学校里,教师之间的观摩通常是被动的,评价也是流于形式。PLC 内的教师以公开的方式从事他们的教育实践,他们兼具建议者、专家和学习者的角色,既为同事提供支持,也从同事那里获得帮助,共同分享实践经验。

(5) 支持性条件。霍德（1997）把支持性条件定义为："学校支持教师团队成为专业学习共同体的能力和条件"。学校应该为 PLC 提供系统的支持，包括人力、财政、政策这三个方面。除此之外，校园文化环境也是一个支持性条件，包括合作文化、教师权威、持续学习这几个方面。

随着 PLC 理论的逐渐完善，教师专业学习共同体已经从理论模型发展成为一个切实可行的教师专业发展模式。学者们的焦点也逐步从理论研究转向实证研究。在过去的 20 年，国外的学校普遍实行 PLC，通过共同愿景把教师和学生团结起来，教师在团体中进行合作学习、分享教学经验，共同发展并最终促进学生的学业发展，进而实现学校的改革和发展。Louise 在其 2006 年发表的文章中指出：教育改革的发展是以教师个人及团体能力的发展和学生学业进步为基础的，也就是说，教师的发展和学生的学业发展既是实现学校改革和发展的手段，也是 PLC 的主要目标。

二 PLC 与教师的教学实践

教学实践（praxis）即一种在理论与实际操作之间来回修正的行为，渗透了教师的教育信念，表现为教师对学生实施教育教学的方式。通过大量教学实践的积累，教师可以获得丰富的实践性知识。教师的实践性知识通常是内隐的，然而却是教师真正信奉的，并在其教育教学实践中应用的知识，它对于教师的专业成长具有不可估量的功效。

研究者在探讨 PLC 对教师实践的影响方面，相关的研究主要集中在一个问题上：参与 PLC 对教师的教学有何种改变。表 1 概括了部分有关 PLC 对教师教学实践影响的研究。

表1 PLC对教师教学实践影响的研究范例

作者	研究方法	结论	教师的具体改变
Englert& Tarrant, 1995	对三位参与PLC的教师进行个案研究,深度访谈,课堂观察和记录,教学日记分析。	通过参与PLC教师的教学有了实质的改变。	教授阅读的方法由单词和句子分离转变为以作者为中心的(author's center)阅读方法、故事阅读法、合唱阅读法。
Louis, Mark, 1998	同时使用质性研究和量化研究的方法来考查PLC的影响,在24所学校开展研究。运用课堂记录和教师访谈这两种具体的方法来考查课堂教学质量与教师的教学。	学校实行PLC的程度与教师实践"真正的教学"(authentic pedagogy)的程度是正相关的,即学校实行PLC可以促进教师对教学实质的理解和实施。	教师面对教学问题有了更加深入的思考,教师能够通过讨论建构出超出课堂之外的深度知识。
Dunne, Nave& Lewis, 2000	通过课堂观察和访谈,比较参与PLC的教师与未参与教师在课堂教学上的差异。	参与PLC的教师以学生为中心展开教学,使用教学技术增多了,教学越来越符合建构主义的教学观。	增加灵活的课堂安排,根据不同学生的学业水平来调整教学进度。
Strahan, 2003	对三所小学进行个案研究,评估教师参与PLC后,在教学上的成效。	形成了更好的教学规范,教师更加接受合作教学。	教师对学生学习的态度发生了转变;教师团体中形成了很好的合作文化。
Hollins. et al, 2004	对参与PLC的教师进行了10次培训,并记录教师对美籍非洲学生的教学过程和评估其教学效果。	教师掌握了新的教学方法,并且在课堂实践中得到了明显的效果。学生的学业成就有明显的提高。	创造了语言教学策略、可视化的阅读方法、新的组词策略。
Diane R. Wood, 2007	以参与全国教师改革计划NSRF的学校为对象,教师接受包括观察学生学习、分析教学难题、评估课程价值等培训在内的校内培训和区域培训。以访谈和培训记录来考查教师的变化。	在PLC中,教师不是被动地接受他人的经验和知识,教师不仅是实践性知识的使用者,更是实践性知识的创造者。	教师掌握了系统观察和分析课堂情况的方法,掌握分析学生学习情况的方法,教师之间形成了持续的学术对话的机制。

上述研究都指出了教师参与 PLC 之后在教学实践上的具体改变，教师在合作学习的过程中会共同分析和讨论学生的学习，教师变得更加以学生为中心。在 PLC 中教师掌握了更多的教学技术，例如灵活的课堂安排、户外教学等等。更重要的是教师更充分地把学到的教学技术运用在课堂教学和教学反思当中。在传统的教师培训当中，有时候因为培训期间是脱离了实际教学的，所以教师即便学到了新的教学技术，但是回到实际教学情境中却难以将其付诸实践。Louis 和 Marks 的研究进一步了解到参与 PLC 使得教师理解到了"真正的教育学"（authentic pedagogy），真正的教育学强调的是深度的思考，对讨论话题的意义构建以及对教学问题的深度分析和发展。另外还有一些研究尽管没有明确地指出教师的教学有何种改变，但是这些研究从教师的自我报告或访谈中发现，教师意识到并且承认自己在教学实践上获得了提升。总的来说，参与 PLC 确实提升了教师的教学实践能力。

三 PLC 与学生的学业成就

杜福尔在 2004 年阐述 PLC "聚焦于成果"这一理念时指出，学校的教学目标要做出转变。从诸如"我们要建立 3 个新的实验室""我们要申请更多的教学经费"转变为"我们要使学生在考试中的及格率从 83% 提升到 90%""我们要把某课程的不及格率降低到 10%"等等。显然，PLC 的目标是要提升学生的学业成就。那么在实际的教学情境当中，PLC 是否真的可以帮助学生提升学业成就呢？为此，许多学者探讨了 PLC 与学生学业成就之间的关系。表 2 是一些研究范例。

表2 PLC对学生学业成就影响的研究范例

作者	方法	结果
Phillips, 2003	对一所中学进行为期3年的质性研究,该中学PLC的主要目标是提升低分学生和"差生"的学习成就。	学生在州标准化考试的通过率从50%上升到90%。
Strahan, 2003	对三所小学进行为期3年的纵向研究,使用的方法有:收集人口统计学变量,使用档案法收集学生成绩的数据,对教师和校领导进行访谈、课堂观察、会议记录。	三所小学的学生的州标准化考试成绩都有明显的进步,及格率从不到50%上升到75%。
Hollins et al., 2004	对某地区的美籍非洲二年级和三年级的学生进行为期3年的跟踪研究,测量他们的学习成绩。	学生的及格率从45%上升到73%。
Berry, Johnson, Montgomery, 2005	运用访谈、课堂观察、会议记录等方法对一所农村小学进行了长达4年的纵向研究。	该校学生在年级水平考试中达标的人数从50%上升到80%。
Croasmun, Janice, 2007	以北卡罗莱纳州的一所小学为研究对象,首先用问卷调查了学校实行PLC的情况,然后访谈教师和学生、观察课堂教学来考查PLC对增进学生学业成就的作用。	在5年的时间里,该校学生的达标率从56%上升到84%。
Carter, Brandon S., 2009	采用前测后测的实验设计,首先让教师挑选出100位在CRCT考试中不及格的学生,然后接受PLC学习计划的教学干预,最后以这些学生在CRCT考试中的成绩为指标来考查PLC对学生学业成就的影响。	学生在CRCT考试中阅读和数学的成绩都有显著的提高。

总的来说,已有的研究一致表明PLC促进了学生成绩的提高。研究者指出PLC是通过提升教师的教学能力,进而促进学生学业成就的提高的。还有一些质性研究同样证实了PLC对学业成就有积极的影响,Supovitz(2002),Supovitz和Christman(2003),Bolam(2005)进行的研究显示出了PLC的价值,参加研究的学生学业成就都有不同程度的进步和提升,学生在区域标准考试中的达标率有不同程度的提高。

尽管如此,并不是所有的研究都认为PLC与学业成就呈正相关,也有研究表明PLC对学业成就并没有显著影响,二者几乎是没有关系的。如Tignor, John Stewart在美国伊利诺斯州的一所小学做了一个实证研究，试图找出 PLC 中四个元素（愿景和价值观，个人和组织的发展、合作、持续发展）与学业成就的关系，最后研究结果表明这四个元素促进了教师的专业发展，却与学生的学业成就没有直接关系。

四 分析与展望

（一）已有研究成果的分析

学者们对于 PLC 的关注和研究是从 20 世纪 90 年代开始的，发展至今，理论研究已经成果丰硕。对 PLC 概念的追根溯源以及确定，使得 PLC 更加适用于教育领域，更加为教育专家所用，尤其是对教师专业发展的指导。对 PLC 三大理念的澄清是在 PLC 作为一种实践模型在实施过程中出现"泛滥"的背景下由杜福尔提出的。当时 PLC 这个概念被广泛地使用，甚至存在失去其应有意义的危险。为了避免 PLC 模型陷入失败的命运，杜福尔发表文章澄清了 PLC 的三大理念，指出衡量 PLC 的效果要以教师实践能力的提升和学生学业成就的提高为指标。对 PLC 五大特征的理论分析为的是指导学校的实践，PLC 作为一种理论模型在转变为实践模型的过程中，难免会遇到理论与实践相矛盾的地方。学者们提出的 PLC 五大特征其实是一个标准，一个使得 PLC 可以成为实践模型并且发挥应有作用的实施标准。这三个方面的理论研究成果使得 PLC 可以成为一个促进教师专业发展，同时提高学生学业成就的实践模型，被广泛地运用在西方各国的教育改革当中。

本文第二、三部分列举的实证研究可以很好地回答 PLC 对教师的影响以及对学生学业成就的影响。首先，参与 PLC 确实能够影响教师的教学实践，教师清楚地明白和掌握了"以学生为中心"的真正意义和内涵，在教学过程当中变得越来越以学生为中心。此外，教师在实际的教学当中明白了什么是"真正的教学"，教师通过参与PLC掌握了更多的教学技术并运用在课堂教学当中，使得教师的实践性知识得到发展和更新。其次，教师参与PLC，不仅教师得到了发展，学生也收益颇多，学生的学业成就得到了提高。表2所列举的6个实证研究都用具体的数据表明了PLC确实可以促进学生的学业成就。总的来说，目前的研究结果表明在学校或地区实行PLC不仅有利于教师的专业发展，同时有利于学生的学习。

当然，对于目前的研究结果，并非所有学者都表示认同。Vescio等人提出：PLC的这些有利作用，可能是霍桑效应。也就是说PLC促进教师实践性知识的发展、促进教师的教学以及提高学生的学业成就或许不是PLC的作用，而是研究过程本身对被研究者的行为产生了影响。参与PLC的研究使得教师以及学生对其效果产生了正面期待，真正起作用的是期待。的确，被研究者会对研究过程作出反应，而有时研究者无法预见这些反应，这样研究结果就变得很难解释了。对这个问题的争论有待进一步更加严谨的实证研究来确定，这也是今后研究的一个方面。

总体看来，目前PLC在教育领域研究中存在的不足表现为以下方面。

（1）理论研究方面。PLC作为提升教师实践能力和提高学生学业成就的一种有效方法，强调所有参与者都是学习者，教师作为学习者在PLC中可以进行合作学习，共同分析教学问题、分享教学经验，进而提高教师的专业能力。尽管PLC的理论承认教师学习的重要性，却未建构出教师作为学习者的理论模型。PLC的理论只是笼统地提出学习的结果是教师的专业发展，却没有提出教师作为学习者的具体学习目标以及理念。另一方面，PLC理论认为知识存在于教师日常的教学活动与生活当中，教师可以通过分享更好地理解这些知识。也就是说PLC理论认可实践性知识，可是目前的PLC理论研究却没有发展出一套实践层面的教师专业发展理论，没有具体回答教师在具体的教师专业学习共同体中学习和发展的动力是什么，机制是什么，内容是什么。回答好这些问题才是赋予 PLC 新的内涵与成分，使之成为真正的教师专业学习共同体，真正实现"提高教师作为专业人员的有效性"这一目标。

（2）实证研究方面。目前关于 PLC 的实证研究所采用的方法大多是质性研究的方法。通过教师访谈、学生访谈、校领导访谈、课堂记录、会议记录、教学日记等方法来验证 PLC 对教学实践和学生学业成就的影响。无疑，这些质性研究确实能够在一定程度上证明 PLC 的影响力，但是由于研究结果具有很大的任意性和主观性，使得由质性研究得到的证据力量不足，不足以令人完全信服。Jennifer 在总结已有的相关研究时说，这些证据都仅仅是来自被研究者的自我报告而已。尽管也有一小部分的研究采用了分组实验、量表或成绩报告等研究方法来考查 PLC 的作用，但是数据仍然受到了质疑，因为学业成就考试很难完全反映学生的学习情况，也就很难反映出 PLC 对学生学习影响的广泛程度。因此，今后的研究要使用更加严谨的研究方法，应该在质性研究的基础上加入多样的研究方法才能充分验证 PLC 对教师和学生的影响，只有使用多样的研究方法才能从不同的角度验证 PLC 的作用，如使用关于教师教学转变的纵向研究（包括质和量的研究）。因为教学是一项持久的活动，并且教学技术和教学方法是具有很强的灵活性的，会随时间和学生的变化而改变，纵向研究更能真实地反映加入 PLC 后教师的转变。同时，开展深入的个案研究，以个别参与 PLC 的教师以及其负责的班级为研究对象，深入研究 PLC 对教学实践和学生学习情况的具体影响。

（二）未来研究趋势展望

（1）更加强调实践中的 PLC 研究。英国在全国实行的 EPLC 项目（创造和保持有效的专业学习共同体项目）希望通过研究实践中的 PLC 了解其理论为什么可行且有效以及可以从中得到的实践教训有哪些。这个为期 34 个月的研究提出了"有效 PLC"的概念及特征、PLC 的发展三阶段说。这些在实践中的研究大大丰富了 PLC 原有的理论，扩展了 PLC 的内涵，更重要的是用实证研究的方法说明了"要发展 PLC 的实用意义只能在特定的环境和情境中的特定条件中被理解和运用"。的确，一个理论在实践的过程当中必须与当地当时的具体条件相适应，实践绝不是教条的。正如 Stoll 等在 2007 年所说的，PLC 潜在的发展必须考虑到国家之间的差异以及不同文化的细微差异。Webb 等人对英国和芬兰小学中的 PLC 进行了跨文化的比较分析，发现不同的文化背景对 PLC 的理解和具体实施有着根本性的影响。PLC 已经是一个全球的趋势，随着 PLC 被广泛地推广和应用，实践中会突显出越来越多的文化特殊性、地区特殊性甚至是学校特殊性。在这样的背景下，边实践边进行关于 PLC 的研究将成为一个新的研究趋势。

（2）对 PLC 的潜在影响及作用机制的研究将更加深入。PLC 作为一个新生事物，投入到实践的时间并不算长。目前研究者已经探讨了 PLC 对教师专业发展、学生学业成就以及在此基础上对学校改革的影响。已有研究初步证实了 PLC 对这三个方面都有促进作用（尽管还存在一定程度的争议）。PLC 是否能对教师其他方面也产生影响呢？教师的专业发展不仅仅与教师的教学实践相关，也与教师的其他方面息息相关。比如说教师的幸福感、教师对工作的满意程度等等。教师参与 PLC 是否会对这些方面也产生影响呢？Webb 等人在对两个国家的教师进行访谈时发现 PLC 除了可以增强学生的学习之外，同时也会促进教师幸福感。Webb 在研究中发现参与 PLC 使得教师更加自信，同时提高了教师的工作满意度。这个"意外"的发现展现了 PLC 对教师幸福感的促进作用，同时体现了 PLC 的潜力。在未来的研究中，研究者可以也应当进一步挖掘 PLC 的影响作用。

尽管已有的研究表明 PLC 有种种的有利作用，但是在看到其积极面的同时，不能忘记任何事物都具有两面性，在充分挖掘其积极作用的同时，也要探究其消极作用并针对消极影响作出积极的应对。目前收集到的文献并没有涉及 PLC 的消极作用，但是这并不表示 PLC 只有积极作用没有消极的影响。我国学者宋萑在对上海四所小学进行教师专业学习共同体的个案研究时发现一个值得深究的现象，部分教师利用 PLC 对课程改革进行"集体式拒绝"。这就是 PLC 在实践过程中出现的一种消极影响，这是一个警报，更是一个今后应该着力研究的重点。我们要在实践中发现 PLC 的消极影响，对其进行深入的研究，探究其起作用的机制并且提出应对策略。

参考文献

[1] 柳海民. 新世纪中国师范教育改革与发展构想 [J]. 东北师大学报（哲学社会科学版），2000（2）.

[2] 周成海，衣庆泳. 专业共同体：教师发展的组织基础 [J]. 教育科学，2007，23（1）.

[3] 陈晓端，任宝贵. 当代西方教师专业学习共同体的理论与实践 [J]. 当代教师教育，2011，4（1）.

[4] 杜福尔，伊克著. 有效的学习型学校：提高学生成就的最佳实践 [M]. 聂向荣等译. 北京：中国轻工业出版社，2005.

[5] 陈向明. 实践性知识：教师专业发展的知识基础 [J]. 北京大学教育评论，2003，1（1）.

[6] 芮先红，郑百伟. 英国 EPLC 项目的经验及其对我国的启示 [J]. 现代基础教育研究，2011（2）.

[7] 宋萑. 课程改革、教师赋权增能与教师专业学习共同体——上海四所小学的个案研究 [J]. 教育学报，2011，7（3）.

[8] Thompson, S. C., Gregg, L., Niska, J. M. Professional learning communities, leadership, and student learning [J]. *Research in Middle Level Education Online*, 2004, 28（1）.

[9] Christine S. et al. Profound Improvement: Building Capacity for a Learning Community [J]. *Journal of Educational Change*, 2001, 2（4）.

[10] Toole, J. C. Louis, K. S. The role of professional learning communities

in international education [J]. In K. Leithwood & P. Hallinger (eds), *Second international handbook of educational leadership and administration*, 2002, 8 (2).

[11] Buysse, V., Sparkman, K. L., Wesley, P. W. Communities of practice: Connecting what we know with what we do [J]. *Exceptional Children*, 2003, 69 (3).

[12] DuFour, R. What Is a "Professional Learning Community"? [J]. *Educational Leadership*, 2004, 61 (8).

[13] Joyce B. *Changing School Culture through Staff Development* [M]. 1990 Yearbook of the Association for Supervision and Curriculum Development. Alexandria: Association for Supervision and Curriculum Development, 1990.

[14] Boyer, Ernest L. *The Basic School: A Community for Learning* [M]. San Francisco, California: Jossey Bass Inc., 1995.

[15] Hord S. M. *Professional Learning Communities: Communities of Continous Inquiry and Improvemet* [M]. Austin, Texas: Southwest Educational Development laboratory, 1997.

[16] Louise Stoll, Ray Bolam, Agnes Mcmahon, Mike Wallace & Sally Thomas. Professional Learning Communities: A Review of the Literature [J]. *Journal of Educational Change*, 2006, 7 (4).

[17] Englert, C. S., Tarrant, K. L. Creating collaborative cultures for educational change [J]. *Remedial and Special Education*, 1995, 16 (6).

[18] Louis, K. S., Marks, H. M. (1998). Does professional learning community affect the classroom? Teachers' work and student experiences in restructuring schools [J]. *American Journal of Education*, 1998, 106 (4).

[19] Dunne, F. Nave, B., Lewis, A Critical friends groups: Teachers helping teachers to improve student learning [J]. *Phi Delta Kappan*, 2000, 28.

[20] Strahan, D. Promoting a collaborative professional culture in three elementary schools that have beaten the odds [J]. *The Elementary School Journal*, 2003, 104 (2).

[21] Hollins, E. R., McIntyre, L. R., De Bose, C., Hollins, K. S., Towner, A. Promoting a self-sustaining learning community: Investigating an internal model for teacher development [J]. *International Journal of Qualitative Studies in Education*, 2004, 17 (2).

[22] Diane R. Wood. Professional Learning Communities: Teachers, Knowledge, and Knowing [J]. *Theory into Practice*, 2007, 46 (4).

[23] Andrews, D., Lewis, M. The experience of a professional community: Teachers developing a new image of themselves and their workplace [J]. *Educational Research*, 2002, 44 (3): 237~254.

[24] Patricia J. Norman; Katherine Golian; Heather Hooker. Professional Development Schools and Critical Friends Groups: Supporting Student, Novice and Teacher Learning [J]. *The New Educator*, 2005, 1 (4).

[25] Marnie Curry. Critical Friends Groups: The Possibilities and Limitations Embedded in Teacher Professional Communities Aimed at Instructional Improvement and School Reform [J]. *Teachers College Record*, 2008, 110 (4).

[26] Phillips, J. Powerful learning: Creating learning communities in urban school reform [J]. *Journal of Curriculum and Supervision*, 2003, 18 (3).

[27] Berry, B., Johnson, D., Montgomery, D.. The power of teacher leadership [J]. *Educational Leadership*, 2005, 62 (5).

[28] Croasmun, Janice. The impact of a professional learning community on student achievement gains: A case study [D]. Dissertation Abstracts International. Section A: Humanities and Social Sciences, 2007, 68 (4-A).

[29] Carter, Brandon S. The impact of a professional learning community on student achievement [D]. Dissertation Abstracts International. Section A: Humanities and Social Science, 2009, 69 (11-A).

[30] Supovitz, J. A. Developing communities of instructional practice [J]. *Teachers College Record*, 2002, 104 (8).

[31] Supovitz, J. A., Christman, J. B.. *Developing communities of instructional practice: Lessons for Cincinnati and Philadelphia* [M]. Pennsylva-

nia: University of Pennsylvania, 2003.

[32] Bolam, R. , McMahon, A. , Stoll, L. , Thomas, S. , Wallace, M. *Creating and sustaining professional learning communities* [M]. Research Report Number 637. London, England: General Teaching Council for England, Department for Education and Skills, 2005.

[33] Tignor, John Stewart. The relationship between the elements of professional learning communities and student achievement of Illinois Spotlight Schools [D]. Dissertation Abstracts International. Section A: Humanities and Social Sciences, 2009, 69 (12 - A).

[34] Vescio Vicki, Dorene Ross, Alyson Adams. A review of research on the impact of professional learning communities on teaching practice and student learning [J]. *Teaching and Teacher Education*, 2008 (24).

[35] Jennifer M. B. Carol Barry. Revisiting Professional Learning Communities to Increase College Readiness: The Importance of Pedagogical Content [J]. *Knowledge Educational Researcher*, 2011, 40 (4).

[36] Doppelt, Yaron, Schunn, Christian D. , Silk, Eli M. , Mehalik, Matthew M. , Reynolds, Birdy, Ward, Erin. Evaluating the impact of a facilitated learning community approach to professional development on teacher practice and student achievement [J]. *Research in Science and Technological Education*, 2009, 27 (3).

[37] Stoll, L. Seashore Louis, K. *Professional learning communities, divergence, depth and dilemmas* [M]. Maidenhead: Open University Press, 2007.

[38] Webb Rosemary et al. Professional learning communities and teacher well-being? A comparative analysis of primary schools in England and Finland [J]. *Oxford Review of Education*, 2009, 35 (3).

教师团队协作机制探析[*]

曹正善[**]

（四川师范大学教育科学学院，四川成都，610068；
四川省教师教育研究中心，四川成都，610068）

摘　要：教师团队协作是教师合作的一种方式，具有以任务为基础、以规则为准绳、以交换为方式等理性特征，它主要通过协作环境的有序化、协作技能的专业化和协作规则的明确化等机理来生成其运作机制，从建设学习型教师团队、强化教育信任、优化教师团队上着力可推动教师团队协作。

关键词：教师团队；协作；机制

在"教师团队"的相关研究中，相对于"合作"（Cooperation），"协作"（Collaboration）并没有受到足够的重视，确实，"协作"与"合作"在理论上很难区别开来，在实践上也并不感觉到有将两者区别开来的必要。但是，在教师团队的研究中，"协作"却远比"合作"更为重要，协作不仅是区别教师团队与其他教师群体的关键，甚至也是真假合作的分界线。因此，对教师团队协作机制的探讨不仅有助于理解"协作"和"合作"的联系，也有助于推进教师团队的建设。

---

[*] 四川省教师教育研究中心2010年重点项目，四川省教师教育重点计划项目"高中新课程背景下教师队伍建设的研究"（项目编号：TER2010-002）。

[**] 曹正善（1965- ），男，湖南宜章人，四川师范大学教育科学学院教授，四川省教育厅四川师范大学基础教育课程研究中心副主任，四川省教师教育研究中心学术委员会委员，教育学博士，主要从事教育基本理论的研究。

一 教师团队协作的解读

(一) 教师团队协作的含义

教师团队协作是指其成员就某一任务或活动进行的协商、协调和协同。协商是协作的前提，协调是协作的保障，协同是协作的结果。协商是价值观念等方面存在差异的成员相互商量，相互讨论并最终达成暂时一致的活动，它能听到来自各个方面的意见，也能听到相互之间的争论，还能听到互相妥协的声音，它本来就是一个相互理解的过程。协调是在人际关系、资源配置、任务分配、活动安排等方面的调节，其目标是尽可能地减少各方面的矛盾和冲突，形成相互支持、相互配合等积极互动。协同是指力量的相互增强、效能的相互整合、效益的相互增值所产生的系统效应。正因为协作包含了协商、协调和协同等，才使教师团队与其他教师群体所重视的"信息共享"区别开来。

教师团队协作是依照任务结构开展的活动，具有极强的理性特征。一般来说，任务可以有并行结构和串行结构。在并行结构中，各个子任务是同时进行的，在所有任务中，费时最多的子任务（也称"长任务"）对整个任务的完成具有决定作用，通过资源的有效调配缩短完成长任务所需要的时间就可以达成提高整体效率的目的。而在串行结构里，各子任务是依次进行的，每个子任务的完成时间都会对整个任务的完成有重要的影响，因此，只有为每个任务分配最好的资源才能提高整体的效率。任务结构的差异决定了协作方式的差别，在并行结构的任务中，协作表现为让那些承担短任务的人在完成自己的任务之后去"帮助"承担长任务的成员，在串行结构上，表现为让承担后续任务的人在任务还没有开始之前去帮助承担在其前面的任务，当然，这得有一个前提，那就是要去帮助的人有完成任务所需要的专业技能、实际经验等资本。

在教师团队协作中，存在着成员资本的相互交换。在团队协作中，其成员各自以其所拥有和所能提供的因素去与他人的那些可以补足自己不足的那些因素进行交换，而不是拿来共同分享，如果成员之间缺少对方所欠缺的东西，或者说，如果成员之间完全同质，是不可能走向协作的，协作强调成员资本的差异性、互补性和可交换性，协作的各方既不可能平等，也不完全公正，是一种"利己"的行为，只是由于必须依赖他人才能获得相应的利益，而不得不拿出某些资本与别人交换，也只有通过交换过程，才实现了对双方有利的结果，阿克塞尔罗德（Axelrod, R.）将之称为"相互回报"，或"一报还一报"，并将之视为"合作的进化"方式，它综合了"善良性、抱负性、宽容性和清晰性"。

教师团队建立在契约等约束和限制的基础上。协作以经由相互协商所达成的协议作为前提，协议规定了各自的义务和责任，在这里，每个成员都失去了个体性而成为抽象的协作者，协作的基石是团队的任务，而不是联系他们之间的情感，参与协作的成员是抽象的协作者，而不是血肉丰满的人，如果需要，一个成员的义务和责任完全可以由另一个人来承担。

要言之，教师团队的协作是依照团队所承担的任务结构来分配团队成员的资源，使每个成员各尽其责、各尽其力、各得其利的过程。

（二）教师团队协作的特点

（1）结果取向。教师团队协作在目标上具有单一性、明确性，团队每个成员在协作中应该做什么都得到相对比较明确的说明，这与合作有显著的区别，合作无需这种具体的事先说明和双方同意，或者说合作所需要的说明和双方同意已经包含在合作行为发生之前的关系之中了，合作者也不需要在事先协商的情况下而展开合作，如果需要协商，也是为了在合作过程中探寻更优的合作关系和更佳的合作路径。合作在一次性的结果上是否具有明确的合目的性并不重要，只要合作的方向是正确的，即使一次性的结果并不具有充分的合目的性，这种合作也会继续进行下去。因而，合作是过程导向的社会性行动，是有着明确方向的连续性过程，它必然会达成某种一连串的结果。

（2）相互交换。教师团队协作受协议的约束，每个成员都不是自主的，其行动没有自由，协作看重的各种资源的互换性，需要协作各方的参与。这与合作也是有区别的。合作的过程则不是这样一种交换过程，他不把自己所拥有的和所能提供的那些因素作为交换的筹码，而是作为促进合作的资源，这种资源在合作过程中发挥的作用越大，他就越能够感受到自己在合作行动中的价值，并在这种价值得到证实中体验到作为合作社会成员的意义。合作是人与人之间的共同行动，合作的任何一方都首先是作为独立的、具有个体性的人而存在，在合作行动之前或合作过程中，他们各自拥有的那些有利于合作的条件，是作为一种次要因素而被考虑到的。

（3）严格约束。教师团队协作受任务逻辑的约束，参与协作的各方都力求自己利益最大化，但受到的限制也严密得多。合作恰恰相反，它是真正"自治"的，合作关系中包含着自主性的内涵，合作行为是自主性的体现，而整个合作过程都无非是自主性的实现，这种自主性是不被管理的、非标准化的，合作更多地诉之于各方的情感需求和道德发展。在很大程度上，合作关系只不过是伦理关系的另一种表现方式或另一种表述，合作者的行为是发生在德治的制度框架下的，合作的过程更多地表现出道德的特征。

二　教师团队协作的机理

（一）协作技能的专业性

将教师团队的任务逻辑地加以分解，并将之分配给相应的成员，这是教师团队协作的前提条件，每个成员越具备与任务相应的能力，完成相应任务的效率就越高，其效果也就越好。当然，每个成员完成了任务并不一定等于教师团队就完成了任务，这得取决于其他一些条件。首先，教师团队的任务正好被团队成员所"瓜分"；其次，每个成员只完成各自的任务，而对其他成员的任务不予过问，但这有悖于协作的精神。在一个教师团队里，成员完成任务的时间有早有晚，完成任务的质量有高有低，这不仅因每个成员所担负的任务难度不一，成员所具有的资源丰歉有别，作为一个整体，教师团队除了使其所承担的任务与成员所具有的能力相匹配以外，还应形成相互支持和相互帮助的氛围，虽然不是每个成员都能为其他成员的工作提供实质性的帮助，但有时感情支持和资源支持也能起到一定的作用。

教师团队协作其实是一种"分担"与"互助"。每个任务都有其特殊性，都需要相应的专业素养，分担就是将任务分解到具有与之相应的专业技能的成员身上，当然，在基本或常规的教育任务上，教师团队的所有成员都具备相应的专业技能，但是，教师团队的任务往往超出常规或基本任务，这样不是所有的成员都可以不加选择地承担团队分配的任务，尤其对那些有责任心的教师来说更是如此。因此，任务的分担与教师的专业应形成匹配关系。同样，对于一些常规性或基本的教育任务，由于不需要特别的专业技能的支持，教师团队成员之间可以提供实质性的帮助，而对一些技能独特的任务，教师团队成员至少可提供情感等方面的非实质性支持。

教师团队协作强调每个任务都应由具有相应专业技能的教师来承担，每个成员有不同的资本，做的也是不同的事情，无法相互替代，成员之间没有共同东西，是异质的，正因如此，教师团队成员遇到事情要多沟通多商量，多反馈多协调，只有这样才能消解因相互之间的差异而带来的相互抵触、相互消耗、相互隔离的状态。

（二）协作环境的有序性

教师团队协作以任务的结构化为前提，而任务生成于教师团队与其所在环境的相互作用，这个环境主要是教师团队所在的组织环境，也就是学校的组织结构体系，教师团队的任务有时就直接来自学校或其某个组织的安排，有时当然也可以是解决教师团队自身的问题，有时则是与学校组织体系的抗争。虽然这些任务之间的差别很大，但重要的是任务的明确性或结构的清晰性。

在组织环境方面，一个专业化越强的组织结构即科层制的组织体系对教师团队的支持力越大。在以科层制建立的教师组织管理体系中，教师团队不仅能清楚地辨别每个教师所具有的专业素养，也能学到任务与专业相匹配的经验，还能学到协作所需要的主要调节规则，也就是如何合理地运用其权力关系来有效地调节其资源，解决其冲突。事实上，由于协作强调成员的异质性，成员之间处在不平等的位置上，他们的互动存在着不对称性，而描述这种不对等和不对称性的就是"权力"，凭借它教师团队可以"建构于己有利"的状态，正如组织凭其权力为教师团队安排任务一样，教师团队为其成员安排任务也具有毋庸置疑的合法性。

任务是联系教师团队与组织环境的中介，任务结构越清晰，分解得越合理，安排越妥当，目标越明确，教师团队协作就越好。我们知道，任务结构的清晰性与信息的充分性呈正比，这意味着要使任务完全结构化，就得需要完备的信息，而要获得这样的信息只具有理论的可能性，由于人所固有的局限性，在协作之前要想获得完备的信息几乎是不可能的，正是因为某些方面无法克服的短缺，使协作无法避免地会出现一些不协调，这也意味着教师团队协作是需要学习和不断改善的。

（三）协作规则的明确性

教师团队协作是由任务来驱动的，甚至因任务而建构的。因此，协作的关键不在于教师团队成员之间的关系，而在于任务所特有的结构，任务的结构生成的相应角色，而与角色相连的就是规范或规则，而不是担负该角色的人的个性，从功能上说，规则乃是信息、知识和技能的资本化和普遍化，它使人的行为具有一定的可预见性或确定性，同时它还具有一系列潜在的功能，如实施远距离控制、消解人际情感的干扰、抑制独断专行的蔓延、强化个人责任的意识和增进等级性协商。

不过,像所有的规则一样,它只能是对很少甚至是最小行为作出限定,哈耶克(Hayek,F. A.)将这样的规则称为"一般性规则"(general rules),它具有"抽象性或一般性""目的独立性""可普遍化性或适用于人人的平等性""否定性"等的特点。依此,协作规则并不需要对协作各方的行为作出详尽的规定,这不仅是不可能的,也是没有必要的,除了无法克服人固有的在理性上的有限性之外,过于精细化的规则会使协作的参与者望而却步,毕竟规矩越多,自由就越少。其实,教师团队协作总是以教师自觉自愿为前提的,这里所需要的乃是必不可少的、最少的、最低限度的规则,只要每个教师能依照这样的规则互动,就可以形成有序的"行动结构",而不需要其他外力的刻意安排或干涉,这是一种自发的有序,当然如果有必要,规则的补充和完善也应配合团队协作运行的所需。

规则在机制上具有游戏特征,游戏的参与者首先以游戏现有的规则进行游戏,而一旦投入游戏,游戏者又能对游戏规则加以限定和修改,因为仅仅参照现有的诸种规则,是无法理解游戏参与者的行为的。在这个意义上,教师团队协作成员既是协作规则的遵守者,也是协作规则的建设者,只有通过协作行动,他才能真正理解协作规则的丰富意义,才能使协作规则得到真正地明确。

三 教师团队协作的推动

(一)建设学习型团队

教师团队协作建立在对协作的认识或实际的协作经验之上,相对于协作理论的学习,从实践经验中学习更为重要,因为真实发生的协作都是在具体的情境中在具体的人之间发生的,而协作的理论乃是在去情境化的过程中逐步生成的,它无力于应对协作情境中具体的细节,也无力应对协作微妙的无时不在的变化。协作固然可以从某个或某些规则开始,但是这些规则必然地会在实际情境中发生形变,并生成一些新的规则来,与其说,协作的规则是预先规定的,还不如说是在协作中建构起来的,而且在实际的协作中,有许多自然而然的规则,这些规则是不需要言明或不可言明的"默会规则"(tacit rules),它们有比协作规则更多的来源,尤其是人与人相处的生活经验,是通过"潜意识学习"(subconscious learning)来习得的。

学习型教师团队追求"自我超越","自我超越的精义便是学习如何在生命中产生和延续创造性张力"。因此,学习型组织中的学习并不是以获得更多知识和技能为主要目的,而是要培养实现生命中真正想达成的结果之能力,它以未来为导向,以创新为实质,并伴随终身。正因如此,学习型教师团队是不断成长也是不断超越的教师团队,它有基于组织自身需求的"愿景",也有为每个成员成长的"意愿"。

在学习型组织的理念中,教师团队协作不再受外部压力或外在规则的强制,而朝向于教师团队及其成员的成长的内在需要,这种动机形态的内向化使参与协作的主动性大大地增强,而学习团队的修炼即自我超越、改善心智模式、建立共同愿景。团体学习对协作的动机、协作的策略、协作的目标和协作的能力都有积极的推动作用。

(二) 建设教育信任

对于教师来说,教育信任是教师对教育中的人或事不会利用自己的薄弱点攻击自己,或对自己在教育中的基本安全感所持有的信心。教师团队协作是在特定的学校制度环境下,在教师与教师之间发生的互动,只要教师认为学校制度不是时时处处针对自己的缺点,或者自己还能忍受学校制度给自己带来的压力,就会愿意投身于学校组织的各项活动中,包括与其他组织及其成员的协作。同样只要教师没有感觉到其他教师给他带来根本利益的威胁或伤害，他就可以将自己的全部展现在同伴面前，而这种基于一定安全感的冒险正是信任的本质特点。教师团队协作充满着不确定性，没有基本的信任，即便任务分配再清晰，协作规则再严明，也是难以成功的，何况制度本身也需要教师的基本信任，否则任何制度都缺乏其存在的依据。

信任对教师团队协作的各个方面都有积极的作用。首先，信任是教师团队协作的"润滑剂"，教师团队协作强调的是任务、角色以及规则，这是一个冷冰冰的世界，如果能充分考虑教师的感情需求，依照其特有风格进行安排，能大大增加协作的成功机会，毕竟每个人更愿意与自己亲近的人在一起共同工作。其次，信任是教师团队协作资本的"放大剂"，这是通过管理成本的节省来表现的。信任能将"长程管理化为短程管理，将细节管理转为原则管理，将直接管理转为间接管理"。最后，信任是教师团队协作的"持续剂"，协作虽然表现为一次交换关系的结束，但教师团队协作却会向未来延续下去，协作的持续却需要信任，信任使参与协作的教师能"在成事中成人"，在"不成时却宽以待人"。

信任是教师团队的珍贵资本，建立与维护信任很难，但要破坏起来却非常容易，因为每个教师都有难以在同伴面前掩饰的缺点，尤其在那些关系亲密的同伴面前，这就为同伴攻击自己提供了机会。因此，只要善待他人，珍惜信任，才不会使信任受到威胁。

（三）优化教师团队结构

教师协作团队不是固定不变的，它因任务而存在，也因任务的变化而变化，教师从团队中流进流出，规模时大时小都是很正常的事情，相反，如果教师团队固定不变，就会逐步走向封闭，教师团队的内部活力就会逐步丧失。

教师协作团队要保持适宜的规模。规模过大，成员相互交流不可能充分，而且容易出现内部分化，会影响团队成员之间的团结，会削弱教师团队的凝聚力。规模过小，教师团队资源就会受到制约，就无力承担更艰巨的任务，理想的团队"在人数上为7~9人"。当然，如果基于任务来生成教师团队，那就得考虑教师团队与任务之间的协调关系，任务越复杂，教师团队的规模就越大，但应在能够完成任务的前提下将教师团队规模最小化。

教师协作团队要有合适的构成。协作是在任务结构与人员结构相互匹配下实现的，任务不同所需要的技能也不同，因此，在教师团队建设中，既要将具有不同专业技能的教师吸收进来，也要将灵活性强的教师吸收进来。灵活性强的教师能胜任多种任务，这不仅能使团队降低对某个人的依赖，也使团队成员之间可实现相互替代，从而有助于团队任务的完成。

教师协作团队要有出色的带头人。团队带头人是团队的灵魂和核心，它的"领导力"影响到团队的命运，因为只有那些在"工作魄力"和"人格魅力"得到好的评价的教师才会被推举出来并能在"带头人"的位置上站住脚。强大的"工作魄力"使教师协作团队敢于担当富有挑战性的任务，并能获得良好的业绩，而强大的"人格魅力"使教师团队敢于面对协作中的情感等方面的冲突，可以维护和增强教师团队的凝聚力。

四　结语

种种迹象表明，教师团队协作具有正式化、组织化和制度化的特征，因此，理性是支持教师团队协作的力量源泉，而理性的有限性对教师团队协作形成了限制，在协作中到底会遇到什么情况，协作情境会发生什么样的变化，协作会为教师带来什么样的结果都是不可预见的。唯一可行的策略就是把协作视为一个学习过程，通过反思和批判每一次协作或协作中的每一个阶段来探寻改进协作的策略，只有这样才能实现协作的优化。

参考文献

[1] 韩昌跃等. 构建教学团队的有效运行机探讨 [J]. 天津教科院学报, 2010 (6): 25~27.

[2] 于聪. 教师合作团队的工作方式、困境与策略研究 [D]. 长春: 东北师范大学硕士学位论文, 2008.

[3] 罗宾斯. 组织行为学 [M]. 孙健敏等译. 北京: 中国人民大学出版社, 2005.

[4] 费埃德伯格. 权力与规则——组织行动的动力 [M]. 张月等译. 上海: 上海人民出版社, 2005.

[5] 阿克塞尔罗德. 合作的进化 [M]. 吴坚忠译. 上海: 上海人民出版社, 2007.

[6] 马永翔. 心智、知识与道德——哈耶克的道德哲学及其基础研究 [M]. 北京: 生活·读书·新知三联书店, 2006.

[7] 圣吉. 第五项修炼——学习型组的艺术与务实 [M]. 郭进隆等译. 上海: 上海三联书店, 2003.

[8] 曹正善等. 教育信任——减负提质的智慧 [M]. 上海: 华东师范大学出版社, 2007.

[9] 李艳鸣. T校合作型教师团队建设的实地研究 [D]. 南京: 南京师范大学硕士学位论文, 2011.

质的研究与教师专业发展*

李 剑**

(四川师范大学教师教育学院,四川成都,610068;
四川省教师教育研究中心,四川成都,610068)

摘 要:教师成为研究者是教师自主发展的内在需求,教师进行研究最主要的特点在于对自身教育教学现状与经验的研究。"质的研究"方法倡导在教师个人教育实践中进行研究,将教师研究的叙事、反思、行动结合在一起,凸显出在教师自主发展,成长为研究者的重要动力作用。

关键词:质的研究;教师专业化;专业自主发展

教育是培养人的事业,教师又是教育活动的实施者,如何培养教师对于教育事业的发展至关重要。在人本主义思潮的影响下,美国教育专家克莱博等人明确提出,要用人的发展理论培养教师。自20世纪80年代开始,教师专业化运动在全球范围大规模兴起,并逐渐成为国际教师教育的主题,教师专业化运动关注教师在实践中的主体性地位。用"人的发展理论培养教师",有效地促进教师专业发展,使他们早日成熟,并提升教师在教育实践中的水平,是师资队伍质量得以不断提高的重要保证。教师专业化背景下,教师专业发展要求教师成长为研究者。质的研究方法的兴起以及其独有的特点被广泛应用于教育研究过程之中,探究质的研究与

---

* 本文系四川省哲社重点项目"高中新课程改革背景下初任教师的专业发展研究"(SC11E002)及四川省教育厅重点项目"高中新课改背景下的教师专业发展研究"(11SA051)的研究成果之一。
** 李剑,四川师范大学教师教育学院讲师,四川省教师教育研究中心兼职研究人员。主要研究方向:教育学。

教师专业发展之间的关系，必将对促进教师专业发展，成长为研究型教师，从而进一步改进学校教育教学工作，产生重要的现实意义。

一 教师专业化呼唤教师专业自主发展

教师专业化是"教师在整个专业生涯中，通过终身专业训练，习得教育专业技能，实施专业自主，表现专业道德，并逐步提高自身从教素质，成为一个良好的教育专业工作者的专业成长过程"。从广义上理解，教师专业化和教师专业发展是两个相通的概念，都指加强教师职业专业性的过程；从狭义上讲，教师专业化更多是从社会学研究角度加以考虑，强调职业的发展程度及趋势，包括教师职业的规范性、从业标准等要求，突出教师群体的、外在的专业性提升；而教师专业发展主要从教育学研究角度来界定，指教师个体专业化程度提升，强调教师的发展由外在职业规范性要求转向内在的专业自主发展、专业角色认同、专业信念确立、专业能力成熟等教师专业自主化要求。"专业自主"即教师对自身专业知识、专业技能、专业情感的发展与完善提出主动性需求。教师专业自主发展具有其必然性。

第一，从教师专业化运动的历程来看，关注教师专业自主是教师专业化运动的必然选择。世界教师专业化运动大致经历了两个不同阶段：第一阶段从20世纪60年代到70年代，主要把教师职业与其他职业相比较，关注教师作为专业性职业地位及其提高的问题；第二阶段从80年代开始，主要在以教师角色和实践为视点的同时，关注教师实践性知识与技能的发展或专业发展问题，将教师的"专业知识"和"专业实践"结合起来重新审视教师的"专业性"问题。也就是说，从60年代到80年代，"教师专业化运动的重点已逐渐由教师的地位论向教师的角色论、实践论转移"。其目的在于通过提升教师教育教学专业自主化水平来获得教师职业专业化社会地位的认可，因此研究的焦点转向关注教师个体的专业自主发展是教师专业化运动发展的必然。

第二，从影响个体发展的因素来看，教师专业自主发展也具有必然性。哲学原理说明事物的发展总是由内部因素决定，教师只有产生内在的发展动机，主动适应教师专业化的需要，才能从根本上掌握教师专业发展自主权。在教师职业发展过程中，教师长期处于被动发展地位，其专业发展自主权掌握在外部教育机构中，服从于教育规范化、制度化要求；20世纪80年代以来，随着教师专业化发展研究进程不断明晰，研究由关注教师职业社会化地位提高逐渐转向关注教师专业化，由关注教师群体转向关注教师个体，由关注教师个体被动专业发展转向关注主动专业发展，这种转变也是对教师主体性地位的认可。

二 质的研究是实现教师专业自主发展的重要动力

"专业人员即研究者"是现代教师专业发展过程中形成的一种理念，教师即研究者与教师专业化发展也可视为同义语，具有较强的研究能力已是教师专业化发展的要求，教师研究能力的不断提升的过程，也是教师专业自主发展不断强化的过程，教师的教育研究能力对教师专业自主发展产生重大影响。

（1）研究型教师是教师专业自主发展的追求。教师专业自主发展要求教师成长为研究者，成为研究者才能为教师专业发展提供内在动力。研究普遍认为，教师在具体的教育教学实践中结合教育科研活动是提高教师理论素质、不断优化教师教育思想、促进教师专业化发展的重要途径。但与理论型研究工作者相比，一线教师从事科研活动具有自身特点，这些特点表现为：①研究主体与研究对象紧密结合。一线教师的教育科研不同于理论工作者的研究，他们普遍缺乏系统的教育理论，教育理论素养不够高，这就决定了研究工作不能够完全从理论出发，只需要对理论有一定了解，不需要严格教育研究方法训练和迎合一些流行的学术术语。研究者通常反观其身，以自身为研究主体，将积累的经验作为材料，对日常教育教学生活进行研究，因此，研究主体与研究对象常常不需要分开。②以解决学校、教师教育教学中的实际问题为根本出发点和归宿，这是检验教育实践工作者科研行为和结果的最终依据。一线教师日常教学中存在大量的问题，这些问题足以困扰他们；而选择什么问题作为研究对象要受到教师的时间、精力等限制，要与学校的教育规划、教师的工作条件等相容，即研究的运作要符合实际条件，又要有弹性，教师的研究始终是一个由问题出发到问题解决的循环过程。③研究结果个体实用性较强。研究以教师既有问题为主，强调弹性，因此研究按一般程序做出大体设计即可，不需要严格控制条件或进行对比。在研究实施过程中，他们常常根据具体情况在总目标的指引下，边研究边调整方案。由于追求对实际问题的解决，所解决的问题又多是教师反思日常教学生活中存在的特例现象，故研究在教师自身教育实践中的实用性较为显著，不强调研究结果的普遍适用性，研究结果一般也不需要推广。

（2）质的研究为教师成长为研究者，实现教师的专业自主发展提供重要动力。教师专业发展关键是专业教学发展，专业教学发展关键又在课堂，教师要发展为研究者，就必须寻求一种能适用于日常课堂教学的研究方法。从事课内外教学实践的教师的研究特点决定了教师应采用最符合他们实际情况的研究方法，最佳的研究方法也能够成为教师专业发展的最大动力。质的研究以其自身所具有的特点决定了其能成为教师专业自主发展的重要动力。

随着质的研究方法的兴起，它越来越多地被应用于教育研究过程之中。国内学者将质的研究定义为：以研究者本人作为研究工具，在自然情境下采用多种资料收集方法对社会现象进行整体性探究，使用归纳法分析资料和形成理论，通过与研究对象互动对其行为和意义建构获得解释性理解的一种活动。质的研究以现象学的解释主义为理论基础，认为世界是人为构建的，主体与客体是一种互动的关系；质的研究与其说是一种研究方法，不如说是一种在自然条件下对研究对象进行深入细致考察的研究范式。质的研究能够成为教师专业发展的重要动力，是由它具有的特点决定的。它有以下特点：

①以教师自身为研究主体,教师日常教育生活为研究对象。质的研究注重从整体上把握研究对象,系统地洞察研究对象的全貌,研究可以以教师本人的生活史为研究对象,通过自己的亲身体验"对教师自身经验和意义进行建构"并做"解释性的理解"或"领会"。在质的研究过程中,教师在收集和分析资料时,以自身所有的经验为原始资料,分析资料和收集资料同时进行,能及时获得研究所需要的一手资料。资料的呈现是透过缜密的细节,反映出教师本身的工作历程,教育价值观等方面内容。进行质的研究并不一定要论证什么,重要的是从实际事物中发现什么,通过对实际过程的考察,了解事物的变化和事物之间存在的联系。②研究过程具有现场情境性与动态性。质的研究是在自然情境下对教师个人教育工作、生活的日常运作进行的研究,要求教师对所发生的事情进行整体的、关联式的考察,教师以现场的观察记录、文件、图片、实物等为主要的资料来源;这些材料来源为其进行描述提供有关研究场所和研究对象的实际情况,因此,质的研究是一个教师对个体遭遇的问题进行探究和建构的过程,在这个动态的过程中,研究者以自己作为研究工具,通过体验本身的日常工作经验,根据不断变化和发展的情境采取"及时性策略",不断调整新的研究方法和思路。"质的研究"具有很强的实用性和可操作性,与一线教师具有的研究特点要求一致,因而容易被掌握和运用。

三 质的研究中促进教师专业自主发展的具体研究方法

质的研究是一种研究范畴或者说是一种指导研究的思想,它包括行动研究、叙事研究、教育反思研究等具体研究方法,这些具体的研究方法以其独特性适用于一线教师的科研工作,因此,在具体方法层面,它们能为教师专业发展提供具体的动力。

(1)教育行动研究。埃利奥特强调指出,行动研究是实践者在实践中进行的一种研究形式,是由社会(包括教育)情境的参与者所进行的旨在增进理性和正义行动的自我反省的一种探究。"行动研究的目的在于形成对复杂的实践活动整体认识的实践智慧,这种智慧能使人清晰地理解和阐释他在认识过程中所遭遇的问题。"教育行动研究法的特点可以总结为:①教师成为研究者;②以工作现场为研究背景;③以问题为目标,研究成果具有个体实用性。

教育行动研究是一个螺旋式的发展过程,每一个螺旋发展圈,又都包括计划、实施、观察、反思四个相互联系的基本环节。其操作要点是:①计划。寻找行动中的问题,研究问题产生的原因,选择确定研究专题,设计行动改进方案。②实施。按研究计划(改进方案)的要求操作实践,并视情况的变化,不断调整、完善行动改进方案。③观察。主要观察行动的结果,包括预期的与非预期的,积极的和消极的。行动研究前、行动研究中,要注重调查、访问、检测、文字描写与录音录像等手段的运用及资料的搜集、存档,以提高研究的效率。④反思。对行动的过程和结果作出判断,对有关现象和原因作出分析解释,找出计划和结果的不一致性,从而决定基本设想和下一步行动计划是否需要修正,应做哪些修正。

(2)教育叙事研究。作为教育叙事研究的实践者和理论先驱,加拿大学者康纳利和克兰蒂宁的理解非常有代表性,他们认为"叙事"是这样一种研究:它让人们不断地讲述和复述他们的生活故事,既描绘过去,又创设未来,通过这种方式来研究如何使经验有意义。教育叙事研究又称"故事研究",是一种研究经验的方式,是使教师专业生活经验得以"灿烂"的研究,是教师发布专业生活理论主张的一种表达方式。"20世纪80年代以来,叙事的方法在心理学、教育学、社会学、历史学等学科的理论研究和应用上占有了一席之地,成为与实验、调查、观察等并驾齐驱的研究方法。""教育叙事"一般是指教师以其独特的叙事视角对自己的教学进行描述并在不断的反思中提高教学效率和促进教师专业化发展的研究活动。其主要特征表现为叙述性和情境性。

叙述性指研究者以叙事的方式来研究教育问题,表达对教育的理解和解释,即通过对有意义的教育事件的描述和分析,揭示内隐于日常事件、生活和行为背后的意义和观念,使人们从故事中体验、思考和理解教育的本质与价值。这种叙述必须相应地显示出一定的情节性和可读性。它往往采用详细叙述的写作方式,介绍问题发生与解决的整个过程,留意一些有意义的具体细节和情境,反映具有典型性的教学事件,并尽可能描述教师自己在教学事件发生时的心理状态。

情境性指教育叙事研究考察的对象是教育经验,通过故事叙述来描述人们在自然情境下的教育经验、教育行为、个体化的实践性知识,促进人们对于教育及其意义的理解。

教师叙事研究的主要表现形式为教育叙事文章(报告)。教师所撰写的教育叙事文章(报告)是教师把自己所经历的教育事件叙述出来,同时反思自己的教育实践性知识。从文体上来讲,教育叙事文章(报告)是一种融记叙、描写、议论、说明、抒情多种表达方式于一体的复杂记叙文。它主要包括两个方面的内容:一是事实、事件的叙述,二是由事实、事件所引起的反思。

(3) 教育反思研究。质的研究一个突出的特征即强调研究者"反思",教师专业发展与研究型教师的形成,获得专业自主,取决于教师教育反思能力。反思即"反省"。在西方,杜威将其定义为"主动地、持续地、周密地思考任何信念或假定形式的知识的基础以及它所倾向的结论"。"反思"是理论与实践的桥梁,指向理论、技术、运用、实践的思维方式。反思的内容指向过去,功能却是指向未来的。它包括两个层面的内容,一是对一些纯技能性的东西的反复琢磨,另一方面是指对教师个体整个历程的回顾。从现象学角度看,反思的目的在于获得事物的本真意义。也就是说反思是一种原认知活动。在意识活动中反思是一种回顾,反思与回忆的区别在于:回忆主要涉及那些曾被感知过的意识对象,而反思的本质在于有评价地、判断地朝向那些曾被进行过的意识行为。"教育反思"就指向教师教育生活、教学工作的原认知活动，通过这种活动记录教师经验的全部，为教师进行教育科学研究提供原始积累和素材，并成为教师发展的有形证明。"教育反思"具有三个主要特征。①实践性。这是反思的背景，教育反思是在具体的实践操作中的一种行动性反思，是在行动中面对问题将自己已经进行的教育教学工作重新思考，而后产生新的结果，形成新的行动模式。它是对实践的反思，在实践中反思，为实践而反思。反思与实践的结合，对教师教学智慧的提升有不可估量的作用。②内省性。无论是何种反思，它总是指向过去，是对自己已经作的决策及其结果进行的解剖分析、反观和思考；反思是对于教师自身实践情景和经验，立足于自我以外所做的多视角、多层次的思考，是教师自觉意识和能力的体现。③研究性。反思不是一般意义上的个人"回忆"，而是一种教育科学研究的态度，目的是解决教育教学实践过程中各方面存在的问题，是教师将教学、学习和研究结合起来，努力提升教学实践的合理性的过程，具有研究的性质。

教师专业发展表现为教师的研究能力的提升，应当鼓励教师把自我反思作为他们专业化的研究态度的组成部分。他们应当成为他们自己和他们的学生的优秀的诊断者和观察者。只有这样，他们才能够真正当之无愧地从事教育这一伟大的事业。

教育既是一种实践活动，又是一种生活方式。教师专业发展经历"实践—研究—创新—发展"这一不断重复上升的过程，"实践是教师发展的基础和生命。同时，创新是发展的应有之义。但发展所含创新之义是在实践超越中拥有的。"教师在实践中的发展就是指，教师在自身实践中经过不断地研究和建构推动实践前进。教师的研究是一种特定情境下的教学研究，是对自己教育行为的自我解释和建构；教师具有这种能力，但不一定能通过正确的方法释放它。质的研究能植入教师专业发展的过程，发现教师内在的成长需求与发展动力，它鼓励教师反观自己的教育生活，关注实践与研究的结合，形成教师的教育自我；教师应该借助于质的研究在教学情境中成长为研究型教师，从而获得教师专业性的发展。

参考文献

[1] 连秀云. 教师专业化建设——一个影响教育改革与发展的时代课题 [J]. 中国教育学刊, 2003（2）, 49.

[2] 今津孝次郎. 变动社会的教师教育 [M]. 名古屋：名古屋大学出版会, 1996：42~45.

[3] 陈向明. 质的研究方法与社会科学研究 [M]. 北京：教育科学出版社, 2000：12~22.

[4] 周国韬. 中小学教育科研方法 [M]. 吉林教育出版社, 2004：1~7.

[5] 王长纯. 教师专业化发展：对教师的重新发现 [J]. 教育研究, 2001（11）：47.

[6] 迈克尔. 教师成为课程研究者——经验叙事 [M]. 刘良华等译. 杭州：浙江教育出版社, 2004.

[7] John Elliott. *Action research for educational change* [M]. London：Open University press, 1991, 19.

[8] Dewey John. *How we think* [M]. New York：Prometheus Books. 1991.

论体育教师的专业发展

游 进[*]

(四川师范大学体育学院,四川成都,610068)

摘 要: 教师专业化是教师成长的必由之路,国家教育部于2011年公布了《中小学教师专业标准(试行)》,这样我国教师的专业发展就有了一个基本的依据和评价标准。我国体育教师相对于其他语文、数学等学科的教师来说,专业化的现状、专业化的具体表现、专业化的发展方向以及专业化的评估都应该有自身的一些特点。本文对这些特点进行了探讨。

关键词: 体育教师;教师发展;教师专业标准

教师职业走向专业化,让教师成为像医生、律师、会计师、工程师那样的专业人员,这是教育发展和教师队伍建设的一条基本路径。教师的工作成为一种专业性的工作,这就意味着从事教师职业不能再像过去那样仅靠学历,靠学科知识素养加一点教育经验了。专业化的教师意味着必须要学习系统的学术知识,经过专门的综合能力训练,遵循专业的伦理规范,达到国家的教师专业标准,获得从业资格的专业证书并在整个职业生涯中持续地追求专业发展。这是教师专业化的一个基本内涵。过去我国对教师候选人要求仅仅为学历达标,有学科知识背景和初步的教学实践经验,教师入职门槛低,专业训练不足,工作靠经验,是我国教师队伍的一个基本概况。2011年国家教育部颁布了《教师教育课

---

[*] 游进,男,四川荥经人,四川师范大学体育学院教师,讲师。

程标准（试行）》和《中小学教师专业标准（试行）》，这两个专业标准对教师的培养，教师专业标准的内容，教师教育课程标准和教师专业标准的实施都作出了清楚的规定，提出了明确的实施思路。

中小学体育教师是我国教师中的一个相对特殊的教师群体，这个群体在专业化的过程中应该具备什么特点是一个值得研究的问题。按照我国的教师专业标准，它包含了三个基本维度：专业理念与师德（其中包含了四个方面和十八个基本要点）；专业知识（包括了四个方面和十七个要点）；专业能力（包含了五个方面和二十三个要点）。从我国这个试行的专业标准来看，我国中小学体育教师的专业现状怎样呢？他们的专业发展应该有什么不同于其他学科教师的特点呢？

一 我国中小学体育教师专业现状

（一）专业认识狭窄

就体育教育的目标来看，在我们调查过的300多名参加过国培和省培的中小学体育教师中，82%的教师认为体育的基本功能是强身健体，让学生具有基本的运动技能，促进学生的身体健康。这样的认识虽然是正确的，但明显缩小了体育教育的目标，过多突出了体育的竞技功能和健身功能，忽视了体育的综合发展功能和教育的功能。

（二）知识结构单一

按照教师专业标准，教师的知识应当包括四个方面，即教育的知识，学科的知识，学科教学的知识和通识性知识四个方面。从我们的调查来看，我国体育教师很重视学科知识和学科教学的知识，中年教师往往在这方面有着丰富的经验。但我国体育教师普遍在教育的知识和通识性的人文与科学知识方面表现不足。他们对教育理论，心理学知识了解不多，对跨越学科的人文与科学知识了解甚少，这就使得他们在综合教育素养和文化底蕴方面显得明显单薄。

（三）综合素质有待提升

从体育教师的专业能力来看，标准中包含了六个方面，即：教学设计、教学实施、班级管理与教育活动、教育教学评价、沟通与合作、反思与发展。这是一个很好的教师专业能力结构，体现了对教师专业能力的一个基本要求。从我国体育教师的专业能力现状来看，在我们的调查对象中74%的中小学体育教师在教学设计，教学的实施方面表现良好。但体育教师在班级管理与教育活动、教育评价、反思与发展方面普遍较差，这可能同体育教师的工作相对单一，体育教师做班主任工作的相对较少有关。

二 中小学教师的专业发展途径

（一）创新体育教育的专业理念

在体育教育的专业理念中，最重要的是对体育教育目标的认识。在现代专业体育教育理念中，体育教育的目标应体现和包含以下几个方面。

1. 强化体育的教育功能

体育的重要性远远不止锻炼身体那样简单。体育教育的作用不能停留在民国时期那种强健体质，抵御外侮，摆脱"东亚病夫"形象的追求上。学会运动技能，强身健体虽然仍然是今天体育教育的基本任务与追求，但它必须有所超越。那就是强化体育的育人功能和发展功能，通过体育教育促进人的身心、人格、智慧的全面发展，把传统的"体育教学"提升到"体育教育"的高度。

2. 强化体育教育的心理教育功能

这是近几十年来世界各国体育教育的一个新的追求。研究表明，体育活动可以有效缓解学生对待学习的心理压力，调节学校教育的情绪氛围，可以减少学生焦虑与抑郁的心境从而有效促进学生的心理健康。其实，不经过任何中介，体育活动直接就具有心理调节，心理放松和心理治疗的作用。一个重视体育教育的学校，天然就具有了心理教育的功能。中小学教师在这方面显然认识不足，这是以后体育教师专业发展在形成现代教育理念方面应关注的问题。

3. 重视体育的人格教育功能

体育教育可以很好地培养学生的规则意识，公平意识，团队意识，承受挫折，坚韧不拔的精神，竞争与合作的能力等。体育教育中的这些道德教育和人格教育的丰富内涵在我国的体育教育中被严重忽视了。为什么美国的大学在选拔学生时非常看重学生的体育爱好和特长？仅仅是为了选运动尖子吗？我想远远不止这一点。其实他们是从中看到学生的品质、素养、领袖气质、奋斗精神以及未来的发展潜能，这才是他们的大学重视学生体育素养的真正目的。

（二）完善体育教师的专业知识结构

教师专业标准中关于教师知识结构的描述，包含四个方面的内容，即教育的知识，学科的知识，学科教学的知识和通识性知识。我国体育教师的培养特点使得他们有较强的学科知识素养。需要改进的是，第一，体育教师在教育知识方面应加强学习的内容有：学生身心发展的知识，包括发展心理学，青少年身体机能的发展，营养学，体育教育原理，体育社会学，体育研究的方法，体育活动中的心理辅导，体育游戏的开展，专业运动技能训练等。中小学体育教师在这个知识领域了解不多，可以通过教师自学，教师继续教育来提升该领域的知识素养，这样体育教育才能摆脱传统的技艺之学，体育才有学术味从而真正从运动技艺转变为完整意义上的体育教育。第二，提高体育教师的人文与科学素养。

受专业主义教育的影响，我国的体育教师普遍重视体育运动素养的发展，轻视人文与科学素养的提高，这就导致体育教师文化水平不高，体育教育的人文性单薄，这也是轻视体育的一个重要原因。我国体育教师文化素养上的先天不足要靠教师系统的学习规划和学习实践来弥补。体育教师应学习文学、历史、法学、生物学、物理学、化学、自然科学史等学科知识，应在学习中形成思考的习惯。体育教师的通识性文化素养是十分重要的，教师的这种素养决定着体育教育人文精神的内涵，能使体育具有更丰富的教育意义。

（三）提升体育教师的专业能力

根据国家教师专业标准的要求，专业能力包含六个方面，但体育教师应着重以下两个方面能力的发展。第一，体育教学的设计能力。在我国，体育教师的教学设计是一个不受关注的问题，体育教师的课程设计随意性大，体育课程的设计缺乏监管，这是我国中小学体育教学的通病。体育教师要解决的问题有，体育教学怎样实现课程的三大目标，体育教学如何使课程具有教育性，体育课程设计如何体现学习中的构建与参与等。第二，对学生体育学习的评价能力。我国中小学体育教师普遍重视运动技能与运动成绩的评价，尤其是体育教育重视竞技性，重视成绩的量化评定就更加强化了体育教育中的这一倾向。体育教师轻视对学生体育参与动机，体育运动情感以及学生在体育活动中表现出来的人生观，价值观，团队精神，综合运动素养等方面的评价，这就大大弱化了体育教学的教育功能。体育教师需要这种评价观的转变，在此基础上去实现体育教育中多元评价能力的提升，这种评价素养与实践现在还没有引起体育教师的充分重视。

我国教师的专业发展已经进入到一个有理念，有标准可循的新阶段，但是对这样一个通用标准还需要一个结合学科具体化的过程。在体育专业教师的培养过程中怎样体现自身的特殊性，怎样结合体育学科的特点把标准具体化，使这套标准成为推动体育教师专业成长的动力，是一个需要体育教师长期关注的问题。

参考文献

[1] 教育部 2011 年《教师专业标准（试行）征求意见稿》.

[2] 教育部 2011 年《教师教育课程标准（试行）》.

对上划小学教师教育科研素质的调查与思考

——以成都市锦江区大观小学为例

王 芳[*] 刘玉清[**]

(四川师范大学教师教育学院,四川成都,610068;
四川省教师教育研究中心,四川成都,610068;
成都市大观小学,四川成都610066)

摘 要:上划小学教师教育科研素质问题,是教育改革和发展中遇到的课题,是提高上划小学教师的教学水平和教学质量的关键,是关系到上划小学尽快跟上新课程改革的步伐和实现城乡统筹发展的大问题。笔者对具有代表性的上划小学(成都市锦江区大观小学)教师教育科研素质进行了调查与研究,并对如何提高上划小学教师教育科研素质进行了粗浅的分析。

关键词:上划小学;小学教师;教育科研;教育科研素质

2003年成都市推行了城乡统筹发展政策之后,锦江区教育局为了推进城乡教育一体化的实施,把原来两乡(成都市锦江区三圣乡和琉璃乡)所管属的十几所小学全部划为锦江区统一管属,这些村小统称为上划小学。这些上划小学虽然普遍硬件配套设施

---

[*] 王芳,女,湖南益阳人。四川省教师教育研究中心研究人员,四川师范大学教师教育学院副教授。毕业于日本神户大学,获学术博士学位,硕士生导师,研究方向为教师教育、比较教育。

[**] 刘玉清,女,四川乐至人。四川师范大学教师教育学院在读教育硕士研究生,主要研究方向为教育管理。

比较齐全，但是地理位置多都处于比较偏远的城乡结合部；生源也都以附近的征地农民子女或进城务工人员的子女为主，且师资结构复杂，有原来在任的老教师（几乎是由学历为中师中专或学历不高的代课教师、乡临时招聘或军队转业人员等组成），也有从2003年以来招聘的大学毕业生等。从目前发展状况看，各上划小学在教育教学成效方面均滞后于一般城市小学。

成都市锦江区大观小学始建于1964年，2003年以前是一所由三圣乡管属的村小，2003年成为了锦江区的一所上划小学。该校位于成都市东三环边东客站旁，是一所城乡结合部的学校，学生除了10%左右的返迁农民子女之外，其余的都是进城务工人员子女。因此，该校是一所非常典型的上划小学。在近两年全国学业监测中，大观小学也不例外地在全区排名中居后。究其原因，生源及教师队伍两方面均有密不可分的关系。众所周知，教师在一个学校的发展中，起着不可替代的重要作用，教师的素质远远比硬件设施更重要。因此，在不能改变生源的情况下，通过教育科研提升教师队伍素质，改进教育教学方法，是帮助上划小学走出发展困境、促进学校的发展的重要途径。

为此，本研究以大观小学为案例，开展了对上划小学教师科研素质的现状及对策的研究。对大观小学全体教师进行了问卷调查，深入访谈，共发放问卷34份，收回33份，其中1份无效，有效收回率为97%。另外，还通过深入课堂的随机听课和访谈等形式了解教育教学现状。在此基础上，对该学校教师教育科研素质进行了全面分析，以期为上划小学的进一步发展提供参考。

一　调查结果与分析

（一）师资队伍结构分析

1. 性别和年龄结构分析

从表1可以看出，该校教师女性远远多于男性，教师性别结构有待改善；从年龄角度看，40岁以下教师占61%，40岁以上的教师占了39%，教师平均年龄33岁，说明中青年教师占据了教师的主体，教师年龄结构基本合理。相对而言，中青年教师一般拥有着较先进的教学理念，而中老年教师则教学经验丰富。这为通过开展科研活动促进不同年龄阶段教师的互相学习、交流和增强相互影响提供了可能。

表1 大观小学教师性别和年龄结构

性别结构				年龄结构								平均年龄
男		女		30岁以下		30~40岁		41~50岁		50岁以上		
人数	比例	人数	比例	人数	比例	人数	比例	人数	比例	人数	比例	33岁
8	24%	26	76%	11	32%	10	29%	9	26%	4	13%	

2. 职称结构分析

表2 大观小学教师职称结构

招聘		未评		小一		小高		小高以上	
人数	比例	人数	比例	人数	比例	人数	比例	人数	比例
4	12%	4	11%	10	30%	16	47%	0	0

从表2可以看出，该校教师具有小学高级及以上职称的教师只有16人，所占比例为47%；小学一级及以下的职称的教师比重大，占53%。从以上数据可以看到，青年教师因还没有达到评定更高一级职称的资格，一部分有多年教学经验的中老年教师虽达到了资格却因自身条件和名额限制等原因，没有评定更高一级职称。可见该校大部分教师尚有职称提升的需求。因此，科研对他们而言，应是具有吸引力的提升自我的途径。

3. 学历结构分析

从表3可以看出，该校小学教师中师、中专学历为13%，大专学历为23%，本科学历为64%，研究生或同等学力占0%。如果小学教师学历以中师中专为达标来计算,该小学教师学历达标率为100%,但与东部沿海小学教师学历水平相比,该校教师本科学历比例仍有待提高。可见在对教师学历要求不断提高的今天,该校教师仍应有进一步提升自己学历层次的需求,而能否顺利地获得更高层次的学历与该教师是否具备相应的科研能力亦是息息相关的。

表3 大观小学教师学历结构

研究生或同等学力		本科		大专		中师、中专	
人数	比例	人数	比例	人数	比例	人数	比例
0	0%	22	64%	8	23%	4	13%

4. 任教情况分析

表4 大观小学教师任教情况

所学专业与所教专业是否对口				在编与否			
对口		不对口		在编		不在编	
人数	比例	人数	比例	人数	比例	人数	比例
16	47%	18	53%	30	88%	4	12%

从表4可以看出,该校教师所学专业与所教专业对口的仅占47%,不对口的比例则达到了53%;另外,在编的教师占88%,有12%的教师无编制。该校教师队伍中如此大比例的专业不对口人群问题,对该校提高教师学科专业素养和能力提出了挑战,如何通过教学科研提升学科专业水平成了解决这一问题的有效途径。另外,不在编教师的存在,虽然有可能促成新鲜力量的加入,但更可能增加教师队伍的不安全感和流动性。这种不稳定性对学校通过科研团队的组建开展科研活动带来了一定的困难。

(二) 科研开展情况分析

1. 课题参与情况分析

表5 大观小学教师参与课题情况

基于考核原因参与		有意愿申报课题				曾参与课题研究					
是		是		否		是				否	
						小专题		课题			
人数	比例	人数	比例	人数	比例	人数	比例	人数	比例	人数	比例
30	88%	4	12%	4	12%	30	88%	34	100%	17	50%	0	0

注:"小专题"是锦江区教师进修学校发展室提出的一种科研形式。它通常指一线教师从教育教学工作中的一个很小的切入口出发,利用案例、课例和反思等形式研究、发现、总结教育教学规律,其研究周期一般不超过一年

从表5可以看出,该校虽然参与过课题研究的人数比例达到100%,但是88%的教师"基于考核的原因参与科研",仅有12%的教师有意愿自行申报课题。说明该校教师的科研积极性还未很好地调动起来。如何通过激励机制提高教师们的科研积极性,是该校亟待解决的问题。

2. 相关阅读写作情况分析

表6 大观小学教师相关阅读写作情况

个人订阅教育杂志或购买相关书籍情况		完成学校要求的阅读教育教学书籍情况				完成学校要求的教育教学论文情况					
有		没有		是		否		写过		写过并获奖		写过并发表	
人数	比例	人数	比例	人数	比例	人数	比例	人数	比例	人数	比例	人数	比例
3	9%	31	91%	34	100%	0	0	34	100%	16	47%	0	0

从表6可以看出,该校虽然全体教师都能完成学校阅读教育教学书籍的要求,并进行相关论文的写作,但个人主动订阅教育杂志或购买相关书籍的教师却微乎其微。这说明教师们相关科研行为大多是基于考核原因被动而为,在内心深处则视科研为任

务。不过，100%的论文写作率，47%的获奖率，亦提供了一个令人喜悦的讯息，即教师们的科研水平在学校的硬性要求下有了不小的提升。然而没有一个教师发表论文的事实，又说明虽然教师在日常教育教学活动中有许多的经验和想法，但将其用文字形式系统地表达出来的能力尚有待提高，通过论文发表进行学术交流的风气亦尚未形成。

3. 科研能力分析

表7 大观小学教师科研能力情况

选题是否存在困难		查找资料是否困难		研究过程是否清楚		论文写作是否困难	
是		否		是		否		是		否		是		否
人数	比例	人数	比例	人数	比例	人数	比例	人数	比例	人数	比例	人数	比例	人数	比例
24	70%	10	30%	28	82%	6	18%	0	0	34	100%	33	97%	1	3%

从表7可以看出，该校教师无论是对选题、查找资料，还是对研究过程、论文写作方面都缺乏相应的知识。其中有70%的教师"选题存在困难"；82%的教师查找资料困难；100%教师不清楚"研究过程"；97%的教师在写研究论文时困难重重。的确，在对科研开展的各个环节都缺乏相应的认识的情况下，要想顺利开展科研工作存在很大难度。如何帮助该校教师获取相关科研知识，提升科研能力，是该校迫在眉睫需要解决的问题。

（三）问题意识分析

敏锐的问题意识是开展科研必不可少的基础条件，亦是一线教师积极开展科研工作的原动力。面对该上划小学教师科研开展情况欠佳的问题，笔者通过以下开放式问题对该校教师的问题意识进行了了解。

1. 对于"您在课堂上关注的是什么"的问题

其中排在第一位的是"关注学生"，70%的教师表示在课堂中会关注学生怎么样；排在第二位的是"关注师生关系"，55%的教师表示自己着力通过师生互动、民主和谐的课堂气氛来创造和体现良好的师生关系；排在第三位的是"关注教师"，50%的教师表示会考虑在课堂中教师应有的行为和作用；排在第四位的是"关注纪律"，10%的教师表示自己着力地维护着课堂纪律，因为纪律好学生才能安静地听课。

从以上数据可以看到，该校大部分教师的教育理念比较先进，懂得在课堂上应该以学生为中心。虽然有一部分教师在理念上有一定的偏差，但他们为了更好地开展教学工作，积极思考教育问题的姿态是进一步开展教育科研的良好基础。

2. 对于"您需要解决的教育问题是什么"的问题

排在第一位的答案是"学生的问题"，76%的教师提到需要解决学生的积极性、学习习惯、注意力、学习能力、作业等问题；排在第二位的是"组织课堂"，20%的教师为课堂纪律不持久、高年级男生不遵守课堂纪律等问题而烦恼；排在第三位的是"教具"，20%的教师提到缺乏素材、教学卡片、光盘、实物等教具的问题；排在第四位的是"教学内容和教法"，11%的教师表示最需要解决有关重难点的突破、上课时间的准确把握等问题。

从本组数据可以看出，该校教师在教育教学中遇到的问题是五花八门的，其难度亦是参差不齐的，但他们共同在思考教育工作的方方面面。因此，通过研究教育教学方法和规律来提高教育教学效果，是他们共同的需要。

3. 关于"您认为您的课堂成功的地方是什么"的问题

其中排在第一位的是"学生的状况"，55%的教师认为自己最成功的地方在于对学生自主学习能力、学习积极性、自信心的培养等方面；排在第二位的是"教师的状况"，35%的教师对自己的教育理念、班级管理能力、充分的课前准备等表示自豪；排在第三位的是"课堂纪律"，26%的教师提到自己具备有效组织课堂的能力。

从上面的数据可以看出，虽然教师们在教育教学工作中由于能力和性格的差异，工作开展各有特色，但可以看出他们都在努力地发挥着自己的优势，积极主动地追求着自己心目中的教育理想。因此，如何借助科研之力，帮助教师们探索教育教学的更高境界，促进教师们更为长足的成长，是学校谋求进一步发展的有效途径。

4. 关于"您认为您在教学中欠缺的是什么"的问题

对于该问题的回答，排在第一位的是"教学经验和教学技能"，50%的教师认为自己在组织高效课堂、利用现代化教学手段和肢体语言等方面的能力还有待提高；排在第二位的是"权威性和耐心"，30%的教师认为自己在与学生交流的技巧方面尚欠缺；排在第三位的是"教育教学专业理论知识及新理念"，25%的教师表示自己在对新课改理念的理解、新教材的把握上有待加强。

从上面的数据可以看出，虽然教师们在教育教学工作中所遇到的困难是各不相同的，但可以看到他们对自我的认真反思。这种宝贵的反思意识和行为是开展科研的有利条件。

5. 关于"您认为学校应该围绕什么问题进行科研"的问题

其中排在第一位的是"学生习惯"，30%的教师认为应该围绕学生的学习习惯、行为习惯、读书习惯等进行研究；排在第二位的是"课堂教学"，20%的教师表示应该围绕如何上好课、如何按新课标进行教学等问题开展研究；排在第三位的是"学生的学习积极性"，约15%的教师提到应围绕如何提高学生的学习积极性开展研究；排在第四位的是"儿童的心理特征"，约15%的教师觉得应该围绕如何根据儿童不同年龄阶段的特点开展教学来进行科研；排在第五位是"后进生"，约15%的教师认为应该围绕有关后进生的转化问题进行科研；排在第六位的是"教学手段"，5%的教师认为应围绕多媒体教学问题进行科研。

从这些数据可以看出该校教师在学生习惯及学习积极性的培养、教学方法与手段的使用、后进生的转化等很多领域都意识到了问题，希望得到更加专业的引领。

总之，从以上调查看出，该上划小学的教师们有较强的问题意识，有为教育工作进一步顺利开展而进行科研的需求。

二 思考和建议

通过调查，我们既看到了该上划小学在科研开展方面许多可喜的条件和潜在的契机，也看到了不少问题。不论在思想上还是在行动上，其教育科研都相对滞后于时代教育教学改革的需求。要提高该校教师教育科研的积极性和能力，改善其科研状况，笔者认为可以从如下几个方面入手。

（一）提高对科研重要性的认识

从前面的分析可以看到，该上划学校教师队伍中具有高学历、高水平的学术带头人太少。并且，虽然该校大多数教师在新课改全面铺开数年后教育理念发生了较大的变化，但仍有不少教师还未能认识到教育科研的价值和意义。还有一定数量的教师没有把参与教育科研同提高教学质量联系起来，认为教育科研不属于教育教学工作，教育科研更多与专家学者有关，自己与"科研"没有太大关系，仅是在上级要求下为完成任务而去"做"科研。这对学校的长远发展而言是极其不利的。

因此，为了促进上划小学的发展，首先学校领导应加强教育科研必要性和可能性的认识，认识教育科研意识是"教师对教育活动有意识的探索和革新，是运用教育科学理论指导教育活动的自觉性，是对所从事的教育活动的一种清晰而完整的认识"，从而高度重视科研工作，树立"科研兴校"的思想，将教育科研列入学校发展规划并由校领导负责将具体科研计划落实到学校工作计划中，通过专家引领、同伴互助及招聘科研素质较好的新教师等方式，力争通过一系列科研活动的开展，促进教师科研素质的提升，以实现学校教育教学改革的进一步开展。

其次，目前虽然老师们的学历已达标，但对大部分老师而言，仍有职称提升的需求。并且，随着时代的发展，进一步提升学历层次也是形势所趋。而教师的科研经验和成果，不但是职称评定的重要条件，亦能为教师进一步的学历提升打下基础。因此，学校方面还应着力帮助教师们提高科研意识，让老师们理解科研工作是与自身发展息息相关的事情，理解教育科研不但能帮助教师联系教育理论思考教育实践问题，更能有效地指导教育工作，促进对教育教学活动的探索和革新，而且认识到与自己未来的专业发展有着重要的关系。切实促进全校教师正确认识教育科研的重要意义，让教师们的科研意识得到加强，自觉地把教育科研看作是自己本职工作的一部分。

（二）制定和落实调动科研积极性的政策

该上划小学科研氛围不浓，教师缺乏科研的主动性和积极性，与该校缺乏相关科研激励政策有着密不可分的关系。在此，建议该上划小学从以下几方面入手，激发和调动教师参与教育科研的积极性，促进学校教育科研的顺利开展。

首先，完善学校评价制度。把科研开展情况作为评价教师表现的一个重要指标，纳入到教师年度考核中，将科研考核与学校考核、教研组考核、教师评聘结合起来，改变"课堂教学是硬任务，科研仅仅是额外工作、是走形式"的状况。

其次，尽可能地提供经费和时间条件，支持教师科研的开展。在经费方面，学校可通过制定专门的制度，来保证科研经费的适当投入、合理使用及科学管理，为教师参加省内外学习、调研，书籍和资料的购买及论文发表等提供保障。在时间方面，可将科研工作纳入教师工作量计算中，并据此相应减少其工作量，为教师开展科研提供时间保障。

再次，建立相应的科研激励机制。可从专项经费中给予积极参与科研活动或科研成果突出的教师相应的奖励。还可以设立校级科研基金项目，鼓励扶持积极性高的教师成为研究引领者，从正面引导教师参与教育科研的积极性。另外，学校还可以通过开展"成果汇报""成果表彰"等形式的活动，为老师搭建展示科研能力的舞台，激励教师的科研积极性。

（三）加强教师科研素养的培训

该校教师研究意识和研究水平普遍不高的状况亦是有因可循的。长期以来，上划小学普遍缺乏教育理论的学习和研究，导致教师们在思想上忽视和畏惧教育科研。无论对查找选题、资料，还是调研等具体科研工作的开展、写作，老师们都很陌生，导致科研工作的开展步履维艰。因此，通过相关教育科研方面的培训，帮助教师们习得相应知识，掌握相关方法，提升该校教师的科研素养显得尤为重要。

据此，校方可以通过组织相关专题讲座和相关知识的学习等方式，从以下四方面着手加强教育科研理论的学习和培训，使教师们了解和掌握教育科研的一般过程和方法。一为教育科研操作层面的知识，如教育科研的含义、选题方法、研究的方法、论文的写作知识等。二为前沿的理论知识。这可以帮助教师们了解当前教育发展动态和课堂教学改革趋势，更新教育理念，自觉地对教育教学实际中存在的问题进行反思，结合教育教学的需要思考研究方向。三为与本校研究课题或教师本人关注的教育问题相关的理论知识，做好研究储备。四为计算机处理信息的知识。

另外，可以有针对性地进行分层科研培训，全方位多渠道地优化教师科研素质。将新教师科研培训、骨干教师科研培训、课题组教师科研培训等形式结合起来，支持每位不同需求和状况的教师提高自己的科研素养。

（四）促进教学和科研的有效结合

事实证明科研对于提升教育教学质量起至关重要的作用。教学效果与质量的提高需要开展科研，科研应为教学服务，为解决教育教学实际问题服务。二者处于同一体中，应相互促进。

从调查看出，该上划小学教师具备一定的教学实践经验，在教育教学诸多领域都有较强烈的问题意识，希望得到专业的引领，但教师们大多在上级的要求下被动参与科研，并未针对在教学中遇到的问题展开深入、系统的思考，甚至未主动地、有意识地留意专业书籍等资料。该上划小学尚未把科研融合到教学研讨之中，存在教学与科研工作"两张皮"的问题。因此，笔者认为该上划小学可以从以下三方面入手促进教学和科研的有效结合。

首先，要引导教师明白教学与科研的密切关系，明白教育教学中出现的问题是开展教育科研的现实素材，教育科研的选题和方向的确定都要从实践出发，力求解决实际问题。引导教师贯彻"以课堂为主阵地、以常规教研为载体"的思路，有针对性地把教育科研课题的研究融入教师的教育教学工作中，通过教研等活动促进教师们思考、研究教育教学中遇到的问题，推进学校科研工作的良性、深入地开展。

其次，可以创新多种形式来落实教学与科研的紧密结合。如以教研组或学校层面组织教师共同研讨、共同攻关的方式，反思、总结和解决教师们教育教学中遇到的问题。这样通过团队的力量以校本研究的形式共同开展教育实践问题的研究，不但能帮助教师们克服对科研的畏惧心理，较好地提升参与科研的积极性，还能提高科研切实解决教育实践问题、促进教师专业发展的效率。

再次，还可以通过专家引领，指导教师们通过科研解决教育教学中的困惑。相比一线教师，从事教育教学研究的人员对教育理论知识和研究方法的把握程度更高，邀请他们参与对教育教学实践问题的研究，不但可以帮助教师们结合先进的教育理念和新的教育发展动态，提出更有效的教育教学改进方法，还能指导教师们通过正确的研究方法，更有效地开展研究，形成有价值的论文，促进上划小学教师科研水平的提高。

总之，建设一支高素质的教师队伍是兴校之本。上划小学教师的教育科研素质需要在长期的教育教学、科研实践中持之以恒地加以培养。

参考文献

［1］2007年《中华人民共和国城乡规划法》.

［2］韦健,吴莲英,黄飞.优化教育科研意识促进高校教学改革［J］.经济与社会发展,2007（12）.

［3］吕秀云,许莉萍.试析湖州城区小学教师教育科研素质的调查与思考［J］.时代教育,2008（08）.

［4］张菁,肖玲莉.关于地方高校教师教育科研现状与思考——基于案例高校的问卷调查分析［J］.文教资料,2010（03）.

新课改背景下的教师教育机智探讨

黄依林*

(四川师范大学教师教育学院,四川成都,610068;
四川省教师教育研究中心,四川成都,610068)

摘　要：我国中小学新课改对教师的教育机智提出了更高的要求。本文阐述了教育机智的特点及其表现,并提出从以下几个方面入手来培养教师的教育机智,即提高理论素养、热爱学生、模拟练习、提高自控力和决断力、时常反思等,同时还指出教师在教育机智培养过程中还应注意避免的一些问题。

关键词：新课改；教育机智

中小学新课改对我们的教育教学提出了很多新的要求,比如要求教学中要以教师为主导、学生为主体,尊重学生的思维能力与自由意志,开发学生的想象力,培养其创造性等等,这就意味着我们的教师要从以前的"满堂讲"的、权威者的位置上退下来,引导学生主动地、生动活泼地学习,这无疑对教师的教育机智提出了更高的要求。但是,在笔者的一次"新课改中教师发展现状及分析"的调查问卷中,多数教师反映在实施课堂教学尤其是进行学生讨论的过程中,学生想法太多,课堂难以驾驭和调整。当代学生,见多识广,教师听到的不再是"异口同声",而是"异口异声"。如果教师不能机智地应对,就很容易被学生牵着鼻子走,甚至整个课堂会越出正轨难以收场。因此,在新课改背景下探讨

---

* 黄依林,女,四川师范大学教师教育学院讲师。

教师的教育机智问题有着重要的意义。

一 教师教育机智的特点及表现

教育机智是指教师对教与学双边活动的敏感性,是教师在教育教学情景中特别是意外情况下快速反应、随机应变、及时采取恰当措施的综合能力。它具有以下一些特点:第一,事件的突发性,教育机智一定是在对突发事件的处理过程中表现出来的,是教师在毫无思想准备的情况下所表现出来的应激能力;第二,处理的迅速性,教育机智一定是在对突发事件的处理速度上体现出来的,越能急中生智、果断决策和迅速处理,就越能表现出教师的教育机智能力;第三,效果的良好性,处理方法是否正确,效果是否良好,这是衡量教育机智的最终标准。

一个具有教育机智的教师通常有如下的表现:①善于因势利导。即从学生的需要和实际出发,利用并调动学生心理的积极因素,扬长避短,增强克服缺点的内部力量,自觉主动地提高学习效果和按照教育要求发展良好的品质。②善于随机应变。是指教师能在纷繁复杂、瞬息万变、随时可能发生意外的教育教学情景中,迅速判明情况,确定行为的方向,采取果断的措施,及时解决矛盾,有效地影响学生。③善于对症下药。教师能根据学生的实际,采取灵活的方法,有针对性地对学生进行教育。④善于掌握分寸。教师要讲究教育的科学性和有效性,在对待学生和处理学生问题时,实事求是,做到分析中肯,判断恰当。既民主,又严格;既说话有度,又方法适宜,给学生最恰当的教育。

二 教师教育机智的培养

当然,教师的教育机智并不是与生俱来的,而是教师在后天的教育活动和教育环境中,经过磨炼与感悟而逐渐获得的。它同时依赖许多的条件,比如高度的责任感,对学生爱护、尊重和公正的态度，冷静、沉着的性格，对学生敏锐的观察和深刻的了解等。它与教师的诸多良好人格特征联系着，是教师多种能力的集中体现。但在日常的教育教学中，每个教师都会表现出一些教育机智。因此，教师完全可以在平常的教育教学工作中丰富学识，积累经验，逐渐培养起较高的教育机智能力。

首先，提高自己的理论素养。教育理论的作用就在于告诉教师所面对的是什么事实及在此前提下所应该做的事情。前者为他提供适应情境的恰当判断的信息，后者则为他的判断和决定提供目的引导和可能行为的启示。即理论学习不仅是掌握有关教育的知识，更重要的是提高教师的理论思维能力和批判反思能力，因此，不仅是专业知识要扎实，还包括教育学和心理学知识的涉猎，尤其要注重有关课堂社会学研究成果的引入及前沿教育心理学理论的学习。他们是教师教育机智得以形成的不可缺少的因素。

其次，要热爱学生。这种爱是连接师生思想的通道。在教育教学过程中，只有洋溢着师生之间相互尊重和友爱的气氛，才能开启孩子的心扉，使学生乐于接受教师的教育，也从而避免学生的抵触情绪，减少师生间不愉快的摩擦。

第三，多进行意外事件处理的模拟练习。师范生可结合教育见习与实习，多设计一些"意外事件"的情境，大家共同研究如何处理才恰当有效，并进行模拟的"实战演习"。在职教师可以做一些心理练习，即在头脑中设计一些"意外事件"的情境，研究应对方案，并在头脑中想象当时的处理结果及其后果。一般而言，这种心理练习比"实战演习"适用性更广、更方便而且效果也更好，应作为意外事件处理演习的主要形式。

第四，应提高自控力和决断力。自控力是教师在教育教学中灵活地控制自己的情绪和行为动机，并约束自己的行为和言语的能力；决断力是教师在特殊情况下果断行动、解决问题的能力。任何教育教学困境对教师而言都是一种挑战，是一种自我发展的机会。教师需要不断地自我训练，并在复杂的教育环境中磨砺自己，培养自己的良好意志品质。

最后，时常反思。反思是教师基于自己的教育教学活动，分析自己的所作所为以及所导致的结果的过程，它有助于提高教师的自我觉察水平和教学监控能力。教师要通过对自身实践经验的追思反省，经过探究，以批判的态度检视教学问题，"回诊"自己的教学行为，积极寻求新理念和新策略来解剖难题，重组心智模式，在实践操作中循环提升自己的教育教学能力，培养自己的教育机智。

总之，在教育理论素养的加强，思维品质的训练，对教育现场的观察力和判断力的提高以及教育实践经验的丰富过程中，教师的教育机智也获得了提升。

三 教师在教育机智培养过程中应注意的问题

对教师来说，任何选择实施的行为都必须有利于教育教学的顺利进行与展开，必须有利于学生的身心健康成长，两者缺一不可。但是，有的教师在处理教育机智问题时，出现偏宽、偏柔或不诚实的情况，这既不利于学生的教育，也会给教师带来负面影响。因此，教师在教育机智培养过程中应注意以下一些问题。

（1）忽视对学生的道德教育和人格培养。教师对学生友善和宽容是应该的，但必须有度的限制。无原则的宽容实际上就是纵容，除了也许能暂时平息某种冲突外，对学生的道德教育和人格培养却是消极的。

（2）放弃对学生的严格要求。苏联教育家赞可夫曾说："教师对学生的爱应同合理的严格要求相结合。"马卡连柯也说："教师如果在需要生气的时候就生气，甚至比和颜悦色更有效力。"就是说，教师对待学生应该刚柔相济，抑扬并施。

（3）"机诈"。教育机智是教师在正确教育思想指导下的随机应变，绝不能与教育工作中的某些虚伪和巧诈混为一谈。有个别教师在教学中出现了错误，被学生指出来，不诚实地承认自己的粗心，却狡辩说是故意为之，以让学生辨别。这种方式，教师可能"巧妙"地掩盖了自己的错误,但绝不是真正的机智,最多也只是机诈,不值得推崇。在新课程改革中,教师将会遇到更多自己不曾涉猎的领域,这就要求教师在不断加强各方面的修养的过程中,诚实行为。

参考文献

[1] 张大均. 教育心理学 [M]. 北京:人民教育出版社,1999.

[2] 李子华. 教师的教育机智及其培养 [J]. 安徽师范大学学报,2003 (4).

[3] 宋德如. 直面尴尬——教育机智的表现及其培养 [J]. 教育探索, 2001 (12).

[4] 李冰. 教育机智莫入误区 [J]. 中小学管理,2003 (5).

绩效工资制度下的义务教育学校文化构建[*]

王 珊[**]

(四川师范大学教师教育学院,四川成都,610068;
四川省教师教育研究中心,四川成都,610068)

摘 要:绩效工资制度以成果论英雄,使教师角逐于私利而驶离其职业的本性。绩效考核标准模糊、程序性公平缺失使教师产生不公平感。对效率与竞争的追求异化为应试教育的推力并滋长监管型学校文化。要使绩效工资制真正激励教师就必须构建与之相应的学校文化。学校文化提升教师精神境界,是激励教师最持久的强大动力。因此,必须发展学校信任文化、构建具有绩效精神的学校文化、重视学校人本文化建设以及提倡道德型领导。

关键词:绩效工资;学校文化

自义务教育教师绩效工资改革实施以来,国家在依法保障和改善教师工资待遇,提高教师社会地位上成就显著。但这种以实际的、最终工作成绩及劳动效率为依据的工资制度也暴露出诸多问题,面临着重重困境。

---

[*] 四川省教育厅人文社会科学重点研究基地"教师教育研究中心"课题"义务教育教师绩效工资改革的研究"(TER2012-017)阶段性研究成果。

[**] 王珊(1977-),女,四川成都人,四川师范大学教师教育学院副教授,四川省教师教育研究中心,主要从事教育管理与教师教育研究。

一　教师绩效工资改革面临的困境

（一）绩效工资制与教师文化传统的冲突

绩效工资制强调"以绩取酬"，以货币作为度量教师工作绩效的唯一标尺，追求私利的最大化成为教师努力工作的动力，这恰与传统儒家文化的精髓背道而驰。中国古代教师孜孜追求的是天地万物间的"道"，他们本身所承载的道德力量远远超过了对个人利益的求取。他们作为"孔子的后代，重义轻利的儒教徒，追求的是成就个人德行。金钱是重要的，但有比钱更重要的人生价值"。儒家精神超越了功利的价值观念体系，成为中国古代教师追求的最高人生境界和对教育理想的承诺。"内圣外王"的儒家理想成就了中国古代教师的君子人格，并成为他们对合乎伦理原则的理想社会的心灵献词。他们将道德伦理秩序的基础进一步推演到人内在的"人性"，把人类应有的至善行为看成教育的终极目的，所谓"天命之谓性，率性之谓道，修道之谓教"。这种本质存在和人文精神成为中国古代教师根本的生命态度，也成为当代中国教师秉承的文化传统。当这种最幽深的来源与最基本的依据被永不满足的私利与欲望摧毁时，教师必将驶离其职业的本性。

（二）教师不公平感影响绩效工资制的激励功能

绩效工资制引入义务教育阶段学校的主要目的不是简单地涨工资，更在于建立义务教育学校的分配激励机制。义务教育绩效工资由岗位工资、薪级工资、绩效工资和津贴四部分构成，其中绩效工资是体现多劳多酬、发挥激励导向功能的关键部分，而其功能的发挥依赖于统一明确的绩效考核标准。然而，教学工作的复杂性使教师工作难以量化，虽然可以通过"增值评估"方法解决技术问题以测量学生的学业成就，但学生的态度、价值观等内隐行为却因发展缓慢而难以测量。教学毕竟不同于产品生产，即便是测得了学生的学业进步也很难说明这究竟是哪位教师的功劳。绩效考核标准的模糊性直接导致教师产生考核的不公平感,从而影响绩效工资的激励功能。另外,我国大部分学校还没有形成完备的民主管理与评价体系,往往是校长说了算,职工代表大会并未真正代表教职工,教师更是缺乏申诉的渠道。程序性公平的缺失也直接导致教师不公平感的产生,从而影响优绩优酬的实现。

(三) 绩效工资制异化为应试教育的推助力

绩效工资制度对效率与竞争的追求蚕食了教师微弱的理想激情,他们放弃了对教育的应然价值追求,一如既往地生活在"起早摸黑,满眼分数"的实然状态。从国外众多的绩效工资评价方案中不难发现,学生的考试成绩仍然是最主要的评价标准。教师为追求考试高分所代表的优秀工作业绩,训练学生死记硬背考点、考前泄露题目给学生、篡改学生成绩、让差生不参加考试……绩效工资制逐渐消解教育的神圣性,对私利的追求使教育演变为无序状态。一位教师说得很透彻:"虽然教育部要求以师德作为绩效考核的首位,不得将升学率作为绩效考核指标。但学校早已习惯以分数、升学率为标准,学校骨干大多是提高升学率的干将,他们能让出既得利益吗?"对私利的角逐除了官能的满足外并不能带来所需的价值关怀,分数、升学率改头换面,再次合法合理地成为评价教师教学的唯一标尺。

(四) 绩效工资制滋长监管型学校文化

绩效工资制实施的关键在于对教师业绩的准确评估和有效地监督,其实施过程中权力与沟通往往是单向度性的。学校的管理自上而下,教师毫无异议地接受学校及上级教育行政管理部门的评估。学校变得行政化和官僚化,学校管理者与教师关系紧张,学校中滋长并弥漫着竞争、猜忌与压抑的氛围。在这种刻板的、高度控制的环境下,教师被看作学校机器上的零部件,强调秩序与监督的管理形成监管型学校文化。教育成为竞争的练习场,整个学校崇尚的是效率至上主义,而这种竞争动力的背后是对落后与淘汰的恐惧。于是,教师不讲团结与和谐,只讲竞争与效率;教育只论结果的优劣,不论过程的善恶;教师被看作"工具人",非人格化、令人警觉的不信任感充斥着学校。

二 学校文化建设对教师绩效工资改革的重要意义

激励教师、提高质量、发展学校是工资制度改革的目标。绩效工资制强调效率与竞争,效率固然可以治标却无法治本,文化虽不能救急却能治本。因此,在绩效工资背景下加强学校文化建设才能扬长避短,真正实现其激励功能。

(一)学校文化是激励教师最持久的强大动力

学校文化是学校成员在对学校价值观认同的基础上共同构建的观念体系及行为准则。舍恩的"睡莲模型"将学校文化视为由基本假定、价值观和行为方式三个从抽象到具体的层次。教师外显的行为由内在的、学校成员共享的价值观规范,价值观又来源于处于沉默或无意识中的基本假定。价值观是学校文化的核心,而基本假定是学校文化的"根系"。基本假定包括各种被视为当然的、下意识的信念、观念和知觉,它们一旦被唤醒便能促使学校发展为价值共同体,教师也就能认可学校价值观并形成与之相符的行为方式。因此,学校的价值观、信念、真正目标等所代表的学校文化才是激励教师的最持久的强大动力。

(二)学校文化通过提升教师的精神境界激励教师

基于物质利益的绩效工资制对教师的激励是有限的,事实上教师职业更多强调的是利他而不是利己,"干良心活"是教师职业的本性,因而对教师的激励需要其精神境界的提升。人的精神境界不仅指人性所能达到的"高度",更指人生活其中的"心境"或

"意义领域",即人愿意生活其中的一种"状态"。当人们认可、接受这种"状态"并愿意为之付诸努力的时候就会由此产生强大的激励力量。罗宾斯认为工作场所的精神境界是一种文化,即组织价值观通过社会背景下有意义的工作来满足组织及员工的需要。因而教师精神境界是学校文化的重要组成部分,学校文化建设的过程就是提升教师的精神境界的过程。当教师认同学校的价值观,寻求超越功利追求的工作意义和目的时,必然能提高其工作业绩。

(三) 学校文化是绩效工资制的必要补充

学校不仅遵循理性原则,文化资源也起着同等重要的作用。制度学派认为制度由文化—认知、准则和管制要素以及相关活动与资源构成,管制要素与"文化—认知"要素相比是肤浅的。绩效工资制正是强调制度的管制属性,以刚性管理控制教师,将学校视为规则系统或治理系统。它的逻辑基础是工具性,以管制政策作为其秩序基础及实施保障,形成以强制机制为基础的非人格化的关系。学校文化却强调情感认同、协调合作,以组织共同愿景激励教师,将学校视为"文化—认知"系统。它的逻辑基础是理解、认同与文化支持,共享的文化信念运行于每个教师的内心,形成自下而上的、共同参与的人格化的关系。因此,期望绩效工资制真正发挥激励教师的功能,就必须构建与之相应的学校文化,将物质激励与非物质激励结合起来,才能刚柔并济、互为补充、相得益彰。

三 构建绩效工资制下的学校文化

(一) 发展学校信任文化

教师对学校的信任建立在教师共同信念与价值观基础上,它具体表现为教师认为学校其他成员是可靠的、称职的与开放的,并对他们不设防。学校高度的信任文化就是教师信任校长、同事相互信任、教师信任学生和家长，所有群体能合作共事。绩效工资制强调效率与竞争，不利于教师间信任感和团队合作精神的建设，因而必须发展学校信任文化。发展学校信任文化一方面有利于形成学校共同愿景，建立领导者与追随者共同的期待和价值追求；另一方面，学校信任文化促进教师的合作，不仅有利于提高个人绩效，更有利于提高团队绩效。由于团队绩效较之个人绩效能更好地反映公共服务领域的综合绩效，因而通过确定团队绩效后再在其体系内进行二次分配能更好地保证考核的准确性，更好地发挥绩效工资的激励功能。

（二）构建有绩效精神的学校文化

绩效精神是绩效工资制的文化核心，也是学校文化的重要组成部分。虽然对绩效工资制的评价各有褒贬，但其所承载的绩效精神却是现代学校管理应具备的精神内涵。德鲁克认为绩效精神就是组织利用每个成员的长处来帮助他们取得杰出绩效，它强调每个成员"在工作中取得杰出绩效而感到满足"。构建有绩效精神的学校文化要营造一种积极的"士气"，必须为教师提供更多成功的机会。正如赫茨伯格指出，真正激励教师的不是工作条件、环境、工资等外在维持因素，而是成就、认可、责任感、工作本身以及发展的可能性。但体验工作的成就感与幸福感不能以降低工作要求为代价，而是应当让教师把工作重点放在高标准的绩效上。让教师明确学校的价值观和信念，不断追求更高的效能与效率，并使之成为其内在激励力量。

（三）重视学校人本文化建设

绩效管理体系滋长的监管型学校文化本身虽然无形，却使学校变成一个毫无生气、不能激发教师主动性和创造性的组织。绩效工资改革的最终目的不是单纯进行利益分配，更重要的是激励教师。因此，在绩效考核背景下，正视教师正当的利益诉求，给予教师更多人文关怀，必须从监管型学校文化走向人本文化。人本文化将激励机制融于学校目标和教师个人业绩的联系中，通过给予教师更多的自由和责任满足教师个人高层次的需要，增强责任感和工作动机，促进学校与教师的共同成长。人本文化关注学校内部沟通、理解和信任，以教师自我约束取代严格的教师控制，形成开放、民主、合作的组织氛围。在人本文化的视域下，教师不再是"经济人"或"工具人"，而是重新回归到他本来的、丰富的人性状态，成为"自我实现的人""文化人"或"复杂人"。

（四）提倡道德型领导

学校是文化协商与争论的场所，教师都是带着已有的价值观进入学校的，学校中充满了各种价值冲突。学校文化是异常复杂并处于不断变化之中的，学校领导虽不能操纵它但至少可以影响学校的价值观，因而绩效工资制下的学校文化构建离不开学校领导。萨乔万尼指出："领导的真正价值在于通过活动给他人注入意图，而不是活动本身"。但传统的交易型领导强调等级化权力，其领导行为的发生往往是为了获得某种有价值的物质时主体之间进行的契约式交换，关注的是对教师的控制而非"意义的管理"。因而绩效工资改革下的学校文化建设呼唤道德型领导。道德型领导将领导看作一种道德事业，认为学校领导者应基于正义与善的责任感和义务心来领导教师；道德型领导强调学校是教师自愿结合而成的共同体，他们共享价值观和理念；道德型领导关怀教师的需要与自我实现，激发人性潜力，使其超脱外在的利益交换；道德型领导通过教师的内在信念激发他们的潜在动机和个人能力，促进学校文化发生根本性的、彻底的改变。

参考文献

[1] 许纪霖. 启蒙如何起死回生——现代中国知识分子的思想困境[M]. 北京大学出版社，2011.

[2] 李沿知. 美、英、澳三国基础教育教师绩效工资制度实施对办学质

量的影响分析及启示［J］．教师教育研究，2010（4）．

［3］苏君阳．义务教育学校实施绩效工资面临的问题［J］．中国教育学刊，2010（2）．

［4］罗伯特·G．欧文斯．教育组织行为学［M］．华东师范大学出版社，2011．

［5］石中英．教育哲学［M］．北京师范大学出版社，2007．

［6］斯蒂芬·P．罗宾斯，玛丽·库尔特．管理学［M］．中国人民大学出版社，2008．

［7］W·理查特·斯科特，杰拉尔德·F·戴维斯．组织理论——理性、自然与开放系统的视角［M］．中国人民大学出版社，2011．

［8］韦恩·K．霍伊，塞西尔·G．米斯克尔．教育管理学：理论·研究·实践［M］．教育科学出版社，2007．

［9］方振邦，徐东华．管理思想百年脉络——影响世界管理进程的百名大师［M］．中国人民大学出版社，2012．

［10］杨天平，胡旭苗．教育管理现象学［M］．重庆大学出版社，2010．

教研训一体化的校本研修实践探索

何良仆[*]

(四川省凉山州教科所,四川凉山,615000)

摘 要:本研究在对校本研修实践效果调研的基础上,总结归纳出了凉山州教研训一体化校本研修实践从培训前期准备到实际操作环节全面提升当地教师队伍专业素质的三大有效途径,并对凉山州三年来校本研修的成果与效果进行了概括。本研究表明,教研训一体化的校本研修实践对教师专业发展具有切实的促进作用。

关键词:校本研修;专业素质;教师;培训

一 研究背景与意义

2007年,课改进入攻坚阶段,教师专业素质成为制约改革发展的关键因素。凉山州教育局在省教育厅的支持下,决定在未来三年内,动用数千万元经费(实际支出4120万元)对州内教师进行至少一轮全员培训。如何提高培训工作的质量和效益确保促进民族地区教师队伍实现"质"的提高?面对这样的问题,州教育局组建了由高校学者、教研人员、教师培训和管理机构人员以及中小学骨干教师组成的课题研究暨培训工作督导项目组,围绕"民族地区教师培训有效模式研究"开展研究。2007年10月,经全国教育科学规划领导小组批准,本项目被确定为"十一五"规

---

[*] 何良仆,凉山州教科所科研管理与发展改革研究室主任,四川师范大学、西南科技大学客座教授,"四川省有突出贡献的优秀专家""苏步青数学教育奖"获得者。E-mail:hlpx@163.com。

划课题。

项目组采取"整合研训资源,集中培训与校本研修两个基本面一起抓"的工作策略。宏观上,项目组通过研究、指导培训,起到"引导""促进"和"优化"的作用。通过理论和政策研究,保证培训的目标和方向;通过教师现状和专业化发展需求的研究,提高培训的针对性和参训各方人员的积极主动性;通过培训方法和措施的研究,增进培训中的多方互动,提高实效性。不仅如此,课题研究在解决当前培训中的困难和问题的同时,还要解决今后发展的问题,要研究怎样建立起民族地区教师校本研修、自主发展的长效机制。微观上,以实施"教师研究小专题项目"入手,组织教师校本研修活动。通过一线教师的参与研究,切实解决教育教学中的问题,提高教学质量,促进教师能力和水平的提高。

二 研究与实践内容

在明确了工作指导思想和工作目标的基础上,项目组制定了研究措施和工作方法。

(一) 采取多种措施、改进集中培训

从研究层面来说,既有总项目组针对组织指导培训和教研训统筹的策略研究,又有一线教师为解决教育教学问题开展的校本研究,研究活动是一个多重互动、整体推进的过程。项目组从调查研究入手,边研究边试点,在试点的基础上逐步推开。

(1) 项目组首先采取随机抽样的方法,在十七个县市的4120名教师中进行了问卷调查,内容包括:民族地区教师现状、教师培训需求、素质教育推进、新课改对教师的影响、州县级培训机构情况以及教师对培训的建议等。

调查结果显示,民族地区教师学历水平普遍较高,但是职业认同感普遍偏低,认为制约自己专业发展的主要因素依次是

缺乏良好的环境、缺乏专业指导、没有充足的时间。对于以往培训的效果，46%以上的教师认为帮助很大，有14%的教师认为没有什么效果。40%左右的教师认为培训存在的主要问题是脱离教学实际，培训同教学工作的联系不紧密、单向灌输、一刀切、不顾质量。教师对培训的要求倾向于互动性、实效性和针对性。

（2）将研究活动列入培训课程。一是在课程安排上，每一期培训分别开设半天至一天的"课堂教学现场剖析"课及"校本研修专题"课。课堂教学现场剖析课主要是把培训聚焦于课堂教学，通过说课、上课和评课，解剖、分析、示范课堂教学活动；校本研修专题课主要是将课题研讨和沙龙融入培训，组织开展微型课题和小专题研究，观摩各类课题答辩、点评和开题结题活动。二是项目组主研人员参与培训工作，将参训人员承担的子课题纳入科研带头人培训内容。三是专门召开教育小专题主研人员培训会，参训教师逐一面对专家进行课题陈述、答辩以及参与多种形式的学术沙龙活动，突出了互动交流。参训人员带着任务学习，学用结合。

（3）组织对培训者的培训。将各县市教师进修校教师、教研员和部分中小学骨干教师列入先期培训计划。通过组织专家举办讲座，统一指导思想，明确培训的目标、措施和相关要求，进行互动式培训方法交流示范，问题研讨，布置理论学习和研究任务等方式促进教师培训工作人员的素质水平提高，为大规模培训工作打下坚实基础。

（4）召开专题研讨会议，以研代训。针对不同层次不同学科教师承担的研究课题，分类组织专题研讨活动。如针对培训机构，着力研讨培训方案的制订、培训方法措施的改进、校本研修的规划与指导、培训效率效益、培训机构的建设和人员素质的提高、培训内容的选择制定以及督导评估等等。

（5）确定州级26所、县市级100余所校本研修基地校，着重开展校本研修实验研究。项目组深入学校与一线教师共同开展教学设计与案例分析，指导教师进行教学反思，在全州起带头示范作用。

（6）学习理论和文献资料检索。系统学习现代教育理论，通过检索、整理文献资料、掌握培训理论和国内外培训动态，进行培训方法的选择对比、理论论证。

（7）组织召开培训工作协调会议。由州教育局组织召开省、州、县培训机构协调会。邀请四川师大、西华师大、省教科所、省教育学院、省小教培训中心及州内各培训机构相关负责人参会，协调培训工作安排计划和课程内容，通报培训工作情况和课题研究进展情况，反映中小学校教师要求。

（8）聘请专家讲学和指导课题研究。聘请了若干专家学者到州内讲学或作为顾问，为本项研究提供学术、技术咨询，三年聘请人数超过300人。

（9）培训现场研讨和指导。开展广泛的课题研究和培训业务指导工作，召开主研人员培训研讨会12期，2600余人参会。派出课题指导组120多人次到县市、学校，观摩培训现场活动，召开教师座谈会，同参训教师和培训者讨论、交流，开展具有针对性的研讨和指导。

（10）组织由教育行政和有关业务部门的人员组成的教师培训及课题研究督导检查，对州县市教师培训机构工作进行全面系统地督促检查、量化评估、指导整改。在全州教师培训工作会议上总结表彰先进集体和个人。为形成这方面的长效机制，项目组制定了《凉山州县级教师培训机构评估方案（试行）》《凉山州校本研修督导评估方案（试行）》《凉山州教师培训课题研究阶段性考核（自评）表》，下发学校对照实施。

（二）用小专题研究搭建平台，引导教师在校本研修中提高

项目组采取"教研工作课题化，课题研究教学化"的指导原则，引导教师在教学工作中找课题，以科研方法指导教研，提高

教研工作的质量。项目组在深入调研的基础上制定了《凉山州"以研代训，教育小专题研究"实施方案》，经州教育局批转下发全州各县组织实施。根据该实施方案，每隔两年确立一批州级教师研究小专题并从教师培训经费中列出部分予以资助，州教育局另外组织教育科研方法方面的培训和教育观摩考察解决教师研究中的问题。要求所有小专题研究必须将理论书刊阅读和行动研究实验作为基本策略，通过研究促进教师的学习并改进教育教学。

2007年以来，连续三年分别确立教师研究课题58项、136项、260项，上万名教师参与研究，使全州"以问题为中心的教师校本研修"蓬勃展开。

这些项目的实施有效地整合了区域内"研""训"资源，为全州教师专业发展搭建了很好的平台。"以研代训"这种新型的教师培训模式现已经被列入了四川省新一轮民族地区教育发展十年行动计划。

（三）努力探索、积极创新、促进教研训一体化

项目组立足学校，把指导课题研究及基地校建设结合起来，理论联系实际，扎扎实实推进教研训一体化。具体从以下几个方面进行了探索试点。

（1）加强校本研修管理网络建设，进一步规范教科室职能职责。加强了教师培训管理、培训、研究、组织学术交流、成果推广以及评价职能。对教科室主任进行专题培训，通过观摩开题结题会、参观教科室、课题研讨等形式，提高教科室主任的工作能力，努力使教科室成为学校教研训结合的核心职能机构。一些县结合县情，创新思路，积极探索乡校研训一体化工作策略，即以乡中心校为主体，充分发挥"六中心"（培训中心、教师中心、管理中心、教学中心、骨干中心、基地中心）的职能作用，使辖区内的村完小等学校的教师整体联动，全员参与，广泛开展说课、评课，初步形成了乡校教研训一体化的氛围。

（2）建立学校教师培训前的规划、选派和培训后的传达、交

流任务机制。编、制、设计了《学校教师培训通知》《学校教师培训学习登记册》《教师参加培训学习情况登记卡》在部分学校试用。由学校向即将参加培训的教师发放《学校教师培训通知》，让参训教师提前了解培训主题、要求，并针对不同层次的教师规定回校组织校本教研的任务，其中包括：向学校呈交学习汇报材料（总结、心得、论文等）、学习成绩单或有关证书复印件、承担一次示范课或研究课（包括说课）、在教研组（年级组或相关处室）传达汇报学习内容、举办一次专题讲座或主题报告会、在一定范围内组织开展一次相关教育教学活动等；教师参训回校后填写《凉山州教师参加培训学习情况登记卡》，内容包括：主要课程及任课教师、培训学习资料、利用培训成果开展样本教研和推广工作情况等，经学校有关领导审阅签字后由教科室存档。

（3）建立健全教师培训登记档案管理制度。教科室负责将全校每一位教师参加培训的资料纳入业务档案管理，分别填写《凉山州教师参加培训学习情况登记表》《凉山州教师远程网络培训记录表》。主要包括以下内容：培训时间、地点、组织机构、通知纪录、学习成绩、主要课程、培训学习资料（含文字材料、电子文档、音频视频光盘）、学习证书复印件、利用培训成果开展样本教研和推广工作情况（上示范课、研究课情况及材料，专题讲座或主题报告材料，创新作品等）、资料存档情况、回校开展校本教研情况等。

改进教研成果评价机制。过去的考评指标主要考查教师课题、论文、读书笔记等"有"还是"无"，"多"还是"少"。后来则从培训登记入手，结合教师培训档案的管理，要求在学期、学年总结和考评中将教师研究成果、教学论文的评选与培训学习、课题研究和教学工作内容挂起钩来。要求写论文、读书笔记、主题报告、教学案例、课例反思等都要体现自身工作内容和参与的研训活动。质量高低的一个重要标准就是行动与写作间联系的紧密程度和问题解决的效果。

三 成果主要内容

(一) 集中培训，质量水平大幅提高

三年间，统筹整合省、州、县学校各层次教师培训和一般教师、骨干教师、班主任、辅导员、现代教育技术、管理人员等专项培训，总计达到47918人次。培训机构立足实际，注重实效，坚持"立足教师实际，适应教学需要，有利教师成长，注重教育质量"的原则。培训活动进一步丰富了培训的形式，如广泛采用课堂示范、说课、评课、对话、研讨、现场观摩、组织考察、座谈等形式。在培训内容上，着重强化了专家的引领作用，重视了问题解决和实践案例研究。

(二) 以研代训，校本研修硕果累累

三年间组织全州中小学逐级申报、审批并确立了426项由教师负责、以研代训教育教学研究课题，确立省级校本研修基地校28所。直接进入课题组参与校本研修的教师近万人。广大教师围绕身边的教育教学问题，以微型课题和小专题为载体，开展教育教学实践研究。三年来，教师研究课题已完成研究报告300余份，编印了包括研究报告、教学论文、教学反思、经验总结、典型案例分析和教育叙事研究成果的《教研训一体化的研究与实践》丛书38本。获全国教育科研优秀成果奖3项、省政府优秀教学成果奖4项、省教育厅优秀教育科研成果奖16项、省课题研究优秀成果奖73项、州优秀教学成果奖66项。

(三) 教师培训体系建设长足发展

一是转变了培训观念和方式。通过教师培训策略专项研究、一线教师以研代训以及在培训中开展课题研讨等多种方式，切实改变了传统的培训方式，较好地解决了培训脱离教师、脱离教学、

脱离课堂的弊端，调动了广大教师参加培训的积极性和自主性，培训的针对性和实效性明显提高；二是创新了培训管理模式。通过培训课题研究与实践，初步形成了"行政部门统筹协调—研训机构资源整合—教学专家方向引领—骨干教师示范教学—学科教师自主研修—校本教研解决实效"的多层级教研训整合模式，并在提高培训质量、效益的保障方面取得了重大进展。

（四）个案研究

一线教师在研究与实践中创造性地开展工作，进行了许多有益的尝试，以下略举数例。

（1）会东县教师进修校与直属小学共同开展"教师专业发展下小专题研究"。

学校按教师能力水平的不同层次确定不同的研究内容和研究方式并成立课题管理领导小组，负责小专题研究的立项评审，论证答辩，过程指导和成果鉴定工作，具体有如下措施。①信誉保证：由课题组代表（学校法人）与主研人员签订承诺书，承诺书规定了双方的任务和要求、责任和权利，以此约束和调动研究者的积极性，力保研究工作的正常开展；②制度保障：制定出"会东县直属小学小专题研究管理办法"；③每期一次专题培训会；④每期一次课题总结会；⑤组织课堂教学的专题研讨；⑥抓好主研人员（小学科教师）与指导教师（进修校老师）的结对子工作。小专题研究力图在诸多问题中一次只解决一个问题，深挖细刨，解决得实、透、好，对别人有参考和借鉴价值。通过学校课题组对"小专题研究"进行有效管理，一个个的"小专题研究"搭建起了学校大课题。整个学校形成了浓烈的学术氛围。

（2）泸沽小学以课题研究为载体，充分发挥中心学校辐射示范作用。

在围绕学校龙头课题"以课堂有效教学为主线的民族地区农村小学教师校本研修模式研究"开展校本研修的同时，为村小和其他学校提供帮助和指导。学校领导先后率队到其他学校开展调研、参加教科研经验交流会，做专题讲座和教学指导；帮助多所学校进行科研选题、策划研究方案，并对课题研究过程进行指导。针对教育教学实际中的突出问题，打破学科和年级间的界限，使不同学科、不同年级的教师走到一起，根据共同感兴趣的问题、感到困惑的问题，自愿组合，相互切磋。以案例、课例为依托，整合培训、教学、研究三方面工作，组织教师采取自修学习、反思对话、行动研究等方式，促进教师专业发展。

（3）普格县民族中学开展"民族地区寄宿制班风建设研究"。

学校教科室组织开展了"民族地区寄宿制班风建设研究"，探索以丰富多彩的活动来代替冰冷的说教的轻松有效的班级管理办法。通过研究和改进工作措施，有效地改善了班风：①每日反思一分钟；②每天早自习前抄写一句格言，一首名诗，每周选一句格言作为自己的思想行为指南；③每周安排两节自习课让学生阅读课外书，鼓励学生多到图书馆借阅图书，每天中午休息时看一份报纸，每天晚寝前，学生轮流在寝室里朗读一篇文章；④每天至少看一次电视，除了每天的新闻联播，每周让学生定期收看《子午书简》《人与社会》《电视散文》，不定期收看《感动中国》《中国骄傲》，看后要求交流感想或写心得体会，并和学生约定，如果全班学生表现好并争取到学校每周颁发的流动红旗，教师就在晚自习时间放一部DVD故事片让同学欣赏；⑤完成任务后便可让学生选唱他们喜欢的流行歌；⑥每天锻炼；学生利用早晚和课间休息每天至少开展3次锻炼，不少男生做俯卧撑，能达到100个，女生的跳绳也成为学校一道独特的风景；⑦办班报，写寝室日记；寝室命名，如奇志坊、百合园、鹏展室、风华斋、凌云居、缚龙堂；学生每天轮流办一张手抄报"火箭日报"，各寝室里室员每天轮流写一篇寝室日记，忠实记载每天发生的喜怒哀乐，宣扬好人好事，曝光不良现象；⑧开展主题周活动。如无批评周，自我战斗周（发现自身缺点，努力战胜自我），热心助人周等活动；⑨组织竞赛，以寝室、小组为单位或男女生间开展一些竞赛，如唱歌、背课文、翻字典、体育运动，智力游戏既培养了学生的竞争意识，又使学校生活更具乐趣，结果，不仅班风、校风得到极大改善，而且形成了浓郁的读书风气，阅览室几乎每天爆满，校园处处可闻读书之声，学校展现出一片欣欣向荣、蓬勃向上的景象。看到这种景象，教师们认识到：享受幸福的人不易犯罪，快乐的学生不易违纪。这种以校为本的教师研究，不仅很好地解决了学校教育中的问题，落实了素质教育的任务，而且教师的思想观念、理论水平和工作能力都有了大幅度地提升，为学校的整体发展奠定了更加坚实的基础。

（4）德昌县教师进修校进行"民族地区新上岗校长培训策略研究"。

探索构建了"主题+专题+自学"型的校长培训模式。确定三种培训类型。主题培训，以大班为单位，邀请领导、专家做主题报告；专题培训，由校长自主选择专题，邀请富有专项教学管理经验的优秀校长和干训专职教师作专题讲座；自学培训，由培训机构精选培训教材和内容，布置自学任务，规定完成学习任务的时限，开展自学读书、案例分析和管理反思活动，提交书面材料，结合自身实际确立探究课题，依托科研，提升学校管理经验，努力形成办学特色。经上课教师批改合格后，才发给学时证明。某一主题的深度、广度得到拓展，参训的校长在某一主题领域得到明显提高。

（5）昭觉东方红小学开展"彝族聚居县县城小学校本研修途径方法研究"。

除了开展教师读书活动，每期末组织读书交流会，开展撰写教学随笔等活动外，还开设了东方红小学教育教学博客，搭建起了学校老师教育教学交流的平台。要求每位教师每学月交一篇教学随笔，并将质量高、有交流价值的登在学校教学博客上。

（6）美姑县强化教师研究管理。

建立了中小学教师培训课题研究管理机构，落实课题研究经费，规定按课题归属（省级、州级、县级）开题后教育主管部门根据各课题所在学校的申请，分别给予5000元、3000元、500元的经费资助。对参研人员的职能职责也作出规定：每两周主研人员要集中活动一次，学习理论、研究课题。每月工作小结一次。对研究内容、进度、效度进行分析评价，对论文交流研究心得，检查上学月工作，安排近期工作。

（五）反响

通过研究与实践，老师们纷纷表示：① 坐井观天、裹足不前和墨守成规这些阻碍基础教育发展、提高教育教学质量的不利因素已成为日益突显的矛盾摆在他们那些乡村教师的面前，在工作的背景下研究，在研究的状态下工作，是教师快速成长的最佳途径；②问题就是课题，反思就是研究，发展就是成功；③作为一线教师，他们有从事校本研修的现实条件，他们亟须从事教育叙事研究、教育调查研究等。但是他们也感受到自己的学识疏浅，需要理论的支撑和专家的引领；④教育科研培训是有意义、有实效的学习，是促进发展的学习。通过培训，他们对学校如何深入开展校本研修有了更深层次的理解。回到学校，将认真梳理专家的理论、实践经验，加以借鉴、提炼，进而认真组织、开展本校校本研修工作，做到有实施方案，有过程管理，有制度保障，有激励机制，使本校校本研修取得更好的成效。

四川省教育厅、教育科学研究所、小教中心，北京师范大学和四川师范大学有关专家认为：该项目将研究与培训工作紧密结合起来，并着力构建区域性的教师发展体系，直接提高了培训工作的理性，在国内具有领先意义；项目将集中培训与校本研修及岗位研修很好地结合起来，体现了"教研训一体"的特点；项目方案具有很强的操作性，非常有价值。

课题组的研究与培训策划、培训指导相结合，参训教师的学习与校本研修相结合，扎根实践、理论联系实际，研以致训，学以致用。以研"导"训，以研"促"训，以研"优"（化）训，卓有成效。

项目注重区域性和民族特色，以校为本，教研训一体化。注重由学科知识查漏补缺逐步转向自我更新能力的培养提升以及教师自主发展长效机制的建设，切实促进教师专业化发展。

注重培训师资建设、培训保障、管理、资源共享、网络建设、区域内各级培训工作统筹协调以及现代教育技术运用，对区域性教育持续发展展开长效机制。

参考文献

［1］2007年《中华人民共和国城乡规划法》.

［2］韦健，吴莲英，黄飞. 优化教育科研意识促进高校教学改革［J］. 经济与社会发展，2007（12）.

"名师后备人选"专业发展现状分析*
——以四川"中小学教学名师培养计划"人选为例

王亚军** 张 华***

(四川师范大学教师培训学院,四川成都,610068;
四川师范大学文学院,四川成都,610068)

摘 要:本研究应用自编的《四川省中小学教学名师后备人选教师专业发展情况调查问卷》对226位参加四川"中小学教学名师培养计划"的"名师后备人选"进行了调查,从他们对"教师"职业的认识、自身专业发展的定位、对未来专业发展的需求等多方面深入分析了他们专业发展的现状和需求。同时,通过数据分析,归纳了他们专业发展的原因,"名师培养"对他们专业发展的作用,提出了通过"校本培训"和建立"发展"与"选用"结合的成长机制推动"名师后备人选"的专业持续发展。

关键词:名师后备人选;专业发展现状;四川教学名师

社会呼唤优质教育,优质教育呼唤名师,教育的改革发展需要更多名师的支撑。而名师是一种稀缺资源,帮助更多具有发展前景的优秀骨干教师成长为名师的"名师培养"工程也显得尤为重要。名师成长是一个长期积淀、内外因共同作用的过程和结果,

---

* 四川省教师教育研究中心2011年立项课题"四川省'天府名师'培养模式设计与实践"(TER2011-029)。

** 王亚军(1979-),女,任职于四川师范大学教师培训学院,教育学硕士,主要研究教师教育、教师培训。

*** 张华(1977-),男,四川师范大学文学院副教授,四川师范大学文理学院副教授,教育学硕士,主要研究教师教育、基础教育。

是在漫长的教育教学生涯中被社会、家长、学生所认可的,是社会赋予的称号,不是单靠外力"培养"就能造就的。但名师培养,可以给优秀骨干教师一种发展指向,它帮助和促进优秀教师有方向、有目标、有路径的成长;它可以鼓励广大教师提升个人愿景,有更高的理想,在追求理想的教学实践中,脚踏实地,倾心育才,不断升华自己的人生价值;它还能帮助各培训机构不断探寻教师专业发展的新路径和新方法,提高培训质量和实效。

2011 年,四川省教育厅启动实施"四川省中小学教学名师培养计划",从全省中小学教师中遴选出 1000 名优秀教师(即标题所称的"名师后备人选",以下简称"准名师")进行 3 年系统培养,促进其实现从"经验型教师"向"专家型教师"转型,帮助他们尽快成长为特级教师和有较大影响的教学与学术领军人才。为更好地了解此批优秀教师的专业发展现状,有针对性地为他们制定三年的成长方案,笔者设计编制了《四川省中小学教学名师后备人选教师专业发展现状调查问卷》,并随机选取了在四川师范大学参加名师培训的"准名师"进行问卷调查。

一 问卷基本情况

1. 问卷设计

本调查采取随机抽样的方法,选取了在四川师范大学参加"四川省中小学教学名师后备人选(第一轮)培训"的 250 位教师并发放了调查问卷,收回有效问卷 226 份。调查问卷共分三个部分,由 47 个题目组成,由笔者在文献阅读和反复思考的基础上自行设计而成。问卷第一部分涉及受访人基本信息,包括性别、年龄、学历、所教学科、职称等。第二部分为调查对象对"教师"这一职业的看法和调查对象对自身专业发展情况的认知、情感、需求及基本评价等封闭型问题。第三部分为完全开放型题目,主要涉及调查对象对专业发展的相关影响因素的看法和调查对象对未来专业发展希望得到的支持和帮助的真实感受等内容。

2. 调查对象

回收有效问卷 226 份。调查对象基本情况如下。

调查项目	子项目	调查情况（%）	
调查对象基本情况	男女比例	男教师 133 人	58.8
		女教师 93 人	41.2
	教龄	16 年以上 201 人	88.93
		11～15 年 22 人	9.73
		1～10 年 3 人	1.34
	职务	校领导（校长、主任）126 人	54.42
		教研（备课）组长 60 人	26.54
		班主任 25 人	11.06
	学历	大专及以下学历 36 人	15.92
		本科学历 183 人	80.97
		研究生学历 7 人	3.11
	学校地域	城市学校 138 人	61.06
		农村学校* 88 人	38.94
	任教学科	幼儿园教师 9 人	4.0
		小学教师 82 人	36.3
		初中教师 100 人	44.1
		高中教师 35 人	16.1

3. 调查目的

我们为了更好地帮助此批优秀教师了解他们的专业发展现状，有针对性地分析、规划成长计划，我们对他们在专业发展中的实际认知和现实生活中教师专业发展的现状及未来发展需求进行调查和分析。具体来说，一方面，通过了解调查对象对教师职业和教师专业发展的实际认知，通过与社会期望（即官方、专家、学者与教师）之间认知差异的对比与分析，了解认知差异的原因是什么，为什么，怎么办，探索教师专业发展研究中关注教师，尤

---

* 不同的学者、不同的专业书籍对"农村教师"有不同的定义。教育部"国培计划—中西部"项目中，对"农村教师"的界定是"来自县城及其以下地区的学校（包括县城学校）的老师"。因此，该调查将"县城及其以下地区的学校（包括县城学校）称为农村学校"。

其是关注一线教师心声的新的研究领域，尝试找寻教师专业发展和实现教师专业智慧和专业幸福的新的结合点。另外，了解调查对象专业发展的现状和专业发展的路径，对他们所处的专业发展阶段进行定位，寻找未来发展的方向、目标和方法。最后，通过了解调查对象对未来专业发展的需求，积极探索既能符合教师自身发展实际、需求和可持续发展要求，又能激发教师活力，同时也符合国家、社会期望的教师专业发展的一些方法和途径，特别是为即将开展的3年的名师培训提供最有效的指导。

二 调查结果——"准名师"专业发展现状

1. "准名师"眼中的"教师"

日本学者佐藤学指出："教育学关于教师的话语一直围绕着'教师应当如何？'的规范性逼近……而相对忽视了'教师是怎样一种角色？''为什么我是教师？'的存在论逼近。"而我们的官方、学者常常以一套不容置疑的要求或标准，告知教师他们应该是什么样子，应该做什么，怎么做，要求教师担任所谓"专业的"角色，以完成某些改革任务，他们对自己身份的认同是被忽略的。但就教师个体而言，他们怎么认识自己身为"教师"的意义、价值是非常重要的，事实上，教师专业的发展，从根本上应源于教师本人的认同，源于教师对于自己作为教师的内涵、意义、价值等的理解与追问。所以，我们要帮助他们获得自己专业的发展，就要从教师真实自我出发，认识、思考"我为什么成为了教师""我怎么看待教师"继而思考"我是一个怎样的教师""我应该成为什么样的教师"。

调查数据显示，调查对象中50.44%是出于对教育事业的兴趣而选择了当教师，而且对教师的意义和价值也给予了很高的评价和认同，特别是在认为"教师"这个职业"很有挑战性，对国家社会作用大，可以影响学生一生，成就别人，得到社会认可，充满创造激情"等方面有较高的认同度。但同时也看到，仍有较高比例（36.28%）的调查对象是"出于生活现实的考虑"而选择成为教师，对教师的经济收入、责任压力、社会地位等方面严重不满，甚至15.48%的"准名师"如果有机会不愿意再做名师。这说明，尽管调查对象认为教师工资收入低、社会责任重、社会压力大，但还是普遍认为教师职业充满创造，有激情，能影响别人，得到社会尊重，让自身获得成就感、幸福感，是一份好职业。但同时，我们也要高度关注教师职业幸福的获得和职业倦怠的克服，帮助他们突破发展瓶颈期，实现再次飞跃，体会职业幸福，获得人生意义。

表1 调查对象对"教师"职业的认识和感知

调查项目	子项目	调查情况（%）	
调查对象对教师职业的认知和态度	选择教师职业的原因	出于兴趣理想的考虑	50.44
		出于生活现实的考虑	36.28
		出于发展前途的考虑	7.52
		其他	5.76
	教师职业认同感	很辛苦，但很有挑战性	86.28
		对国家和社会有极大促进作用	77.87
		得到社会的尊重	35.84
		有机会的话，不愿再做教师	15.48
		付出与所得相当，从事它很光荣	10.61
	对教师职业创新性的感受	充满创造的激情	68.14
		相对定型，比较机械	15.92
		任教的前三年有，后来就比较平淡	15.48
	教师职业最让人满意的地方	影响学生	85.84
		职业环境	41.15
		社会地位	7.50
		福利待遇	3.90
	教师职业最让人不满的地方	经济收入	72.12
		责任压力	67.25
		工作条件	29.64
		外界评价	17.25
	教师职业最有价值的地方	社会认可，影响学生，成就别人	62.82
		自身成就	55.30
		人际和谐	32.30
		家庭美满	13.71

2. "准名师"眼中的"自己"

表 2 调查对象对自身专业发展现状的认识和感知

调查项目	子项目	调查情况（%）	
调查对象对自我专业发展现状的认知和感受	自我对专业发展阶段的定位	自我专业发展阶段	热心成长阶段（工作热情高、职业满意度高、研究反思能力强）	52.21
			形成能力阶段（积极参加交流活动）	35.39
			职业受挫期、处于停滞状态	11.08
			开始适应教师职业阶段	1.32
		专业发展意愿	处在专业发展初期，希望通过学习得到提高	36.72
			专业发展水平较高，仍对专业发展充满热情	34.95
			有继续发展愿望，但不强烈	24.33
			有倦怠感，觉得没什么好努力的	4.00
		自身业务能力的满意度	比较满意	88.05
			很满意	5.76
			不满意	6.19
	专业发展压力	在专业发展过程中感到有压力吗？	有，但可以承受	88.05
			很大，难以承受	5.30
			没有	3.09
			有，很小	3.56
		如果你感到有压力，压力来自	自我要求高	47.78
			学校管理方式	39.82
			各类教学评比	34.95
			学生不听话、难教育	20.35
			职称评定	15.92
			人际关系	12.38
			其他：社会、家长期望值过高；教书以外的杂事太多等	5.30
	自己在专业发展中的努力	工作中经常与同事通过行动研究、交流经验和心得等形式学习吗？	经常	50.88
			偶尔	41.15
			基本没有，限于参加学校活动	7.97

续表

调查项目	子项目	调查情况（%）		
调查对象对自我专业发展现状的认知和感受	自己在专业发展中的努力	对日常教育实践和周围教育现象反思吗？	主动而且经常反思	43.80
			会反思但不经常	54.86
			从不反思	1.34
		您写教学日记和有关教育教学的体会吗？	偶尔写	44.69
			经常写，是学校要求的	37.62
			经常主动写	17.69
		阅读教育教学类的书籍和杂志吗？	经常主动阅读	54.86
			偶尔阅读	34.07
			经常阅读，是学校要求的	10.61
			从不阅读	0.46
		一周用于阅读的时间	3小时以下	24.77
			3~6小时	42.92
			6~10小时	24.70
			10小时以上	7.61
	专业发展方面获得的外部支持	对所在的教研组所提供的发展环境的满意度	比较满意	70.79
			很满意	9.30
			不满意	19.91
		对本校提供的教师发展空间的满意度	比较满意	72.12
			很满意	8.86
			不满意	19.02
		所在学校运用的教师专业发展途径	教研组学习研讨活动	72.12
			校内结对帮教	63.71
			市区级教学比赛	62.38
			专家（组）的指导	61.94
			校外听课	55.30
			学历进修或培训	51.32
			自我反思查阅资料	49.11
			校际合作培训	20.79

续表

调查项目	子项目	调查情况（%）		
调查对象对自我专业发展现状的认知和感受	专业发展方面获得的外部支持	平时参加最多的专业发展培训方式	上级统一组织的培训	56.19
			教师研讨	37.61
			学校组织的培训	34.41
			结合教育实践进行反思和总结	24.33
			参加课题研究	23.00
			学历培训	12.50
		培训后阻碍持续学习的阻力	教学工作繁重，无时间学习	72.12
			开展教学研究和课题研究不知从何入手，很难寻求到专业研究人员的支持	61.06
			学校缺少教师学习的环境或氛围	40.26
			自身的依赖性和惰性	19.91
			校长未能对我的学习和发展起到引领作用	15.48
			没有学习和发展目标，不太清楚自己的专业学习需求	7.96

教师的职业富有挑战性，社会、学生及其家长都要求教师是全面发展的集大成者。教师的专业发展遭遇来自政府的政策规定、研究者的期盼、家长的期望、学生的期待等诸多方面的期望或期待。那么教师自身如何看待自己的专业发展，在专业发展中做了些什么，外部又给予了他们哪些支持和帮助呢？

调查数据显示：在专业发展压力方面，调查对象普遍认为"感觉到压力但压力可以承受"，而且这种压力"主要来源于自身"，这也正好印证了"教师发展与成功是自身内部特有的矛盾运动，这是其他任何组织和个人都不能替代的，而外部因素只为教师发展提供了可能性或条件性因素，最终还是离不开教师自身的努力"。可见，优秀教师成长的动力来自于内部因素，最终是"自己发展、造就了自己"。

"学校的管理方式"是教师感觉到压力的重要来源之一（39.82%）。在调查问卷的开放性题目"什么影响了教师的学习"

和"如何才能激发教师自主学习的热情"中，64.3%的调查对象也提到"学校管理制度的不科学、激励机制的不健全"影响了教师学习的热情，建议建立高效简捷的学校管理制度，从学习氛围创建、学习经费支持、学习成果支持等多方面健全激励机制。

在自我专业发展阶段定位方面，调查对象普遍处于比较满意自身业务能力，专业发展热情度较高，学习热情较高的阶段。他们由于在教育教学中的成功获得了学生的尊重、学校的认可和教育行政部门的认同（选入"教学名师培养计划"就是教育行政部门对他们的认可），有着继续发展的方向和目标（3年后考核合格获得教育厅授予的"名师"称号，评上"特级教师"）而保持着较高的发展热情和动力。但仍有11.08%的调查对象自己感觉处于职业停滞期，24.33%的感觉继续发展愿望不强。

在专业发展的具体做法方面，调查对象在学校的学习、对教学现象的反思、写反思日记、阅读教育刊物、读书时间等数据均高于对2011年"国培计划——四川中西部农村教师培训项目"参训对象的相关调查数据。50%左右的调查对象会在平时主动学习、主动反思、主动写教学日记、主动阅读教育类书籍、一周用于阅读的时间也在3~6个小时。30%~40%的调查对象会在学校要求下，不经常但仍然会学习、反思、和阅读教学类书籍。在专业发展获得的外部支持方面，调查对象对教研组、学校提供的发展环境和空间满意度都在70%左右，也明显高于2011年"国培计划——四川中西部农村教师培训项目"参训对象的相关数据（分别是34.2%、37.8%）。学校提供的专业发展方式最多的还是"教研组研讨"和"结对帮带"。参与最多的专业发展支持是参加由教育行政部门组织的各种形式的教师培训，其次是教师间研讨和校本培训。可以看出，一是，这批优秀教师通过在日常工作中的主动反思、学习，专业能力得到较快的提高，在普通教师中脱颖而出成为"准名师"。二是，这批教师通过主动争取、自身努力和学校对优秀教师的较多关注获得了例如外出培训、参加各类教学比赛等多种方式的专业发展支持。三是，强迫的、政府行为的"上级同意组织的培训"仍是他们主要的学习方式和途径，而自主性的学习及自主学习意识显得非常不足（"结合教育实践进行反思和总结"占24.33%，"教学工作繁重，无时间学习"占72.12%）。美国学者米勒和斯瓦内尔（Miller&Silvernail，1994）认为教师们取得最好的学习效果的方式是研究、实践和反思，达琳-哈蒙德认为，教师学习的最有效途径是：在行动、反思中学习。教师专业发展动力来源多样，但任何形式的发展动力与机会是否真正导致教师专业发展，还取决于教师是否有反思意识以及反思指向（专业行为或专业发展）。因此，让教师真正意识体会到学习的益处，培养提高教师反思学习的能力是促进教师专业学习、促进专业发展的重要举措。四是，教师专业发展现状喜忧参半。这批优秀教师能够顺应政府和研究者的期望，与时俱进，努力提高自身专业素质，不断适应新课程改革和学校发展的要求，在自身积极寻求改变。但同时，他们的学习和发展也还存在着问题和困境：缺乏良好的发展前景无发展动力，学校管理和激励机制不健全无发展支持，缺乏学习氛围和学习团体无学习状态，工作繁忙无时间学习，目标不明确，少专家支持无学习方向，自身惰性影响学习坚持等。由此可见，普通教师的专业发展状况就更堪忧。

3. "准名师"眼中的"未来"

表3 调查对象对未来专业发展的期望

调查项目	子项目	调查情况（%）	
调查对象对自身未来专业发展的定位和期望	是否有发展目标	您希望自己通过努力学习成为一个教育专家吗？	较强烈	50.44
			一般，有时有这种想法	45.13
			完全没有	4.43
		您对自己的专业发展有目标吗？	有但模糊	52.65
			有而且明确	40.70
			没有或不知道怎么确定	6.65

续表

调查项目	子项目	调查情况（%）		
调查对象对自身未来专业发展的定位和期望	是否愿意参加培训	认为教师有必要参加进修培训吗？	非常有必要	77.43
			有必要	21.68
			意义不大	0.89
		为什么参加教师非学历培训和学习？	给自己充电，以满足教学工作需要	94.24
			上级政策及学校的规定，只好去学习	2.65
			为评定职称增加薪酬做准备	2.21
			反正假期没事，学点东西总是好的	0.90
	希望从学校方面得到的支持	希望学校为您的专业发展提供哪些机会或条件？	业务进修	80.00
			学习化环境	59.29
			教学成果评优	31.85
			学历提高	8.80
		哪项激励最有助于提升教师的专业发展活力？	良好的工作前景	61.50
			同事和上级的肯定	33.18
			更多的工资收入	28.76
			学生和家长的感谢	17.25
		促进教师专业发展的机制中，您希望在未来进一步得到的支持条件是？	到外面去观摩和交流	81.41
			得到专家的指导	81.41
			学校简捷高效的管理制度	45.57
			教研组研讨和互助的氛围	39.82
			与努力相称的学校评价	38.49
			参加校内外的各种竞赛	12.83
			学历进修	15.00
	希望从培训中获得的支持	您认为自己目前最需要学习的知识和能力是？	教育科研	69.90
			学科专业与前沿知识	64.60
			教育理论	55.30
			教学技能	38.93
			教育反思及反思日记撰写	37.61
			教师自身的专业、修养、保健等知识	29.20
			社会学、人文学或启迪思维非学科性方面的知识	24.33
			对学生的分析和认识	22.10
			职业精神	14.15
		您希望参加的集中培训教学形式？	观摩名师课堂教学型	74.33
			实地参观考察型	62.38

续表

调查项目	子项目	调查情况（%）	
调查对象对自身未来专业发展的定位和期望	希望从培训中获得的支持	在专家的指导下进行课题研究型	57.96
		案例评析、参与式培训型	55.30
	您认为自己目前最需要学习的知识和能力是？	同行介绍经验、教学展示、共同研讨型	47.34
		与专家研讨互动、交流对话	48.23
		专家讲座、报告型	40.20
		在专家的指导下"自学—反思"型	33.18
	培训师资中，您最喜欢的授课教师是？	经验丰富的一线名师	93.36
		课改专家	63.71
		教科研人员	36.28
		高校教授	31.85
		教材编写者	27.87

调查数据显示，调查对象对自身的学习和发展都有很高的期望。他们中50.44%的有强烈的愿望成为教育专家，40.70%的有明确的发展目标，45.13%的偶尔有想成为教育家的想法，52.65%的有模糊的发展目标，77.43%的认为教师培训非常有必要，94.24%参加培训是为了给自己充电。因此，可见，他们中一半以上既有学习的愿望和动力，又有发展的目标和方向，也认同培训的作用和价值。

在专业发展支持方面，61.50%的教师认为良好的工作前景最有利于激发专业发展活力，80.00%的希望学校提供业务进修的机会，81.41%希望在未来能更多地外出观摩和交流，59.29%的希望建立学习化的环境。对于培训需求方面，调查对象认为亟须教育科研、学科专业知识、教育理论等多方面内容，在培训方式上，观摩名师课堂教学、实地参观考察、在专家的指导下进行课题研究、案例评析、参与式培训、同行介绍经验等方式排在前列，最喜欢的授课教师是经验丰富的教学一线名师。由此可见，调查对象对培训的需求和期望是踏实而务实的。他们希望通过培训完善自身的专业素质和提高自己的专业能力和品性，提高科研能力，为成为真正的"名师"和"特级教师"做好准备。同时，也可以看到教师对教师自身的专业、修养、保健等知识（29.20%）和社会学、人文学或启迪思维等非学科性方面的知识（24.33%）的关注，对纯粹理论型的授课方式和授课教师的不喜爱。笔者还特别注意到，在"您认为自己目前最需要学习的知识和能力是什么"题目中，仅有22.10%的调查对象选择"对学生的分析和认识"。学生是教育教学的对象，对学生的分析和认识是"因材施教"的基础。我们的教师是对学生的发展和认知已经非常了解不需要这方面的知识呢，还是我们的老师思想上仍是"以己为主"，更关注"自身"，关注"自己如何教"，而不关注"学生如何学"，这是个值得深思的问题，因为这一个侧面反映了他们在思想和行动上的差距，"自己所倡导、所接受"的教育理念和在教学实践中与"自己所用"的教育理念的分离。

三 "准名师"专业发展之路

1. "准名师"专业发展的动力

此批优秀教师为何能从71万名四川教师（64万名中小学教师，5万名幼儿园教师）中脱颖而出成为他们中的佼佼者，成为教育行政部门重点投资培养的"名师后备人选"？仔细分析调查对象的调查问卷数据，可以发现，有三点因素，促成了他们专业发展的水平高于普通教师。

第一，热爱教育事业，不断体会教育的创造性，是推动他们不断学习、发展的不竭动力。有位参培教师告诉我，叶澜教授说过的一段话，他一直牢记在心，而且反复体会和践行，"在当今的中国，教师完全可能成为富有时代精神和创造活力的人，教师若把'人的培育'而不是把'知识的传递'看作是教育的终极目标，那么，他的工作就不断地向他的智慧、人格、能力发出挑战，成为推动他学习、思考、探索、创造的不竭动力，给他的生命增添发现、成功的欢乐，自己的生命和才智也在事业奉献的过程中不断地获得更新和发展"。

第二，自我要求高，自发的给自己专业发展的压力，有着强烈的自我专业发展意识，有着一种对事业的执着追求，是他们专业发展成功的根源。正是这种发展的内驱力，让这批教师拥有专业发展坚韧之力，从普通教师一步步成长起来，他们的成长不仅表现在知识、能力、人格特质上，更表现在其不断追求自身专业发展水平新突破的创新超越意识和自主创造性品质上。

第三，抓住机遇，努力实干，是他们专业发展成功的重要保障。常有教师说我没成功是"我没机会，学校不重视我"。通过调查，我们发现，在调查对象的成长中，他们对学校和教研组的专业发展支持和环境满意度普遍高于普通教师，说明他们确实获得了更多的机会和机遇，学校也提供了较多的专业发展支持。但同时，"机遇面前人人平等""机遇总是垂怜有准备的人"。机会是他们通过自己的努力表现争取的，他们抓住每次机会，认真对待每一次机会，多做事，干好事，继而争取更多的机会。

2. "名师培养"能有效促进"准名师"的成长

在过去的研究中，有学者对"名师工程""名师培养"提出了质疑，认为"名师是教师在长期的教学实践中不断积淀的过程，这一过程决定了名师培养的稀缺性、历时性。所以，名师的数量不可能太多，不可能全国教师'皆为尧舜'，也难以规模化、批量化打造，同时名师的培养也绝非朝夕之功、短期速成"。笔者也非常赞同该学者的观点。但同时，通过调查分析，我们也看到，"名师培养"的价值是毋庸置疑的，广大"准名师"也可以说代表广大优秀骨干教师，对高端培训的需求和期望是很高的。他们大部分都希望能成为教育专家，有自己的专业发展目标，认为教育培训非常有必要，认为通过培训可以给自己充电，满足教学工作，最喜欢学校提供的专业发展机会也就是高品质的业务进修，希望得到更多的专家指导。因此，可以这样说，通过培养所有"准名师"不一定都能成为"名师",但是它为渴望专业提升发展的优秀教师指明了发展的方向、规划了发展道路、提供了学习资源、配备了专家支持、搭建了学习平台、创建了学习氛围,帮助他们从"经验型教师"走向"专家型教师"提供了多维的支持和帮助。同时,培养过程中的"培训"是帮助这批优秀教师突破自身发展"高原平台阶段"的有效手段。"处于突破期的教师成长的关键是能否找到理论与实践的结合点"。对"准名师"来说,"理论的重要性丝毫不亚于实践,甚至可以说:实践出真知,理论出名师。实践与理论密不可分,实践需要理论的指导,理论需要实践的印证。有什么样的理论就有什么样的实践,对理论的认知及应用的层次与水平往往决定了实践的层次与水平"。

通过培训,通过系统的理论学习,通过专家的指导,通过课题的研究,经验型教师可以把自己在教学实践过程中形成的教育实践智慧(缄默的知识)转化成明确的知识,通过系统的反思来整合,实现理论与实践的真正融合,才能成为专家型教师。"谁的成长发达也离不开组织的力量,包括显性和隐性的力量、现实和潜在的力量。培训则是各种力量的集中体现,是强势的力量"。

但同时,我们也要看到,在"准名师"对培训非常需求和渴望的同时,他们也对教师培训质量表现出不满。调查数据显示,仅有31.85%的人认为"培训效果好",57.07%的认为"培训效果一般,需做更多的改进",8.80%的认为"培训只是理论讲解,实际帮助不大",2.28%的认为"不满意,帮助不大,流于形式"。因此,培训必须根据参培对象的真实需求,根据对他们专业发展现状的深入分析,根据对发展目标的剖析,从培训方式、培训内容、培训资源、培训专家等多方面不断研究和完善。

3. 关注"以校为本"的专业发展是"准名师"成长的根基

有学者指出,"培训时老师是不可能真正接纳一个观点的,教师对知识效用的确证,往往通过躬身体知,而非观念认知。诚如美国学者古斯基(Guskey, T.)所言,教师往往是先亲身体验了某种新的观念或做法的好处（通常表现为学生的表现变好了）之后，才会真正认同和接受这些新的观念或做法，而不是先通过某些培训活动使教师改变观念，然后教师自动在课堂中展现出来，教师对教育学知识的获得不是经由'知行模式'，而是'行知模式'，具体说来，教师是在具体的工作场景中通过真实地尝试使用知识获得收效后，才产生真正的学习和改变的内在需要"。"以校为本"的教师专业发展才是"准名师"专业成长的真正根基。教师说的教学经验不等于做的教学经验，写的实践知识不等于真的实践知识，"对教师个体来说，知识学习、经验积累的过程其实是充满主体精神的同化和顺应过程"，只有让参训教师在真实的教学场景中真实地体会和感受，通过个体的主体精神，才有助于学习优秀理念的精髓。

当前，在教育行政部门和研究学者的倡导下，"校本培训"在各地开展得轰轰烈烈，但很多"校本培训"因为多种因素的阻碍走入形式化而失去了该有的效果。调查数据显示，"您校经常组织开展校本学习/培训吗？"，54.42%的人表示"每个月都进行"，36.72%的表示"每学期进行"。"校本培训开展有哪些困难？"，44.69%的表示认为"缺乏资金外派教师进修，引进活水"，39.82%的人认为"教师缺乏动力，不想参加"，39.38%的人认为"难以请到专家来校讲课"，23.89%的人认为"教师缺乏时间，难以组织"，17.69%的人认为"理论认识模糊，不知如何操作"，15.48%的人认为"缺乏规范制度，随意性较大"，在问卷的开放性问题"什么影响了教师的学习"中，97%的答案都涉及"缺乏学习氛围的影响""缺乏合作研修团队的引领""缺乏专家的指导""自身惰性"。要提高"校本培训"的质量，除了建立长效机制、加强校本培训种子教师的培训、加强专家对口指导等途径外，建立"基于教师专业发展的实践共同体"是克服教师学习惰性、缺乏学习动力、缺乏学习环境、缺乏合作团队引领的根本解决办法。21世纪最具有生命力的组织是学习型组织，教师专业发展不仅仅是教师个体的知识积累及技能成长，而且需要教师群体专业氛围的形成和学习型组织的建立。因此，组建研修共同体，培养团队协同行为的研修文化，让学员的研修成为一种能够持久坚守的行为习惯，这也是未来教师培训应关注的目标。教是为了不教，培训是为了将来不培训。研修文化对个体而言，在于形成积极的价值取向和自觉的行为习惯；对群体而言，在于形成共同的价值取向和协同的团队行为。因此，在未来培训中，"一方面应该注重教师主体自学意识的培养，强化反思性训练；另一方面作为组织成员的教师应超越自我，学会相互学习和工作，在学习型组织中更好地促进自身的成长"。

4. 建立"发展"与"选用"结合的成长机制

调查数据显示，"良好的工作前景"是最有助于提升教师专业发展活力的。因此，在对"准名师"进行培养的过程中，要按照"选、培、管、用"一体化的原则，要选拔、培养、管理、使用一体。一方面要给他们名誉，作为"名师后备人选"本来就是对他们的一种认可、一种激励、一种报偿。另一方面，要给他们更多的机会，让他们有展示才能的平台和帮扶更多年轻教师的机会，让他们成立"名师工作室"帮带更多的年轻教师，让他们到基层学校为普通教师送教培训，传递自身丰富经验，让他们在学校中开展课题研究，体会教育无穷的魅力。通过各种方式充分调动他们的积极性，发挥他们的作用，让他们体会到成功和获得的成就感和满足感。良好的工作前景也不是以"做校长""当官"为追求，而是要以专业发展的远大愿景为引领，要在不断的突破自我、超越自我、影响他人中体会到教师职业的幸福，体会到专业发展的益处，在漫长的职业生涯中永葆教育的热情和发展的动力。如著名特级教师姚烺强所言，"要成为一个好教师，就必须心无旁骛，这是教师人生的突破点"。只有这样才有可能顺利度过职业倦怠期，突破原有的自我发展水平与境界。

参考文献

[1] 佐藤学. 课程与教师 [M]. 钟启泉译. 北京：教育科学出版社, 2003.

[2] 梅云霞. 优秀教师专业成长的动因——基于 2009 年《小学语文教学·人物》的内容分析 [J]. 教育理论与实践, 2010（9）.

[3] 孙传远. 教师学习——期望与现实 [D]. 上海师范大学, 2010.

[4] 方健华. 解读名师成功的人生轨迹 [J]. 江苏教育学院学报（社会科学版），2004（3）.

[5] 杨向阳. 名师是怎样炼成的——普教系统历史名师培养探讨 [J]. 中学历史教学参考, 2010 年（1-2）.

[6] 王凯. 教师学习：专业发展的替代性概念 [J]. 教育发展研究, 2011（2）.

[7] 黄耀红，周庆元. 教师专业发展的问题反思与理念重构 [J]. 中国教育学刊, 2007（7）.

[8] 迈克尔 J·马奎特. 创建学习型组织 5 要素 [M]. 邱昭良译. 北京：机械工业出版社, 2008.

[9] 孙灵龙. 以学习型组织理论构建新的教师教育模式 [J]. 师资培训研究, 2005（2）.

以研为核心的混合式中小学校长培训模式
——乐山市中小学校长培训的实践与探索

刘远胜[*]　许泽能[**]

(乐山广播电视大学，四川乐山，614000；
乐山市中小学教师培训中心，四川乐山，614000)

摘　要：以研为核心的混合式中小学校长培训指的是弘扬学员主体性，以问题研究为核心，整合多种具体培训模式，引导中小学校长基于管理实践进行问题探究，破解难题，多维度提升中小学校长专业水平，研训一体的培训操作程序，在实践层面是一种有效而操作性强的培训模式。

关键词：校长培训；以研为核心；混合式

国内的中小学校长培训经过多年探索，形成了多样化的培训模式，如：以理论为中心的接受模式、以案例为中心的研讨模式、以问题研究为中心的研修模式、导师带教培训模式、会诊模式、校本培训模式、实践反思模式、网络交流模式、基地实习模式、调研考察模式等，每一种培训模式有其独特作用，也有其局限性，存在使用条件的制约。培训模式没有绝对的好坏，应该根据培训目标选用相应的培训模式。培训模式应该在培训实践中不断优化模式结构要素与流程。相对一定周期的校长培训，培训模式的运用具有综合性，通常是以一种或两种培训模式为主，辅以其他培训模式，综合应用培训模式。选择培训模式的最核心准则是具有

---

[*] 刘远胜（1958 - ），男，四川乐山人，乐山广播电视大学副教授。
[**] 许泽能（1969 - ），男，四川峨眉人，乐山市中小学教师培训中心讲师。

培训的实效。

基于以上理解，我市在开展中小学校长培训的实践中，借鉴国内外校长培训模式，综合各类校长培训模式的有利与可操作因素，进行筛选、组合与细化，在不断实践中逐步形成了以研为核心的混合式中小学校长培训模式。

一 什么是以研为核心的混合式中小学校长培训模式

以研为核心的混合式中小学校长培训指的是弘扬学员主体性，以研究为核心，整合多种具体培训模式，引导中小学校长基于管理实践进行问题探究，破解难题，多维度培养中小学校长创新精神和实践能力，研训一体的培训操作程序。

"以研为核心"意味着中小学校长培训打破"教"与"学"的传统模式，围绕培训主题开展以行动研究为主要研修方式的培训活动。在这个过程中，专家引领与行动研究不是相互独立的两个阶段，而是专家引领渗透在行动研究的全过程并促进行动研究的进程。对校长而言，"研"重在探究，重在寻求问题解决的途径与方法，将自己办学的实践经验上升到理论的高度。"以研为核心"充分发挥了中小学校长的主体性，以适应培训的个性化需求。

"混合式培训"不是特指某一种具体的培训模式或几种模式的总和，而是整合多样化的具体培训模式，或课题牵动，研训一体；或导师引领，异地见习；或专家讲授，考察观摩；或实践反思，论坛交流；或小组联动，合作探究；或网络学习，识见分享；或能力训练，成果展示。

二 以研为核心的混合式中小学校长培训模式的理论依据

以研为核心的混合式中小学校长培训模式的主要理论基础

是混合式学习理论。"混合式学习"是当前国际教育技术发展的最新动向,是人们对行为主义、认知主义、建构主义理论和方法的综合,是教育领域长达 20 年来关于"学生中心—教师中心"争论的美妙的调和。何克抗教授认为,"所谓混合式学习就是要把传统学习方式的优势和网络化学习的优势结合起来,也就是说,既要发挥教师引导、启发、监控教学过程的主导作用,又要充分体现学生作为学习过程主体的主动性、积极性与创造性"。中小学校长培训顺应潮流,彰显培训主体个性特色,因材施"训",采用混合式培训模式,在灵活应用原来的培训模式的基础上,进一步整合资源,围绕问题的解决,为中小学校长提供多种学习方式,满足中小学校长多方面的学习需求,为中小学校长提供高标准、高质量的学习培训和实践指导服务。

三 以研为核心的混合式中小学校长培训模式的实践与探索

在"十一五"中小学校长培训中,我们对以研为核心的混合式中小学校长培训进行了有效探索。本培训一般历时六周,分为自主学习、集中培训、分组学习、自主研修、集中培训和跟踪指导六个阶段,其中自主学习和跟踪指导在六周之内完成。在培训周期内,学员在专家引领下,基于本校实际聚焦教育管理难点问题,参与到多样化的学习形式中,广泛借鉴,互动交流,开展行动研究,探寻破解难题的途径,多维度提升专业水平。

在实际操作中,我们按照以下步骤来运作。模式结构见图 1。

(一)调查研究,确定培训目标

培训之前我们认真分析了历届培训班的问卷调查,同时利用多种途径与各区县校长沟通交谈,征求培训意见,同时在培训通知中附培训需求调查表。我们通过调查发现,校长们渴望热点、

```
互动学习——把学员作为培训资源   专业引领——多角度的专题讲座
              自主学习              政策引领
              网络交流              理论引领
              问题探讨              实践引领
              校长故事              同行引领
问题                                              问题探究
开始                                              阶段成果        专业
引发  ─────────────────────────────────────────→  成长
探究
              异地研修              英特尔未
              集体会诊              来教育
              参观考察
实地考察——多层次深入学校       技能训练——着眼于未来教育
              网络平台始终/永久伴随
```

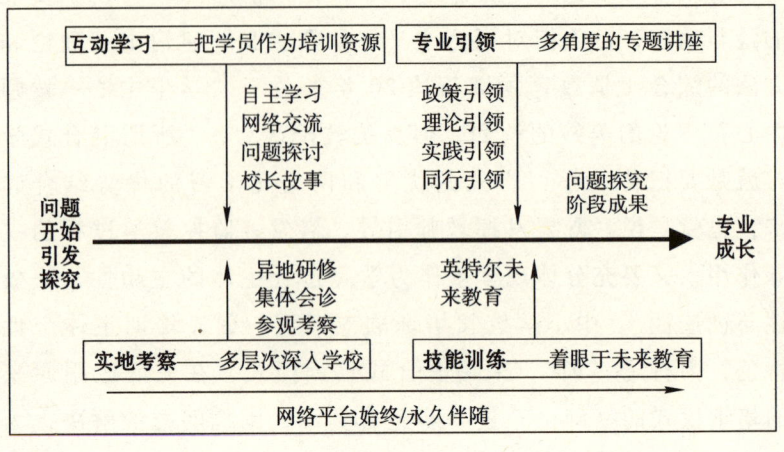

图 1

难点问题的破解，渴望有效的专业引领，渴望互动参与，渴望不同地区的经验交流，渴望亲身体验。我们培训方案中的课程设置、培训模式便以此为基础设计。

（二）自主学习，网络初步交流

学员从接到培训通知起，便开始自学乐山教育网上关于教育叙事研究的相关文章，按照要求撰写教育管理叙事文章，发布在乐山教育论坛相应班级，在论坛上对其他学员的文章进行点评，拉开了培训自主学习、网上互动交流的序幕。

（三）精神激励，组建学习团队

开班典礼上，我们注重激发中小学校长的专业精神，让学员树立浪漫的教育理想追求，树立"帮助他人，成就自己"的理念，计划培训中的研修任务。随机把不同区县的学员分成若干小组，引导每个小组进行文化建制，有组名，如"一马当先""天行无痕"；有口号，如"缘聚而不散，携手而共进""学得精彩，做得更精彩"。在乐山教师教育网上建立了小组网上家园。小组成员形成团队同学习、同讨论，加强了交流，增进了友谊，避免了"近亲繁殖"，使学员在团队激励中成长，友谊伴思想齐飞。

（四）专题讲座，多元互动引领

我们重点做好四类专题讲座，一是聘请行政领导做教育政策引领。二是聘请理论素养好的高校知名专家作理论引领，三是聘请发达地区从事教育教学管理实践研究的知名专家作实践引领，四是聘请优秀的中小学校长作同行引领。每一类讲座都根据前期校长调查的需求与专家们商定内容题目，讲座中穿插互动交流，做到尽力张扬专题讲座的启发作用，对学员的引领作用。培训中，专家们一改学究气息，理论引领与案例实践相得益彰，与学员互动交流对话，激活了学员思路，信息量大，学员参与积极性高涨。

（五）问题反思，引发策略探究

围绕专家的理论引领，组织学员写感悟、内省自己的不足，反思自身在教育教学管理的实践，鼓励他们找出困惑的问题，在小组中探讨交流，再在全班聚焦热点问题，引导学员在培训周期的各阶段学习中积极探究，寻求解决个性问题或热点问题的办法。结业论文围绕寻找解决问题的策略而展开。

（六）校长故事，体验叙事研究

引导学员运用"故事+反思"的格式讲述"我的校长故事"，让学员体验叙事研究的方法。我们先引导学员反思成功或失败的管理故事，写成文本发布在教育论坛并进行互评，然后在小组中讲述，小组再推选代表在全班讲述，最大程度保证了学员的参与和交流。学员们感悟了不同校长的智慧故事，走进了不同校长的精神世界。

（七）专题研讨，开展合作研究

专题研讨是学员围绕热点难点问题进行探讨。如"新经费体制下的学校发展"或"如何提升教师素质"等主题，我们引导学员基于自己学校的实践先独立思考，再查阅资料、提炼经验，从积极方面提出解决问题的策略，形成演讲文稿。然后在小组中讨论形成小组解决问题的策略，小组选派代表在全班交流。在观念交流与碰撞中，学员形成了多条非常有价值的解决问题的策略。如针对"新经费体制下的学校发展"问题，全班形成的策略有：维护教师尊严、合法福利、分层要求教师、经费透明、评优激励、人文关怀、年级经费……真正实现了奉献个人经验，获得集体智慧，体验到合作研究的优势。

（八）集体会诊，互为学习案例

"集体会诊"是由组长组织小组内成员轮流走访，把参训校长所在学校作为培训的课堂，该校校长把自己学校的办学理念、改革思路和做法、管理特点、办学特色、存在的问题、思考的问题和待解决的问题等和盘托出。全组学员"诊断"，"开处方"，最终由领队教师或专家点评。这种"集体会诊"培训方式，不仅针对性强，与教育改革同步，而且调动全员学习探讨的积极性、主动性，面对鲜活的案例，每个人都用自己的视角和侧重点在会诊中尽展才华，提升理论与实践水平。

（九）专题考察，体验中寻求启发

组织学员走出去，参观考察本地先进学校和省外知名学校，直接在体验中寻求启发。为了避免参观时的走马观花，我们设计了考察表，提出了明确的考察任务，特别注意引导学员根据前期反思中确立的探究问题，进行有意识的专题考察。我们为学员考察提供方法，引导撰写考察感悟，挖掘名校办学特色、管理特点或不足。每次考察结束后组织学员研讨交流，让他们共同分享各自的考察所得，并结合自己所在学校的实际情况反思他们自身的学校管理和教育教学实践，寻求学校管理的方法和学校发展的途径。

（十）行动学习，在尝试改变中研究

在培训第四阶段的两周时间内，我们引导学员回到学校运用行动学习的方式进行自主研修，学员们根据前期反思探究的问题，制订改革方案，并在学校中尝试推行，使学习过程变为行动过程，使行动过程变为研究过程。

（十一）结业文章，规范中求实在

我们引导学员根据探究的问题撰写结业文章，形式不限，有问题，有破解问题的策略，在行动中学会运用，都按照论文标准格式排版，要求内容实实在在。

（十二）网上研修，贯穿培训始终

在整个培训周期内，我们引导学员把经验故事、问题探讨、考察感悟、会诊意见、培训心得、结业论文等内容发表到乐山教师教育网站"校长论坛"，并在网上参与讨论评价。引导小组团队在网上建立家园，运用博客编辑研修简报，记录小组整个研修过程，激发学员团队意识、学习热情，也形成了很有价值的网络资源。学员通过互联网突破了时空限制，随时随地主动地交流、探讨、学习，并养成习惯，为培训后期通过网络平台跟踪指导奠定基础。

为保障此模式各个操作环节都能落实，我们的措施为：①任务驱动。根据培训进度明确了每一个阶段具体的任务，使学员在完成一项项任务中参与学习，学员在任务驱动下有目的地积极行动。②评价跟进：设计了培训反馈鉴定表，把能够量化的学习任务进行实实在在地考核，鉴定表在培训结束后反馈给学员所在的区县教育局，根据学员学习情况在小组推荐的基础上评选优秀学员。此外，对学员网上论坛、发帖的数量和质量及时地通报、评价、点评、展示，激发学员参与行动的积极性。

以研为核心的混合式中小学校长培训模式由于内容以实践导

向、问题导向,重视校长本身这一丰富资源库的开发、利用,既迎合学员需求又引领需求。培训形式把传统的课堂与开放式的教学相结合,既有全班的集中学习,也有小组团队的合作学习,更有激发学员主动性的探究学习;既有教室中的集中学习,也有在具体学校中的体验学习,更有网络平台互动学习,可谓是研训一体的混合式学习,从而充分激发了学员参与学习的积极性。

参考文献

[1] 汤丰林. 构建大培训观下的校长培训 [N]. 中国教育报, 2007·06·13 (6).

[2] 吕森林. 混合式学习对信息技术与课程整合的启示 [J]. 中国远程教育, 2004 (19).

[3] 陈国胜. 中小学校长混合式培训模式的构建与思考. 浙江省 2007 年教育科学规划课题成果.

[4] 杨建荣. 多样化校长培训模式的思考 [J]. 中小学教师培训, 2005 (1).

工学结合模式下基于"能力本位"的高职教师专业发展研究[*]

周 芹[**] 曾祥麒[***] 熊 瑛[****]

(乐山职业技术学院,四川乐山,614000)

摘 要:本文基于"工学结合"以及"能力本位"的教育理论,探讨了"工学结合""能力本位"对于高职教师专业发展所提出的内涵要求,并对工学结合模式下高职教师基于能力本位的专业发展实践途径进行了系统、深入的研究。

关键词:工学结合;高职教师;能力本位;专业发展;发展途径

工学结合模式是我国现阶段高职院校人才培养的主要模式,是高职院校教育改革和发展的基本方向。随着职业教育改革的不断深入,工学结合作为高职教育人才培养模式改革的重要切入点,正积极推动着我国高职教育领域的重大变革。在工学结合的模式下,传统的以"学科本位"的高职教育教学体系显然已经与高职教育改革方向背道而驰。由"学科本位"向"能力本位"的转变已成为高职教育教学改革的必然趋势。高职教师作为高职教育改革的重要实施主体,是工学结合的直接参与者和执行者,也是"能力本位"理念的实践者,其专业发

---

[*] 本文系四川省人文社科重点研究基地——四川省教师教育研究中心资助项目"'工学结合'人才培养模式下的高职院校教师专业成长的方法与途径研究"(编号 TER2011-011)研究成果之一。

[**] 周芹(1980-),女,硕士研究生,乐山职业技术学院讲师,研究方向为高职教育研究。

[***] 曾祥麒(1963-),男,乐山职业技术学院教授。

[****] 熊瑛(1964-),女,乐山职业技术学院副教授。

展对践行工学结合人才培养模式起着至关重要的作用。积极探索工学结合模式下基于"能力本位"的高职教师专业成长的方法与途径,是适应高职教育以及时代发展的必然之举。

一　理论内涵

工学结合是一种以培养学生的全面素质、综合能力和就业竞争能力为重点,利用学校与企业两种不同的教育环境和教育资源,采取课堂教学与参加实际工作有机结合,来培养适应用人单位需要的应用型人才的教育模式。这是一种将学习与工作结合在一起的教育模式,其主体是学生,以提高学生职业能力,进而形成就业竞争能力为目的。而工学结合模式下基于"能力本位"的高职教师发展是指高职教师以能适应能力本位课程教学改革为前提,以学生未来职业岗位所要求的人文素质、专业素养、专业知识和专业技能需要为根据,通过构建课堂教学、实践性教学和实训教学等多种模式相结合的教学方式,创造校企结合、理论教学与实践性教学相结合的教学环境,在真实的或者仿真的工作环境中,通过完成真实的任务,培养学生的实践应用能力和职业能力,并通过这一过程实现自身综合素质的提高以及专业的发展。

二　"工学结合""能力本位"对高职教师专业发展的内涵要求

工学结合模式"做中学,学中做""工与学相结合"的重要特征对高职院校教师专业化发展提出了新的挑战,基于"能力本位"的教师发展理念更是对高职教师的知识能力、教学能力、专业实践能力以及科研能力等方面提出了新的要求。

（一）知识能力方面

知识能力是教师能够胜任其教学工作的基础，是教师工作的根本保证。工学结合强调将理论知识学习、实践能力培养和综合素质提高三者有机结合，将职业岗位所需的专业核心能力和关键能力融入教学的人才培养理念，无疑对高职教师的知识能力提出了更高的要求。工学结合模式下高职教师除了要有过硬的专业知识，熟练的操作技能等学科体系本身所要求的知识能力之外，还需具备符合现代职教理念且更具有"职业针对性"的知识结构和能力。这就要求高职教师们能够打破传统的学科体系来掌握知识和技能，不断提高自身的专业知识以及专业素养的同时，根据学生未来实际职业岗位所需的知识、能力和素质要求，了解和学习与应用型人才的职业能力直接相关的专业知识，了解本专业的发展动态信息并不断更新和完善其知识结构，做到"一专多能""学有所长"。

（二）教学能力方面

教学能力是高职教师专业发展的重要内容，是影响高职教学质量的关键因素。随着高等职业教育的迅速发展，高职教育教学内容与教学理念的更新，对教师能力提出了新的挑战。首先，在教育教学理念方面，作为高职教师，转变观念，积极更新教育理念，始终保持与先进高职教育理念接轨是适应高职教育发展的必然趋势，也是提高教学能力的前提。其次，工学结合模式强调"做中学，学中做""教、学、做一体"，这就要求高职教师具有按照职业教育特点和规律以职业活动为导向、以能力为目标、以学生为主体、以素质为基础、以项目为载体，把多种学科知识融汇于某一课程的课程开发能力以及相应的教学实施能力。

（三）专业实践能力方面

作为高职教师，专业知识与理论的教学已经不再是其教学工作的唯一目标，高职院校培养生产、建设、管理、服务第一线应用型、实用性人才的目标以及工学结合的模式客观上要求教师既要具备专业理论教学能力，又必须具备职业技术方面的专业实践能力。因此，高职英语教师首先必须具有丰富的专业实践经历，这是教师专业实践能力提高的基础。如果教师没有丰富的专业实践经历，就无法了解学生未来实际工作岗位的真实需求，教师就无法梳理、分析以及提炼出相关的典型工作岗位的工作任务，也就无法整合、优化教学内容，无法设计项目化教学任务，教学改革就会成为"空中楼阁"。其次，工学结合的职业教育以典型工作过程为导向，以职业能力培养为主线，这就要求高职教师必须熟悉本专业职业岗位工作的基本流程，了解职业岗位工作的操作方法，具备"教""做"结合的专业实践能力，这是有效实现教学与专业融合，提高学生职业技能的有力保证。

（四）科研能力方面

科研能力是教师专业发展的另一个重要方面。对于高职院校而言，教学与科研活动不是矛盾对立的关系，而是相互依存、相互促进的关系。"教而不研则退，研而不教则废。"高职教师从事科研，通过将科研成果融入教材、进入课堂，可以使教学的内容及时得到更新，从而做到教学内容"常教常新"，有效地促进教学，提高教学质量。教学又是科研的土壤，教学为科研提供了源源不断的素材，随着高职教学改革的不断深入，工学结合的教学模式又对科研提出了新的要求。工学结合背景下，高职教学工作如何面向地方生产第一线，如何为区域经济社会发展服务已成为目前亟待研究的重要课题。因此，作为高职教师必须具备良好的科研能力，只有将教学与科研紧密结合，教师们才能培养自己发现问题、探究问题和解决问题的能力，才能有效地提高高职教师基于工作过程设计开发课程的能力，促进高职院校基于能力本位的课程改革以及内涵式发展，使高职教学真正地实现与工作岗位的无缝对接。

三 基于"能力本位"的高职教师专业发展途径

（一）基于项目化的教师发展

在工学结合人才培养模式的指导下，高职教育正在进行着前所未有的教育改革——将传统的单纯课堂讲授型教学改为项目化课程教学。基于项目化的教学已经成为工学结合的一种重要形式。这种教学模式以职业生涯为目标，以工作结构为框架，以职业能力为基础，把企事业生产、管理、经营、服务的实际工作过程作为课程的核心，通过选取生产实践中的典型"项目"为载体，或者借用生产实践中的"项目"概念，设计出若干个与教学目标相一致的"教学项目"，通过完成这些以任务为载体的项目中所规定的每一项工作任务达到教学目的。因此，对于高职教师而言，基于项目化的教师发展是教师在工学结合模式下有效实现"能力本位"专业发展的新方向。要实现基于项目的高职教师专业发展主要可以通过以下几个途径。首先通过举办特色讲座，组织专业或教研室研讨、开展校本培训和测评等措施使教师们准确把握项目化教学的基本内涵和树立项目化课程教学的职教新理念。其次，组织全院性大型教改项目，让全体教师参与到基于项目的课程设计与单元设计中去，根据职业岗位的现实要求，以能力为目标，项目与任务为载体精心设计课程模块以及能力训练项目。教师的亲自参与和实践可以有效地发展高职教师的"项目"策略，这对提升高职教师职业能力，促进其专业发展起着举足轻重的作用。除此之外，应以教师职业能力提升活动为契机，通过开展基于项目的一系列说课程、说单元比赛，教师讲课比赛以及职业教育教学能力培训等活动促进高职教师专业发展。

（二）基于 EOP 理念的高职教师专业发展

职业能力是高职教育改革的重要目标之一。随着对外交往的加深，未来岗位对于既懂专业，又懂外语的复合型技能人才的需求日益增加，外语应用能力成为不可或缺的职业能力之一。要提高学生的外语应用能力，教师的专业、职业能力首先要得到充分保证。基于 EOP（English for Occupational Purposes）理念寻求高职教师专业发展无疑为促进高职教师专业发展和职业能力提升提供了契机。所谓 EOP 其实就是平常所说的"职业英语"。作为一种教学途径，EOP 精髓是满足不同学习者实用英语的需要，强调以"情景分析"为基础，以职业能力培养为导向，把英语作为职业能力的手段和工具来学习，针对社会职业岗位对英语的不同要求来确定与之相适应的培养目标，并在教学中对这些技能加以训练，以实现学生的知识、能力和综合素质协调发展。这就与工学结合"将学习和工作结合在一起培养学生职业能力"的教育理念不谋而合。因此，高职院校应该以 EOP 理念为指导，根据不同的教师群体的特点，采取不同的途径和方式促进教师专业发展。首先，对于英语教师而言，可以通过建立健全 EOP 与 EGP 相结合的教学管理制度、建立专项基金、选派英语教师进行行业实践、开展院校与企业之间双向互动培训项目、组织英语教师去综合性大学相关专业学习等方式，鼓励英语教师与同行、同专业教师以及行业专家进行交流学习和探讨，不断提高英语教师的专业素养和职业能力。对于专业教师而言，应该鼓励其确立基于职业英语的职业教学理念，积极寻求专业能力与外语应用能力培养的有机结合点，并且在课程改革以及专业教学中渗透对于学生"外语应用能力"的培养，这是促进英语教师与专业教师的专业融合，推动高职英语教师专业发展的有效途径之一。

（三）基于合作发展理念的英语专业教师发展

教师的教学工作是团队性和合作性很强的工作，高职院校教学工作不仅需要同一学科间教师的相互协调、相互合作，也需要不同学科教师之间发挥团队精神，相互协作。特别是在工学结合模式下，课程体系与课程内容常会因工作过程和职业岗位的变化而发生变化，这就更需要教师们增强团队协作意识，提高团队协作能力。因此，高职教师的专业发展离不开与同事或同行之间的合作，合作发展是促进高职教师专业发展的一个非常重要的理念。基于合作发展理念的高职教师专业发展是以能力为本位的教师专业化发展的必由之路和最终目标。具体而言，基于合作发展理念的高职教师发展主要包括以下几个方面的内容。首先，作为高职教师必须确立合作发展观。观念是任何改革的先导，要推动教师合作教学和合作发展必须首先冲破传统的教师孤立发展观的束缚，树立基于合作发展理念的教师发展观。其次要积极构建合作发展文化。这就需要学院领导、教师乃至全体员工共同努力，根据职业教育的特点，采取适宜的策略，培育有自己特色的教师文化，进一步推动教师的合作发展。再次，探索有效的教师合作形式，如集体备课；组织多名专业教师共同担任一门课程的教学，并进行项目（任务）为核心的课程设计；结合课例，进行"同事互助指导"；合作科研，组织教师成立某一研究专题的课题组，进行集体攻关；加大教学团队建设等。除了校内教师间开展的相互合作外，学校还应积极创造条件，鼓励教师走出去，参加各类教学组织以及企业调研与实践，通过参加各类学术会议和相关活动加快高职教师自身专业发展的进程。

（四）基于双师素质的高职教师专业发展

随着工学结合人才培养模式不断地深入与推进，教学内容不断更新和加深，一支具备职业教育理论和专业技术能力，具有比较丰富的涉外岗位职业经验，了解外贸、旅游、护理等企业与医院的工作过程，了解工作岗位所需的知识、技能和用人单位对人才素质、人才知识结构的要求，能够选择具有典型意义的岗位工作任务来设计组织实施教学活动的双师素质教学团队是我们顺利开展高职教学改革的保障，也是职业教育对于高职教师的基本要求。因此为了顺利有效地推进工学结合模式下的高职教学改革以及高职教师的可持续发展，必须重视基于双师素质的高职教师的专业成长。首先，作为高职院校，要根据学院相关学科以及重点专业的特点，制定出与其相适应的双师素质教师认定标准、培养方案以及考核体系并形成文件加以实施，这是保障双师素质教师队伍建设，促进高职教师专业发展的关键。其次，积极创建校企合作、双赢互利培养机制，为高职教师的专业发展搭建平台。通过有计划地选派教师去相关企业或医院挂职定岗锻炼，积累教学所需的职业技能、专业技能和实践经验，以提高其实践能力。除此之外，高职教师还可以通过参加社会服务，如参加相关企业或医院的活动，协助企业或医院进行技能和语言培训，为企业提供技术咨询服务，参与企业技术攻关、技术改造等，并以此为契机提升高职教师双师素质，从而有效地实现其基于双师素质的专业发展。

四 结论

综上所述，高职教师专业发展是一项复杂而系统的工程。高职教师专业发展水平的高低直接决定着高职院校课程改革、教学方法改革、实践教学效果以及校企合作的推进和工学结合的落实。工学结合与高职教师的专业发展是相辅相成、相互促进的。高职院校教师的专业发展需要走"工学结合"之路，而工学结合模式下基于"能力本位"的高职教师发展是实现高职教师专业发展的关键所在。因此，研究工学结合模式下基于"能力本位"的高职教师专业发展是高等职业技术教育发展的必然趋势，是具有现实意义、长远意义的重要研究课题。

参考文献

[1] 马祥兴. 构建工学结合人才培养模式的实践与探析 [J]. 教育与职

业，2011（32）．

［2］张祥兰．项目化课程改革中高职院校教师教学胜任力研究［J］．高教探索，2009（6）．

［3］胡春洞．ESP 的理论与实践［M］．广西：广西教育出版社，1999．

［4］刘小兵，于燕．对课程改革新形势下高职英语教师继续教育的思考［J］．教育与职业，2010（20）．

［5］陈仕清，英语新课程理论与实践［M］．上海：上海教育出版社，2006．

第四部分
农村与民族地区教师专业成长途径研究

农村感是农村教师专业发展的内在动力[*]

李尚卫[**]

(宜宾学院教师教育学院,四川省宜宾市,644007)

摘 要:农村教师专业发展是农村教师个体在专业自主、专业知能、专业伦理诸多方面自我更新的过程。工作环境的改善、社会地位的提高等固然是我国当前农村教师专业发展的不可或缺的外在条件,而农村感才是其内在动力。只有将二者有机结合起来,农村教师专业发展才能顺利进行,农村教师素质、农村教育质量才能有保障,城乡教育均衡发展才能早日实现。

关键词:农村感;农村教师;专业发展

教师专业发展问题由来已久,农村教师专业发展问题则是随着教师专业发展思潮应运而生的。目前,我国农村教师专业发展研究主要集中于农村教师专业发展的内涵、问题、影响因素与对策等方面。在农村教师专业发展的影响因素方面,研究者们似乎更加强调制度、政策等外部条件的改善,对农村教师自身因素则分析不够。我们认为,外部条件的改善只是农村教师专业发展的外因,而农村教师自身素质的提高才是其专业发展的内因,"农村感"才是我国当前农村教师专业发展的内在动力。

---

[*] 本课题是"2009-2012 高等教育人才培养质量与教学改革重点项目"(P09367)阶段性成果之一。

[**] 李尚卫(1967-),男,四川达县人,教育学硕士,宜宾学院教师教育学院副院长、教授,主要从事教育基本理论、农村基础教育、教师教育研究。

一 农村感是农村教师具有的"农村"意识与情感

农村感是个体在认识、了解"农村"的基础上形成的,对"农村""农村生活""农村教育"等方面的观念与稳定的情感体验,它是农村教师在"农村"这种特殊境域中逐步形成的"农村"自豪感、责任感、使命感等。

(一) 农村感是一种情感体验

情感是人的心理结构的核心成分,它是人对外界事物的反映,是人对客观现实是否符合自己需要而产生的内心体验,这种体验的深浅、好恶直接影响到对客观事物的态度,具有较大的倾向性、稳定性和深刻性,如自豪感、荣誉感、责任感等等。"农村感"是农村教师对农村、农村生活、农村教育产生的一种带有倾向性的、稳定而深刻的心理体验。只有对农村、农村生活、农村教育充满积极的情感,农村教师才能认真、潜心地从事农村教育工作,踏踏实实地为农村教育奉献青春、热血,为我国新农村建设、农村经济的发展培养建设与接班人。笔者曾就"最喜欢的教师应具备的特点"问题,对四川省某国贫县的200余名中小学生,做了开放性问卷调查。调查表明,农村中小学生喜欢有责任心、热爱农村孩子、热爱农村教育的教师,对农村教师的情感态度有更多的期待。因此,对"农村"的积极情感是当今农村教师必不可少的。可以说,农村教师没有农村感,就没有对农村教育的智慧与激情。

(二) 农村感具有强烈的"农村境域性"

"农村感"尽管是一种内心情感体验,但是,它不同于其他的情感体验,它是对"农村"这个特殊生活环境的一种特殊的情感体验。关于农村的内涵,联合国粮农组织对"农村地区"的定义有两个标准,一是居住地和居住方式,另一个是居民所从事的工作类型。阿什利（Asheley，2001）等认为农村自然环境主要是草原、森林、山脉和沙漠，居住人口密度低（每平方千米为 5000~10000 人），大多数以农业为主，土地价格相对较低，离城市远，基础设施差，开展活动的成本较高。我们认为，农村作为地域概念，它是以农业经济为主、远离城市的地区。中国是一个农业大国，农业经济占有相当大的比重。与城镇生活环境不一样，中国农村经济、文化还比较落后，农村生活环境比较恶劣，要对恶劣的农村生活产生深厚的感情并扎根于农村生活是不容易的，农村感的核心就是对农村、农村生活、农村教育的无限的爱，它具体表现为教育工作者对"农村"具有的强烈责任感、使命感与献身精神。

二 农村教师专业发展是农村教师个体专业素养自我更新的过程

关于"教师专业发展"的内涵，目前，国内外学者主要在教师专业发展的对象（"个体"或"群体"）、取向（"理智"、"实践—反思"和"生态"）与专业标准等方面存在分歧，我们认为教师专业发展是教师不断接受新知识、增长专业能力的过程，是教师个体的、内在的专业性的提高。教师专业发展标准主要体现在专业自主、专业知能、专业伦理三个方面。

21 世纪初，我国学术界出现了"农村教师专业发展"这一概念，2005 年之后得到广泛使用。但是，学者们主要借鉴"教师专业发展"的研究成果来推演"农村教师专业发展"，未能很好地揭示农村教师专业发展的真正内涵。

（一）农村教师专业发展是教师个体"为了农村""关于农村""基于农村"的专业素养自我更新的过程，"农村境域性"是农村教师专业发展的特质所在

首先，农村教师的专业发展是为了农村教育事业、农村文化

建设服务的教师的专业发展，其目的是使农村教师更好地"务农"而不是"离农"。因此，农村教师的专业发展造就的是热爱农村、农村教育事业，具有"务农"意识与情感的教师。其次，农村教师的专业发展是"有关"农村教师的专业发展，它是为了提高农村教师的专业素养、专业精神，因此，它应立足于农村教师的专业自主意识、专业知识与能力的提高，使农村教师具有强烈的专业发展的积极性、主动性与创造性。再次，专业发展离不开农村教育、农村文化、农村教师，它应该考虑农村教育发展的需要，农村教师专业发展现实，着眼于农村教育、农村教师发展的未来。远离背离无视农村教育、农村教师的教师专业发展不是真正意义的农村教师专业发展，农村教师专业发展具有强烈的"农村"境域性、本土性。

（二）农村教师专业发展是农村教师为了农村教育、农村文化的发展在专业自主、专业知能、专业伦理等方面的和谐发展

首先，农村教师的专业发展是农村教师专业自主意识与能力的发展。教师专业成长是一个自主、主动的过程，农村教师专业发展应该是一个自主生成的过程，专业自主意识与能力的发展既是农村教师专业发展的目标，又是农村教师必备的素质。没有专业自主意识与能力，就没有农村教师专业的自我更新。其次，农村教师的专业发展是农村教师专业知识、技能与智慧的提升。专业知识、技能与智慧是农村教师专业生存的基础，它是农村教师入职的前提、在职的必要保障、职后培训的重要目标。可以说，专业知识、技能与智慧是农村教师专业发展与生存的核心。没有专业知识、技能与智慧，就没有农村教师及其专业发展。再次，农村教师的专业发展是农村教师的专业伦理的增长。只有具备强烈专业责任感、使命感和献身精神的农村教师，才能自觉谋求专业发展、全心全意从事农村教育

事业，才能对农村教育、农村生活充满自豪感、幸福感，才能在农村生根、开花、结果。专业伦理是农村教师专业发展的内在约束机制，失去专业伦理的约束与规范，农村教师就失去了专业发展的内驱力。

三 农村感是我国当前农村教师专业发展的内在动力

农村教师专业发展是其自身的成熟与外部环境相互作用的过程。但是，我国学术界十分关注农村教师专业发展外部条件的改善，主要分析了农村教师专业发展需要的生存状况、社会地位、体制弊端、教育政策、学校管理、学校氛围、教师文化等外在因素的影响，提出改革教育管理与评价体制、增加教育投入、改善农村教师生存环境、提高农村教师社会地位等建议。我们认为职业待遇低、工作环境差、管理与评价制度不合理等因素固然影响了我国农村教师专业发展的积极性，但是，教师专业发展是教师个体自主成长的过程，外部条件的优化只是农村教师专业发展的外因，外因必须通过内因起作用；没有内因、农村教师自身的主观努力与自觉，外因作用的力量再大也不能最终实现农村教师专业的自我更新。

目前，我国学术界不少学者从教师个体的职业认同感、价值取向、已有专业发展水平、专业发展知识与意识、家庭生活状况等方面探讨了影响农村教师专业发展的个人因素，并提出教师主体的自我实践、自我提升意识的增强，教学观念的优化，教学行为的改善和能力的提高是教师专业发展的根本途径。诚然，这些研究对于探讨农村教师专业发展的内在机制具有启迪意义，但是，它们主要关注的是农村教师对"专业发展"认知方面存在的问题及解决措施，没有真正揭示其内在动力与机制。我们认为，农村教师自身的专业需求才是其专业发展的内因，农村感才是我国当前农村教师专业发展的内驱力。

（一）农村感能提升农村教师专业发展的自主意识

专业自主意识是实现专业发展的基础和前提，它既能将教师过去的发展过程、目前的发展状态和以后可能达到的发展水平结合起来，使已有的发展水平影响今后的发展方向和程度，未来的发展目标引导今日的行为，又能增强教师对自己专业发展的责任感，从而形成教师专业发展的自我更新取向。1954年，美国心理学家马斯洛发表了《动机与个性》，将人的需要分为生理需要、安全需要、归属和爱的需要、自尊的需要、认知需要、审美需要、自我实现七种需要，前四种属于缺失需要，后三种属于生长需要，缺失需要使我们得以生存，生长需要则使我们更好地生活。教师发展的动力来源于教师的内在的需要、对专业及专业发展活动的情感投入以及个人的意志。农村教师对农村教育、农村教师职业的内在需要、情感、意志等内动力为农村教师的专业发展提供了改进和提升的力量。农村教师只有对农村教育、文化、生活充满责任感、义务感和献身精神，服务农村、献身农村教育事业只有成为农村教师的内在需要，才能扎根于农村教育、文化生活，才能自觉寻求提升专业素养、提高教育质量的方式与途径，才能投身于教育教学改革与研究，专业发展才能成为农村教师的专业自主、自觉、创新的过程。可以说，农村感是农村教师扎根农村教育事业、自觉谋求专业发展的基石。

（二）农村感能激发农村教师的专业智慧

古今中外，教育智慧的表现形式有千万种，其共同的根源在于老师对于学生纯真的爱与无条件的信任。有研究者认为，教师的自我更新是专业发展的内在机制，自觉、自主是教师专业发展的关键。校本培训、教学反思、行动研究等是当代教师专业发展的重要途径，它们不仅能帮助农村教师形成正确的教育学观念、提高教育教学能力与教育教学质量，而且能使他们更好地理解农村教育生活，在农村更好地生存、更好地追求人的"生命存在"的意义和价值。很显然，只有对农村教育、农村文化充满义务感、责任感与献身精神等积极情感，农村教师才能积极寻求专业发展之路。没有对"农村教育""农村生活"以及"乡村文化"的一片赤心，农村教师就会失去专业发展的方向，很难承担起农村教育与乡村文化建设的时代使命。农村教师专业发展既然是农村教师的自我更新、自我完善的过程，那么，农村感就是农村教师自我更新的原动力、推进器。

（三）农村感能净化农村教师的专业伦理

专业伦理的核心是对生命和教育意义的领悟与践履，其形态是自由境界而不是服从规范，其动力是自我超越的意义感而不是对惩罚的恐惧感，其养成方式是反思、体验、领悟而不是约束、强制、命令，它是教师专业发展的内在约束机制。有研究者认为主体需要是教师专业发展的原动力，生命发展是教师专业发展的内在根本，自我超越是教师专业发展的不竭动力，主体彰显是教师专业发展的基本前提，价值实现是教师专业发展的最高境界。农村教师对农村教育、自身发展的内在需要不但为农村教师的专业发展提供了改进和提升的力量，而且，本身也是农村教师专业发展的意义、内在价值所在。有研究指出，教师的专业成熟取决于教师的资质和精神修养，优秀教师应该是一个内心世界非常丰富、富有爱心和教养的人，富有想象力和创造性、能唤起人们对生活的热爱、能"学而不厌，诲人不倦"的人，而不是一个内心世界苍白和贫乏、粗俗、不学无术的人。当前，我国农村中小学教师不仅整体素质不高，而且数量不足、质量不高，其中不少农村教师不仅学历低、专业知识与技能差，而且积极性、责任心也不强。因此，农村教师的专业发展不仅是农村教师自我更新的过程，而且也应成为农村教师农村感的进一步提升的过程。提高农村教师的专业责任感、使命感是农村教师专业发展的归宿。

总之，农村教师的专业发展，既取决于教师的内在需求，同时也与教师的生活环境（大至时代背景、社会背景，小至学校文化、课堂气氛等）密切相关；要提升教师专业化发展水平，不仅要重视外部力量的协调与支持，同时更要重视教师主体意识的唤醒，两者缺一不可，相辅相成。

民族地区教师培训的现实难点与实践拐点[*]

张 华[**] 王亚军[***]

(四川师范大学文学院,四川成都,610066;
四川师范大学教师培训学院,四川成都,610066)

摘 要:教师是课程改革成功与否的关键,教师培训是教师专业发展的加油站,如果培训内容难以被教师接受和内化,更难以引导教师具体的教学行为,再完美的教师培训也会失去其应有的价值和意义。民族地区经济落后,地域复杂,对象多元,需求特殊,这都对民族地区教师培训提出了新的要求和挑战:既要注重统一性,又要注重特殊性;既要关注前沿性,又要重视本土性。因此,把脉民族地区教师培训的问题以寻找突破成为当务之急。

关键词:民族地区;教师培训

基础教育课程改革的实施,引起了课程领域的深度变革,

---

[*] 基金项目:1. 四川省教师教育研究中心 2011 年立项课题"四川省'国培计划'农村地区教师培训的有效性研究";2. 四川省教师教育研究中心 2011 年立项课题"四川省'天府名师'培养模式设计与实践";3. 四川省教育厅 2012 年立项课题"四川省'国培计划'农村教师培训的项目设计与实践研究";4. "国培计划"(2010) 四川省中西部农村地区培训者培训项目;5. "国培计划"(2011) 四川省中西部农村地区骨干教师培训项目。

[**] 张华(1977 –),男,四川师范大学文学院副教授,四川师范大学文理学院副教授,教育学硕士,主要研究教师教育、基础教育。E-mail:zhanghuaiswho@yahoo.com.cn。

[***] 王亚军(1979 –),女,四川师范大学教师培训学院助理研究员,教育学硕士,主要研究教师教育、教师培训。

也掀起了近年来教师培训的空前热潮。然而，对于长期以来资源匮乏的民族地区而言，风起云涌的教师培训和理论翻新似乎并没有达成理想化的改观。调查显示，民族地区教师对培训总体满意度不高，认为"培训缺乏需求分析，对工作帮助不大"。58.8%的教师认为"培训内容与民族地区农村学校教育教学实际脱节，教师们真正需要的高水平培训较少，大多是低水平的重复培训"。

教师是课程改革成功与否的关键，教师培训是教师专业发展的加油站，如果培训内容难以被教师接受和内化，更难以引导教师具体的教学行为，再完美的教师培训也会失去其应有的价值和意义。民族地区经济落后，地域复杂，对象多元，需求特殊，这都对民族地区教师培训提出了新的要求和挑战：既要注重统一性，又要注重特殊性；既要关注前沿性，又要重视本土性。因此，把脉民族地区教师培训的问题以寻找突破成为当务之急。

一 民族地区教师培训的现实难点

（一）只见树木，不见森林：培训目标忽视文化差异

文化多样性是中华民族传统文化的基本特征，尊重、理解和适应各民族的文化环境，为各民族文化的传承和多元文化发展创造条件，这不仅是民族教育的重要使命，也是民族地区教师培训的重要前提，因此，"把教师培训课程置于整个社会发展的文化环境中进行设计和调整，是加强教育尤其是教师与社会联系的一个重要和有效手段"。但是，一方面，受传统课程观念及基础教育现有课程体系的影响，民族地区教师培训主要是集中围绕国家课程的教学要求开展；另一方面，受制于行政习惯、认识视野，民族地区教师培训的目标几乎趋同于内地城市的教师培训，只是在文字上进行剪刀糨糊式的修修补补却并

没有实质性的改动，培训模式更是简单移植甚至直接复制其他地区的教师培训，这样的情况引发的直接后果就是：除了犯有一般培训定位功利化、狭窄化的通病外，还忽视了民族地区的教育特点，忽视了民族地区的文化背景，其典型现象就是："当前，少数民族地区的新课程教师培训没有充分考虑到各地的实际情况，仍按照统一的标准进行。这样，既不利于教师个体的多样化学习需求，也不适应少数民族地区教育发展的实际需要"。

事实上，文化与学习环境的差异可能导致师生之间的误解、互动的困难，民族地区教师还会因身处特殊的文化环境而时刻承受着文化冲突所带来的矛盾和困惑。尤其需要指出的是，民族地区的教师大多接受的是全国统一的汉文化教育，很多人在职前教育中很少涉猎关于适应民族地区教育特点的学习。现行教师培训内容往往根据城市教师来设定，强调统一性和规定动作，鲜有帮助教师了解民族文化、认知民族学生、学习多元文化教育的内容。研究表明，如果缺乏多元文化方面专门的培训，这些教师"在文化反差面前往往手足无措，对于学生多元文化背景所带来的差异的敏感性和包容性不足……客观存在的文化差异，在师生之间又诱发了人际的竞争冲突"。如果缺乏"反贫困文化"思辨能力的培训，他们会在"贫困文化"思想影响下，"以物资匮乏为标识，进而改变自己的心理结构和行为模式"，会将所有问题归咎于当地的经济、社会原因，会认为"再干还是穷，再教还是差"，从而失去努力的方向和奋斗的激情。因此，民族地区教师急需提高多元文化教育的能力以及"反贫困文化"的思辨能力，而这恰恰是现行民族地区教师培训中的盲点和空白。

（二）头疼医头，脚痛医脚：培训内容忽视内生需求

长期以来，由于受历史、地域、经济、文化等方面的制约，民族地区的教师普遍存在知识陈旧、能力不足、学历不达标的问

题。因此，从民族地区教师培训受到重视以来，知识更新、能力训练和学历提升成为培训的主要目标。但是，纵观民族地区教师培训的发展，在"唯专业主义""专业技能本位"思潮的影响下，民族地区教师培训通常被两大内容、两种方式垄断：一是通过专家讲座，为参训教师补充前沿理论和专业知识，二是通过优秀教师的教学观摩课，为参训教师补充教学技能层面的内容。遗憾的是，培训后的跟踪调研显示，培训中的知识更新和能力训练似乎只是昙花一现，在多数煞费苦心的培训后，教师回到学校的教学行为改变不大，教育观念仍然是教育观念，教育行动仍然是教育行动。客观而言，教育对象差异太大，培训所学的教学经验难以被直接复制应用，滞后的学校教育观念和校园环境并没有形成和提供支持教师进行变革的氛围和条件；主观而言，教师自身缺乏由内而生的发展动力和变革动力，长期以来所形成的惯性让教师满足目前的状态，宁安勿变，日复一日、年复一年的教育生活必然使教师陷于单调的重复和简单的循环之中。

应该说，通过培训，教师的确能够得到各种层次的"洗心革面"，虽然教育观念和教育行为之间是彼此联系、相互影响的，但是又绝非简单的此决定彼此的关系。因此，尽管教师教育观念和教育行为之间存在着一致性的可能，但这一转变也不是轻而易举或顺理成章的。此外，教师的知识、能力是经验、学识、智慧等因素的综合，而非一个单纯的技术性和工具性概念，试图通过培训就能开花结果，这本身就是"头疼医头，脚痛医脚"的一厢情愿。当方法、策略、技术成为教师培训的主要追求，当教师培训成为知识专精化、能力技术化、训练规范化的活动之时，往往容易遗忘掉源自教师生命的动力，那种只重视专业知识的学习和培训，而不注重主体需要和生命概念的给予会使教师变成"单向度"的技术工匠，他们只会思考如何把工作完成，而不会思考教育是为了什么。正如英国教育家怀特海的提醒："你不掌握某些基本知识就不可能聪明；但你可以很容易地获得知识却仍然没有智慧。"有鉴于此，我们不得不反思："他们在接受专业知识的教育和训练的时候，国家和教育者是否忽视了给予其文化视野并开启反省批判思维体系科目的训练？"

（三）淮南为橘，淮北为枳：培训形式忽视地域特点

按照组织机构的不同，我国目前主流的教师培训可分为政府委托培训机构组织的集中培训、远程培训，中小学校组织的校本培训，教师个人完成的自主研修，其中，组织有序、经费充足、效果明显而普遍采取的主要是由培训机构组织的集中培训。但是，民族地区往往地处偏远，交通不便，校点散布，教师分散的情况普遍存在，工学矛盾相当突出，参加集中培训难度很大，"有的小学教师别说是集中在县城，就是集中在乡（镇）所在地也很难，高中、初中教师要集中到市或县城进行培训，难度就更大了"。不仅如此，单一、短期的集中培训也很难解决教师教育教学实践中存在的各种难题，毕竟教师真正的学习应该是在工作中反思，在研究中成长。因此，教师培训应该是一个不断循环、终身学习的过程，是一个"工作—学习—工作"不断交替、教师学习和工作实践相融合的过程。难点在于，调研发现，民族地区普遍存在远程培训的条件不够、校本培训的组织不力、自主研修的意识不强等现象，教师培训主要还是依赖于集中培训的力量，而忽视将集中短期培训与以学校为阵地的工作岗位研修结合起来，这都给民族地区教师培训带来了巨大的挑战。

一方水土养一方人。少数民族教师与汉族教师相比，更鲜明地表现出"喜欢参与竞争，力求进取与成功、独立自主，开朗，坦率，爱交际，合群，喜欢纷繁多变的事物，敢于冒险，注重个人消遣，尤其在社交场合表现为无拘无束，热情奔放，精力充沛，善于表达，健谈等人格特征"。可见，少数民族教师更喜欢通过参与和交流的方式主动表达自己的思想、情感，那种自上而下的以培训者为中心、以培训内容为中心、以培训讲坛为中心的讲座式、理论式培训反而对这些教师效果不佳。同时，就本质而言，教师培训是一种成人学习，其学习特点是"基于自我概念的自主学习、

以经验为资源的学习、为解决生活或工作中所遇到的各种问题的实用学习、在多重角色中的学习"。遗憾的是，反观民族地区的教师培训，几乎与民族地区教师性格特点和成人学习规律背道而驰：培训以理论讲座为主，培训者单方传递信息，不关注教师已有经验；教师是被动接受者，缺乏学习自主权，成熟思维优势得不到发挥，自我引导学习得不到落实；不关注教师的学习心理和学习气氛的调动，参与培训的兴趣得不到积极调动。显然，在这种状态下学习，其培训实效可想而知。

（四）参差不齐，捉襟见肘：培训机构忽视专家团队

培训质量高低与否，与培训专家团队的建设休戚相关。在某种意义上说，培训专家的水平直接影响甚至决定着培训效果。目前，民族地区教师培训主要有三种类型，一是由省级培训机构承办，参训教师在省级培训机构参加集中培训；二是由省级培训机构选派"培训讲师团"送教到县、送教到乡，参训教师在当地参加集中培训；三是由民族地区当地教研机构、教师进修校承办，参训教师在当地参加集中培训。由于我国的教师培训起步晚，培训师资在遴选层面依然还存在着随意、无序、缺乏专业化指导等弊端。这种情况主要表现在：一方面，培训主讲教师缺乏资格准入制度，水平参差不齐，很多培训只能是培训设计者根据自己对培训资源的掌握程度，或者是依靠人缘，或者是根据名气而选择。这样，上课质量完全取决于培训者的个人能力和素质，很难有保障。另一方面，关于培训者业务的研究与开发在国内几乎是空白，培训者自身缺乏专业化支持，培训别人的人却得不到专业化的业务培训。尤其是这样的培训者很多对民族地区教育缺乏深入研究，其讲座案例及做法大多是以其自身所在的城市学校为研究对象而开展，培训内容缺乏针对性和可操作性。

更为致命的是，民族地区虽然建有各级教师培训机构，具有一定的规模和办学条件，但由于教师培训在各类教育中长期处于边缘地位，经济投入严重不足。尤其是在教师培训中发挥重要支

撑作用的县级教师培训机构的建设，许多地方至今未能将其列入政府和教育行政部门改善基础教育办学条件的主流渠道，这就从根本上导致县级教师培训机构培训条件有限、资源缺乏整合、师资水平不高，"县级教师培训机构对于学校教师的发展以及教学的改进所起到的支持作用不明显，不能适应新时期开展中小学教师继续教育工作的需要"。显然，这与其在教师专业发展中的枢纽地位和作用非常不匹配，成为民族地区教师培训体系中的薄弱环节。与此同时，当市州级的教育学院及中等师范学校并转后，优质教师培训资源严重流失，市州级教师培训缺乏专业的依托基地，当地培训机构更加缺乏稳定的教师培训团队，教师培训招致不同程度的削弱。于是，其培训的重任主要由当地进修校的教研员承担，而相当一部分人年龄偏大，长期脱离教学一线，缺乏对教育动态的关注，培训能力有限，于是乎，"一排老房子、几个老头子"成为许多教师进修校的尴尬写照。

二　民族地区教师培训的实践拐点

（一）定位：立足教师整体发展

在今天，教师培训对教师专业发展的意义毋庸赘言，它不仅是教师知识、能力的"加油站"，也是教师心灵、个性的"美容院"。但是，我们同时还需要承认这样一个事实：教师培训往往带有政策性、任务性和工具性的特征，尤其是在重大的教育变革时期，这种应时、应需、应景的色彩更为浓厚。于是，许多教师培训往往满足于把培训目标定位于"知识更新"或"技能提升"，这样的教师培训事实上还是因循于教师学历补偿时代的模板，因此，追求参训教师的知识积累和技能掌握成为民族地区教师培训的常规主题。顺理成章，这种现象也极容易导致参训教师对培训的关注往往集中在两个"有用"的层面：一是培训结束时是否能拿到合格证书和继续教育证明，对评职、晋级"有用"；二是培训是否能在教育教学中手到病除、立竿见影，对自己的工作"有用"。显然，无论对培训者还是参训者而言，这种"速食"培训和"功利"评断，都使教师培训失去了其真正的、根本的意义。诚然，系统的知识和娴熟的技能是教师不可或缺的专业素养，"有用"也是教师无可厚非的客观需求，但这种定位却在无形中消弭了教师培训对于教师的创造性和终身性价值。

当前，"我国中小学教师培训学历补偿的使命已基本完成，非学历教育的中小学教师培训时代即'后学历补偿时代'已经到来。'后学历补偿时代'教师在职培训所补偿的应当是教师所欠缺的专业知识与技能、专业精神与情怀"。进而言之，教师培训除了回应教师教育教学实践过程中的问题，更需要关注教师专业自主发展本身的需求变化。同时，教师工作从职业到专业的转化对教师培训提出了全新的要求，教师培训有必要也必须要帮助教师从一个"教书匠"转变为一个有创新精神、实践能力、批判意识、追求自主发展的教育教学专家。"一次好的培训，正是在教师已有的经验上，在教师的思维和情感中找到最佳的平衡点，去拨亮教师心中的明灯，去催醒教师对生命的关注、认识与探索"，因此，在终身学习诉求、教育发展要求和个体发展需求的三个层面，民族地区教师培训应该体现一种整体形态的变化，即从提升专业能力的工具转变为促使教师终身受益、全面发展的途径，不仅帮助民族地区教师提高教学技能，更能帮助他们克服文化冲突带来的心理压力、生活环境恶劣带来的生活压力、低成就感带来的职业倦怠，从而使教师实现终身的、整体的发展。

（二）定向：贯穿多元文化教育

从民族地区教师培训的历程来看，我国民族教育中的双语教学与师资队伍的建设几乎同时起步，最初以引进汉族教师为主，然后注重汉族和少数民族教师并重的培养和培训，到20世纪80年代后侧重于民族地区本土师资的培养和培训。随着社会的发展，"如何尊重、适应、协调文化的多样性已成为不可回避的社会问题和教育问题，重视教师的多元文化培训已成为教师专业发展的一个新取向"，我们不仅应提倡少数民族学习汉族文化，而且更应提倡多民族文化的相互借鉴与共同繁荣。教师是实现民族教育文化继承和传播功能、实现多元文化理念的关键，民族地区教师培训具有比内地教师培训更为特殊的作用和地位。因此，"少数民族地区的教师培训要注意加强多元化课程的安排，以给教师们提供一个多民族文化交流的平台"。事实上，民族地区教师培训不仅与教师作为一个社会人、作为一个专业化人员有关，更与其作为一个身处民族地区特殊环境的知识代言人紧密相连，这就必然要求"在民族地区教师培训中必须强化民族性，必须使教师具备传承和发展少数民族文化的能力，必须在当地基础教育中发挥保护少数民族文化的作用，发展民族教育"。

　　研究发现，"成人学习者具有知识、经验、使命和信心四方面的特征"，注重多元文化教育事实上也是对民族地区教师教育使命的唤醒与弘扬。民族地区教育在担负传承人类共同文化使命的同时，还担负了传承本民族文化的重任。"对于民族地区社会而言，教育的使命在于促进形成宽容、理解和尊重多元的文化氛围；对于族群而言，教育的使命在于弘扬优秀的传统文化，发展民族文化的个性；对于个体而言，教育的使命在于使民族成员具有文化认同感，能将他们带入新的精神世界"。因此，将民族地区教师培训定位于"提升多元文化能力"，这是把握民族教育本质，领会国家民族政策，引领民族教师实际需求的体现。"教师培训中，必须充分关注到教师的各种使命"。在这个层面上说，民族地区的教师培训更重要的价值体现在：帮助教师在特殊文化、社会环境中更好地工作与生活，帮助教师克服"贫困文化"引发的冲突和压力，提升教师传承民族文化、创生民族文化的自觉意识。只有不断深化民族地区教师对文化多样性的洞见，理解民族生活行为方式，消除个人文化偏见，深刻把握自己的角色地位，他们才会以积极的行为影响本族群与地区的发展。

(三) 定式：打造合作研训文化

教师作为成人不同于儿童，他们有自己较为突出的学习特点，而民族地区的教师因为自身的民族特性、所处的生活社会环境，他们也有不同于汉族教师的学习特点。教师培训作为一种教学形式，其本身有专业性的一面，这种专业性与"自上而下"的教师培训形成的鲜明区别在于："自上而下"的教师培训强调信息的传授与知识的掌握，"由内而外"的教师培训强调知识的生成与能力的建构，即"教师研修"。所谓教师研修，并不只是指培训过程中简单意义上的独立学习，它不仅意味着教师具有学习的状态、方法和行为，具有反思的意识、习惯和责任，而且在本质上是基于组织层面的平等交流、合作探究与协同成长。在培训中，构建团体共同目标，凝聚共同愿景，在合作、参与、平等分享的积极互动和反思探询的"深度会谈"中实现团队互助学习，可以促使教师知识、信念及行为的改变，有助于刺激教师挖掘自我和他人的"个人理论"和"隐性知识"，强化教师个体与教师群体、教师主体与教师本体角色成长的动力。因此，积极构建适合教师群体的知识共享的培训团队，是从根本上解放教师头脑、唤醒群体智慧、激发培训活力的关键所在。

诚然，出于自我防御的心理、成人生活的惰性以及原有学习方式的惯性，参训教师可能并不习惯培训中的积极参与，尤其是在相对陌生的环境中。但如前文所述，民族地区教师的人格特征决定了其学习风格的特殊性，笔者主持的"国培计划（2010）"培训者培训、2011骨干教师培训也显示，甘孜、阿坝、凉山的教师能歌善舞，性格豪爽，很能活跃气氛。这对民族地区教师培训而言，其启示就在于思考三个问题：第一，培训方案是否有助于达成合作性的互动。这主要涉及教师参与培训的要求、方式及行为，包括培训活动的组织、培训策略的选择以及培训效果的评定等环节。第二，培训内容是否与教师教育教学实践密切相关。教师培训的学习特点是以生活为中心的学习，以问题解决为目的，只有当教师感到需要和产生兴趣时,才会激发学习的动机,因此,培训中的案例教学是解决教师问题的主要方式。第三,培训中是否展示了广泛深入的对话。任何教师培训都不是从零开始的,教师的经验是教师培训中的宝贵资源和重要基础,培训中的交流和研讨,将充分展示参与者个人的问题、思想和观点,由此形成参与者之间共同的关注、经验的分享和思想的传递。

(四) 定力:构筑专家引领机制

对于民族地区而言,财力资源仅仅是解决教师培训问题的第一步,人力资源才是最关键的因素。"火车跑得快,全靠车头带",要提高民族地区教师培训的有效性,高水平的培训师资至关重要,毕竟,"研究、学习名师,可以让我们少走好多摸着石头过河的路,少走好多羊肠小路,少走好多终得退回来的路",因此,依靠专家、依靠名师理所当然应该成为民族地区教师培训的重要前提。但是,试图在短期内提高地方培训师资的能力和水平并不现实。根据地区特点,民族地区教师培训可与地方和兄弟省市高校、培训机构建立"专校专业、专家对口"的支援联系,从而构筑以高水平大学、培训机构为先导,以中小学校研修为平台,以对口学校之间资源整合为支撑,以高校学者、教研人员、中小学一线名师、优秀教师、特级教师为主体的教师培训机制:一方面,定期"请进专家",让许多从未参加过培训的教师有机会参加高水平、专业化的国家级培训,以提高全校或整个专业教师团队的整体教学素质;一方面,定期"送出骨干",将一批中青年骨干教师和专业带头人送出去,在专家引领下开阔眼界,学习新知,提高能力,积极打造符合民族地区特色的本土专家。

"请进来、送出去"的对口支援模式只是从政策层面回应民族地区教师培训师资难题的逻辑前提,如何推进培训者和参训者之间的互动,既能发挥专家在培训中的优势,又能改变参训教师的内心,或许这更是提高培训有效性的关键环节。事实上,"实践终归是实践者的实践。……就教育理论工作者所扮演的实践角色来说,最多只能是教育实践的'提议者',而非'指导者',是教育实践工作者的'伙伴',而非他们的'导师'"。从这个意义上说,所谓"专家引领",具体到培训过程中意味着培训者的角色改变,他们是整个培训课堂的提议者和伙伴,而不仅仅是宣讲者和演说者。显然,这样的培训对于"提议者"和"伙伴"的要求非常高,比单向宣讲理论培训者的要求高出很多,他不仅要有很高的理论水平,有长期深入实践的丰富经验,还要有敏锐的观察力和感知力,能够在"关键时刻"助推参训教师的"关键一把"。他们参与教师之间的研讨、交流,协助教师开展培训活动,在教师需要帮助和建议时,阐述自己的观点和意见,让教师更容易进入深层次的讨论,关注更深刻的教育问题。显而易见,其"穿针引线"的作用远甚于"现身说法"的价值。

参考文献

[1] 贺新宇,黄远春. 均衡发展视野下的民族地区农村教师问题探微——基于四川省凉山彝族自治州的调查与思考 [J]. 中国成人教育,2010(24).

[2] 郑志辉. 教师培训课程开发中存在的问题——基于课程结构优化的视角 [J]. 中小学教师培训,2011(10).

[3] 刘旺. 少数民族地区中小学教师培训问题研究 [J]. 教育理论与实践,2007(12).

[4] 游俊. 少数民族地区师资建设刍议 [J]. 湘潭师范学院学报,2001(1).

[5] 秦玉友. 贫困文化改造取向中的基础教育改革研究与反思 [J]. 教育理论与实践,2005(9).

[6] 怀特海. 教育的目的 [M]. 北京:生活·读书·新知三联书店,2002.

[7] 朱志勇. 少数民族学校教师角色意识初探——个案研究 [J]. 清华大学教育研究,2005(6).

[8] 陆云.以教师发展为本,构建少数民族地区教师培训模式[J].广西教育学院学报,2006(6).

[9] 邓芸菁,岑国桢,阳谦,李光裕.少数民族教师人格特征的调查研究——以云南省边远地区少数民族教师为样本[J].课程·教材·教法,2007(11).

[10] 胡志金.成人学习策略的新建构[J].中国成人教育,2009(15).

[11] 翟帆.专家呼吁:县级教师进修学校的培训职能不能丢[N].中国教育报,2006.11.20.

[12] 胡庆芳.中小学教师培训课程建设研究[J].教育发展研究,2011(15~16).

[13] 罗勇.四川省农村小学教师培训方式研究——以四川省小教中心为个案[D].四川师范大学,2009.

[14] 王海莹,谭菲.多元文化视域中的教师培训路径[J].中国民族教育,2010(5).

[15] 曾煜.边疆少数民族地区教师培训的理念[J].成人教育,2007(4).

[16] 朱益明.教师培训的教育学研究[D].华东师范大学,2004.

[17] 孙杰远.文化断裂与教育使命[J].当代教育与文化,2009(1).

[18] 余映潮.研究名师,发展自己[J].基础教育研究,2008(12).

[19] 石中英.论教育实践的逻辑[J].教育研究,2006(1).

四川省农村中小学教师职业生涯规划现状研究[*]

王 庆[**] 江瑞辰[***]

(四川师范大学教师教育学院,四川成都,610068;
四川省教师教育研究中心,四川成都,610068)

摘 要:本文以四川省农村中小学教师职业规划现状为研究的切入点,试图较为客观地反映目前四川省特别是农村中小学教师对职业生涯规划的认识以及表现出的特点,通过对这些特点的分析和梳理提出了相应的对策和建议。

关键词:农村中小学教师;职业生涯规划

教师职业生涯规划,是指教师从自身的优势和特点出发,根据时代、社会的要求和所在学校的共同愿景,作出的能够促进教师有计划地可持续发展的预期性、系统性的自我设计和安排。近些年开展起来的新课程改革对教师也提出了更高的要求,因此,教师需要不断地学习来提高自身的专业素养,制订适宜的职业生涯规划显得尤为必要。职业生涯规划能帮助教师实现职业目标,有效地解决职业生涯中的倦怠和高原期现象,更重要的是可以帮助教师真正了解自己,完善自己。教师职业生涯规划的有效实施,不仅是促进教师专业成长的有效路径,也是帮助教师实现职业目标和提高教师队伍整体素质的重要手段。

在我国,职业生涯规划在企业人力资源管理中已被广泛应用,

---

[*] 四川师范大学校级重点项目"四川省农村教师职业生涯规划研究"课题编号:09ZDW01。

[**] 王庆,女,四川成都人,四川师范大学教师教育学院教授,博士,硕士生导师,主要研究社会心理、教师教育心理。

[***] 江瑞辰,男,安徽安庆人,四川师范大学教师教育学院发展与教育心理学专业在读研究生。

并取得了显著的效果，近些年该研究也被引入到中小学教师的管理中，但尚未得到普及。特别对在农村任教的中小学教师的职业规划意识、职业规划行为和职业规划的具体实施等方面的研究也还不多见。因此本文拟通过对四川省农村中小学教师职业生涯规划的现状做系统调查和分析，了解当前我省农村中小学教师职业生涯规划的真实状况，并对四川省农村中小学教师职业生涯规划的特点和存在的问题提出相应的对策和建议。

一 研究方法

（一）样本的选择

因考虑农村中小学教师的构成比较复杂，所以本次调查的主要对象选择为现任教师群体，以四川省雅安、乐山两大地区的农村教师为主体，共计抽取 1000 名教师作为样本。研究中共发出问卷 1000 份，实际回收 981 份，回收率 98.1%，其中有效问卷 964 份。调查样本的结构如表 1 所示。

（二）调查工具

根据相关文献研究和理论分析，本研究认为，农村中小学教师职业生涯是指个体在农村中小学教师这一工作岗位上所度过的、与工作活动相关的连续经历。在本研究中，对农村中小学教师职业生涯现状调查的主要内容包括四个部分：职业压力、职业品质、职业需求和专业发展水平。其中职业压力是指农村中小学教师在教师这一岗位上所感受到的职业压力，包括知识的、技能的、学历的、生存的各种压力；职业品质是指对教师这一职业要求的认知和认同度；职业需求和专业发展水平是指教师职业所需的专业技术要求和个体对未来发展水平的设计和规划。在此基础上，笔者编制了农村中小学教师职业生涯现状调查问卷，问卷包括四个部分，每部分包括15题，每题以5点计分，3分为平均水平。在编制好问卷初稿后，首先选择了20名农村中小学教师作为对象,进行预先调查,然后听取他们的具体意见。修改后,又邀请5名农村中小学校长举行小型研讨与论证会,就农村中小学教师职业生涯内容及在此基础上编制的问卷进行分析和修订。调查问卷的结构见表2。

表1 被试构成表

变量	性别		年龄			教龄			
	男	女	<35岁	35~55岁	>55岁	<5年	5~10年	10~30年	>30年
人数	702	262	555	380	29	203	299	414	48
百分比	72.8%	27.2%	57.6%	39.4%	3.0%	21.1%	31.0%	43.0%	4.9%

变量	学历			职称				学校性质			
	大专以下	本科	研究生	初级	中级	高级	无职称	中心学校	村完小	教学点	其他
人数	573	384	7	375	518	31	40	568	374	12	10
百分比	59.4%	39.8%	0.8%	38.9%	53.7%	3.2%	4.2%	58.9%	38.8%	1.2%	1.1%

表2 农村中小学教师职业生涯规划调查问卷结构

维度	问卷题号
职业压力	14.19.28.06.10.12.45.47.49.50.53.54.56.58.59
职业品质	02.04.08.15.18.20.21.23.26.27.29.30.32.34.35
职业需求	01.05.07.09.24.39.31.33.36.41.42.43.52.57.60
专业发展水平	03.11.13.16.17.22.25.37.38.40.44.46.48.51.55

问卷编制好后,笔者将农村中小学教师职业生涯现状的调查问卷的60个题目的顺序作了随机排列。调查结束后,又对各个维度的15道题作了分半信度的分析。

表3 农村小学教师职业生涯调查问卷的信度检验结果

维度	职业压力	职业品质	职业需求	专业发展水平
克龙巴赫系数	0.73	0.50	0.55	0.40
sig	0.00	0.00	0.00	0.00

从表3可以看出,本问卷的信度比较高。对四个维度各自的15题分成两组,两组之间的相关系数在0.40~0.75之间,p值均呈极

其显著性水平,每个维度下的题目之间具有显著的关联度。所以,本调查的结果是较为可信的。

二 调查结果分析

(一) 农村中小学教师职业生涯的整体状况

本研究共收回 964 份有效问卷。964 位农村小学教师在四个维度共 60 题的回答结果如表 4。

表 4 调查对象在四个维度上的平均得分情况

维度	平均数	标准差
职业压力	3.037	1.891
职业品质	3.039	1.450
职业需求	3.288	1.980
专业发展水平	3.718	2.010

表 4 显示,调查对象在四个维度上的得分都在平均水平以上,说明四川省农村中小学教师的职业生涯规划状况处于中上水平,特别在专业发展水平维度具有较高的水平,同时在这一纬度的分化也较大,说明四川省农村教师总体具备一定的职业规划水平,但在专业发展维度上具有较大的个体差异。

(二) 影响农村小学教师职业生涯规划状况的变量分析

本研究在调查之初就从观察、访谈和研究资料中梳理出教龄、学历、职称、所在学校等四个影响农村中小学教师职业生涯规划的主要因素。

1. 教龄因素

在农村中小学工作时间的长短,对教师职业生涯状况是否存在影响呢?本研究将教龄划分为 0~2 年、3~6 年、7~12 年、13~30 年、31 年以上五个层次,其中以拥有 13~30 年教龄的教师为最多（42.9%），从跨度上看这段也最长。如果将前三段累加，即教龄为 0~12 年的教师，在 964 名被调查者中占 52.0%。用方差分析检验教龄因素对农村小学教师职业生涯状况的影响主要集中在职业品质、职业压力、职业需求三个方面。职业品质方面，中青年教师在工作中更加受到学校领导的重视，获得参加进修机会较多，对自己在工作中取得的成绩比较满意，个人的价值能够体现，与教龄在 30 年以上的教师相比其对职业的品质要求更明显。职业压力方面，随着教龄的增长，教师个体承受的职业压力在逐渐减小。中青年教师承担的工作量都很大，许多先进入新课程的年级和课程都由他们来承担，由于对工作的期望值较高，自加压力的现象也较为多见；另外年轻教师在学历进修、业务培训上任务也比较重，自己有强烈的出人头地的想法，有改变在农村任教现状、改善工作环境的动力，与同辈教师的竞争激烈，也导致压力较大，而随着教龄的延伸这些方面都逐渐稳定成熟，其压力也会趋于平稳。职业需求方面，教师个体的需求主要在物质与精神两方面。其中在物质待遇上，虽然总体上都不太满意，但中青年教师更不易满足，他们知道外面的世界，知道自己的福利待遇与城市教师差距较大，对自己的物质生活质量很不满意。他们普遍认为，自己的付出与得到的薪酬是不相称的，并进而将这种观点带到对精神需求的不满足上。精神方面，青年教师更在意别人对自己的看法和评价，需要得到领导、同事包括自己的认可，30 年以上教龄的教师对物质的需求较为缓和。总之，教龄对农村中小学教师职业生涯规划的影响主要集中在中青年教师与老教师之间。

2. 学历因素

在我国，很多情况下，学历与受教育水平都是紧密相连的。在现实中，教师职业生涯中的许多活动都与个人的学历状况有关。农村中小学教师的学历，很长一段时间都以中专为合格学历，后来随着学历要求的提升，这些年已出现了明显变化。研究中，笔者将四川省农村中小学教师的学历分为高中及以下、中专、大专、本科、研究生五种，大体表现出"两头小、中间大"的特点。经过方差分析在学历方面表现出的显著性差异仍在职业品质、职业压力、职业需求三个方面，但分析的情况却与教龄有所不同。因为学历因素不是一种"自然"因素的堆积，而更多是依靠自身主观的努力和外界要求而具体实施的。

对学历的追求，自然可以反映到职业压力和职业需求方面。在政策或受周围人的影响，对自己提出提升学历的要求，或本身就是本、专科毕业生，表现在职业品质上也就存在显著性差异。那么，为什么这种差异并没有在专业发展水平上体现出来呢？按理说，学历应与专业发展水平呈正相关，但在农村中小学教师队伍中，原来学历即为本、专科的并不多，更多的是中师，后来参加了学历提升进修取得高一层次的学历的。不仅职后的学历教育在质量上与全日制高等师范教育之间有着先天的差距，即便对全日制高校教育，"水平与文凭并不对等"的说法早已存在。在调查中，笔者还发现，虽然问卷中并没有就原学历状况与专业发展水平作对比，但许多陪同笔者进行调查的校长都不约而同地表达出这样的看法：原学历为中师的教师素质最高，尤其是在专业基本功和专业素养上。这一现象确实应引起我们的深思，尤其在当今所谓高等教育大众化的背景下，高等教育的质量随着规模的无序扩大必然会下降，这对高等师范教育的冲击也应是必然。笔者并没有就此做进一步地研究，但这种现象至少证明了"学历与水平确实不是一回事"。

3. 职称因素

职称的全称应当叫"专业技术职务"，但现在已越来越接近一个纯自然的变量了。只要教龄、前一级职称的任职年限到期，就可晋升高一级职称。虽然对学历、业绩上也有要求，但对专业发展水平的要求并不十分突出，至少在操作环节上是这样，对职业道德方面也仅是一些底线上的规定。

正是由于现实中职称评聘更多的是关注教师个体的"某种年限"，在专业发展水平上并未出现显著性差异，因此职称这一变量的影响所导致的显著性差异出现在职业品质、职业压力和职业需求三个方面。现实中，如果是中专学历，一般只要十年就可取得小学高级职称，专科学历只需要七年，而拥有本科学历的教师要想取得中学高级教师大致也只要十五年。也就是说，许多中小学教师在四十岁之前就可取得各自最高的专业技术职务，而这一职务又与工资、福利等紧密相连。这已成为许多教师在职业生涯中追求的一个主要目标，与职称相连的一些活动已越发显示出强烈的功利性。当然，这其中，也有不少"民转公"或学历在高中及以下的教师，无法取得理想的职称。而这些教师，正是历史的产物，年龄已很大，已根本不可能改善与职称晋升的有关条件，于是他们在职业品质、职业压力和职业需求方面与学历状况良好、正规院校毕业、能在预期内取得相应职称的教师存有很大的差异。

4. 所在学校因素

农村中小学教师所在的学校，对教师个体而言，就是他们的工作环境。在调查中，笔者还对964名农村中小学教师的生活环境做了调查。在从事农村中小学教师这一职业之前，有73人并未在农村生活过，估计在成为教师后，也不会在农村生活或只是暂时在农村生活；有1/4的被调查者现在并不在农村居住。因而这些并不能算是真正的"农村中小学教师"。只是在做身份的界定时，笔者对这些个体无法做进一步的考察，就以现在农村中小学任职教师为身份界定的标准。

近年来，四川省实施了"农村中小学提升工程"。这项工程的主要内容是：通过布局调整，做强做大中心小学，减少村小数量，扩大村小办学规模，改善农村中小学办学条件，实现农村中小学的合理布局、规模办学、资源配置优化，提高农村中小学的整体办学水平。这项措施可以在短时间里改变农村中小学的硬件，但教师队伍却很难在短时间里有变化。农村教师队伍的整体状况不可能让所有的中小学都能配齐符合要求的师资，因此，各地就将有限的优质（年轻、学历高、业务素养高）师资放在中心学校，而把年龄偏大、学历较低的教师放在其他学校，于是就造成在不同类别的学校的教师在职业品质上存在极其显著的差异。由于一般常规性教学检查、听课、教研等活动多是在中心学校进行，在中心学校工作的教师承受的压力比村小教师要大。中心学校的教师由于年龄普遍较轻，对外面生活的向往程度要远大于在村小工作的年龄偏大的教师，因而在职业需求方面有着更多和更全面的追求。整体上看，中心学校与非中心学校相比，前者教师队伍的素质要远好于后者，这也是农村乡镇为了保证办好中心学校的具体举措，但学校所在地就成为影响教师职业生涯规划的又一重要因素了。

三　对策与建议

（一）教育行政部门和学校的有效指导

在之前的很长时间，有些学校没有认识到中小学教师职业生涯规划的重要意义，他们认为职业生涯规划是教师自己的事情，所以对此采取不关心、不介入的态度，这明显是不可取的。

在教师职业生涯规划的概念提出后，由于它对教师专业成长和学校整体发展具有重要意义，因此引起了社会的普遍重视。我们建议：教育行政部门、学校一定要把教师职业生涯规划作为一项重要的事情来做，并尽快出台相应的政策和措施，具体如下。①各级各类教师教育机构（包括师范院校、教师培训中心等）可以设置专门的培训机构，把教师职业生涯规划列入培养范畴。②教育行政部门和学校可作出明确规定，教师在应聘职位和进行职称考核时，需要提供自己详细的职业生涯规划，教师入职后对其职业生涯规划进行跟踪回访，帮助教师解决实践规划过程中的困难。③当地教育部门或学校可以推出各种措施，如教师职业生涯规划大赛等，通过外在的奖励促使其更为主动地形成规划，并且在此过程中可以对其规划进行指导。④在进行职业规划时，各级各类学校应给予教师一定的自主权，让教师充分发挥自身的主体性作用，在相对宽松的氛围中取得专业发展。

（二）教师自身的合理规划和管理

1. 正确认识教师职业生涯规划

由于我国教师职业生涯规划是近些年提出的重要命题，所以有很多在职教师都已经错过了职业生涯规划的最佳时期，特别是一些农村学校的教师因此对职业生涯规划问题抱着一种无所谓或者事不关己的态度，其实对于任何人而言，职业生涯规划都是及时有效地贯穿终生的。依据马斯洛的需要层次理论，如果制定了职业生涯规划，当实现了一部分或总的目标时，个体会获得满足或者自我实现，因此，职业生涯规划不光事关职业的发展和成就，还关系到个人的幸福感。综上，对于年龄较大的教师而言，如果也从当下规划自己未来的职业生涯，对个人和社会而言仍具有很大的意义。

2. 准确把握自己所处的专业发展阶段

要规划自己首先要了解自己，如自己的性格和长处、缺点。其中，准确把握自己所处的专业发展阶段及其特点非常重要，关于中小学教师专业发展的阶段，国内外有不少较为成熟的理论，比如道尔顿等人的阶段理论、AAPA 阶段理论、本纳的教师职业发展阶段理论、GST 阶段理论。国内的如王铁军教授关于名校长名教师教育生命周期的理论。中小学教师制订各自的职业生涯规划时，可以参照上面的某些理论，了解自己目前的现状，从而能够更好地了解自己、规划自己。

3. 自身的规划符合当地或者学校的要求

为了使得教师的职业生涯规划更有针对性和实效性，特别是农村中小学教师在制订职业生涯规划时，一定要参照所在地区和学校的整体规划以及要求，关注当地和所在学校的教育政策，如当地对优秀教师评选、调动晋升的政策以及学校内部的干部选拔、骨干教师评选等方面的标准，从而使得职业生涯规划显得更有效，在达到阶段性目标时个体也会体会到满足感。如果规划脱离实际，就要及时地对自己的职业生涯规划作出调整。

4. 掌握中小学教师职业生涯规划的步骤

在进行职业生涯规划之前，教师需要掌握进行职业规划的步骤。一是认识自己，对自己进行评价，自我评价的内容主要包括：自己的性格特点、知识储备、道德修养等等。二是认识环境，特别是农村中小学教师在制订个人的职业生涯规划时，要分析外界环境的特征与要求，并与自身的情况进行比照，及时发现差距与不足。三是制订行动计划并实施，在对自己和环境进行分析之后，个体要根据自身的特点制订切实可行的行动计划，并付诸实践。四是评估与反馈，由于职业生涯规划是动态的，在达成职业生涯目标的过程中，个体会根据自身的兴趣和能力情况不断进行自我总结，修正相关职业目标。

广大农村中小学教师是我们教师资源的重要组成部分，是我们的宝贵财富，他们撑起了基础教育的半边天，他们为我国的教育事业默默地奉献着自己的青春和理想，他们的生存环境和职业发展应该得到广泛的关注。

参考文献

[1] 金连平. 中小学教师职业生涯规划：概念、问题及对［J］. 策上海教育科研, 2010（9）

[2] 王建军. 教师职业生涯规划：理论与方法［EB/OL］. http://wenku.baidu.com/Viewle2ld82a64 7d27? 84b7351aa.html.

[3] 王铁军. 名校长名教师成功与发展［M］. 江苏人民出版社, 2005.

[4] 华洁玉. 浅谈高校新教师的职业生涯设计［J］. 大学时代论坛, 2006（3）.

网络环境下中学教师专业发展的困境与反思
——以四川民族地区 A 州为例

冯应国[*] 张雳[**] 雷云[***]

(金川县中学,624100;四川师范大学教师教育学院,
四川成都,610068;四川省教师教育研究中心,
四川成都,610068)

摘 要:笔者在 2012 年初以四川民族地区为对象,以 A 州 24 所中学 828 名教师为样本,在网络环境下进行调查研究,结果表明:民族地区中学教师专业发展显著性低于期望值。主要表现在:网络设备性能稳定性较低、数量较少,网络连接困难等"硬件条件"困境;校本研究浮于表层、职称晋升制度中关注度较低、设备维修困难等"软件条件"困境;教师过度关注学科教学、研究性学习不足等"过度关注自我"的认知困境。在此基础上提出:增加投入、加强质量监管、及时维修设备、教师提高认识、强化自主学习、加强研究性学习等建议。

关键词:网络环境;民族地区;中学教师;专业发展

网络技术是 20 世纪 90 年代中期发展的新技术,它把互联网上

---

[*] 冯应国,金川中学一级教师,硕士研究生,研究方向为教师教育理论与实践和物理教育,fengyingguo2009@163.com。
[**] 张雳,女,四川师范大学教师教育学院副教授,研究方向为教师教育理论与实践。
[***] 雷云,男,四川师范大学教师教育学院副教授,研究方向为教师教育理论与实践。

分散的资源融合为有机整体，实现资源的全面共享和有机协作，使人们能够透明地使用资源并按需获取信息，通过网络技术可以更快、更便捷地获得信息。然而，民族地区中学教师在网络环境下专业发展存在一些"自身无法克服"的困难，即"硬件条件"困境；同时存在"被迫服从"的心理窘境，即"软件条件"困境；还有教师过度以自己为中心的教学，即"过度关注自我"的认知困境。

一 研究缘起

教育部在 2012 年 3 月发布的《教育信息化十年发展规划 (2011 – 2020 年)》中提出"逐步普及专家引领的网络教研，提高教师网络学习的针对性和有效性，促进教师专业化发展，重点支持民族地区的学校信息化体系建设"。同年 6 月发布的《国家教育事业发展第十二个五年规划》中提到"超前部署教育信息网络，提高、发展教师的信息化技能"。那么，民族地区现有网络技术平台下教师专业发展的困境主要有哪些？笔者对此进行调查和反思。

二 调查对象

笔者以四川民族地区为总体，选择 A 州为对象，在 A 州选择 9 个县 24 所中学。选择高中 9 所，其中双语学校 2 所，非双语学校 7 所；牧区学校 2 所，非牧区学校 7 所。初中 15 所，其中双语学校 3 所，非双语学校 12 所；牧区学校 2 所，非牧区学校 13 所。在样本学校中选择 60% 的教师发放问卷，共计 900 张，回收 850 张，有效问卷 828 张，有效回收率 92%。以有效问卷教师为样本，统计样本教师的选择结果，同时，在样本学校中访谈行政人员 26 名，普通教师 53 名，通过归类整理判断教师专业发展的概况。

三 调查方法

问题设计主要以全国十二所重点师范大学联合编写的《教育学基础》第二版中"教师专业发展"为核心,结合吴卫东所著的《教师专业发展与培训》相关概念为基础共设计了十六个问题。问题分为"专业理想、专业知识、专业能力、专业自我"四个维度,用5级里克特(Likert)量表设计。选择结果采用赋值法,"经常有"为"5"、"比较多"为"4"、"较少有"为"3"、"很少有"为"2"、"绝没有"为"1",以平均得分观察总体趋势,以3分为期望值,进行平均分显著性检验,观察是否存在显著性差异,并记录统计结果。

四 调查结果

样本教师平均分的统计结果是 2.587 分,其中专业理想是 2.645 分、专业知识是 3.003 分、专业能力是 2.647 分、专业自我是 2.446 分,如果以平均分 3 分为期望值,在 α 为 0.05 的条件下进行平均分显著性检验,检验结果表明,平均分显著性低于"期望值"($\bar{X}$ = 2.587,μ_0 = 3.000,$Z_{\alpha/2}$ = 1.96,Z = -22.508,$Z_{\alpha/2}$ < Z,负号表示方向),其中专业理想($\bar{X}$ = 2.645,μ_0 = 3.000,$Z_{\alpha/2}$ = 1.96,Z = -15.936,$Z_{\alpha/2}$ < Z)、专业能力($\bar{X}$ = 2.637,μ_0 = 3.000,$Z_{\alpha/2}$ = 1.96,Z = -13.513,$Z_{\alpha/2}$ < Z)、专业自我($\bar{X}$ = 2.446,μ_0 = 3.000,$Z_{\alpha/2}$ = 1.96,Z = -22.296,$Z_{\alpha/2}$ < Z,负号表示方向)都显著性低于期望值,专业知识与期望值没有显著性差异($\bar{X}$ = 3.003,μ_0 = 3.000,$Z_{\alpha/2}$ = 1.96,Z = 0.098,Z < $Z_{\alpha/2}$)。

五 调查结论

如果以 2012 年 1 月教育部推出的《中学教师专业标准(试

行)》为标准，民族地区中学教师总体专业发展水平较低。在专业知识上与"期望值"没有显著性差异；专业理想、专业能力、专业自我方面都显著性低于"期望值"，说明教师对自己的工作存在认知偏移，需要提高自我认识，需要加强专业自我、专业能力、专业理想等的学习。同时，在访谈中发现，教师的日常工作存在重点突出程度不够，各项工作强调不具体，教研工作具体化程度有待进一步提高等现象。

六 网络环境下困境归因分析

（一）网络"硬件条件"困境

1. 学校网络设备的束缚

（1）部分网络设备性能稳定性较低。

虽由国家配备多媒体，但部分网络设备性能出现不同程度的稳定性较低的现象。比如，A校多媒体教室两间，正常使用不到两个月就出现不能工作的现象，然而，其使用次数共计不足20次，每次不超过2个小时。此类现象在24所学校都存在，只是时间长短略有差异。这就会给使用者"这些产品质量较差"的消极心理暗示，从而减弱教师查阅信息的"附属内驱力"。

（2）网络设备数量有限。

多媒体教室只有几间，难以满足教师的心理需求。笔者结构性访谈40位不同教龄、不同职务的中学教师，他们都认为多媒体使用"信息量大、网络信息使课堂生动形象、有时任何精彩的演讲也不及10秒钟的演示"，他们都很想使用多媒体教室，但是，多媒体教室数量有限，难以满足教师的愿望，给教师"准备再丰富的信息也没地方用，以后也不想查找相关信息"的消极心理暗示，从而减弱教师查阅信息的"自我提高内驱力"，影响教师专业能力的提高。

2. 教师拥有计算机数量的制约

进行网络操作的必要条件之一是"电脑",每位教师通常需要一台能正常工作的电脑才能满足日常工作的需求。但本研究中教师个体拥有电脑的数量占60%,其中,县城中学教师是70%,但乡镇中学教师、双语学校教师只有40%,这与"仅16.7%的农村教师能够利用教育信息资源;23.3%的农村教师没有使用过网络教育资源"没有显著性差异,因此,部分教师由于缺少计算机而影响自己的工作,从而弱化自我提高"附属内驱力"。

3. 网络连接的约束

进行网络操作的另一个必要条件是能正常连接"Internet",但是,能及时、便捷地连接到网络的数量较少,特别是乡镇学校由于断电难以在需要时及时连接网络。样本教师所在地区冬季气候干燥,水源不足使电力供应不足,经常出现断电现象;夏季雨量较大,极易使部分山体滑坡等,使电线断裂,导致断电。断电时间有时几天,甚至十几天。并且,断电有不可预测性、偶然性,这给教师"电脑对电的要求较高,又经常断电或电压过低,少用电脑以延长其使用寿命"的潜意识心理暗示。

(二) 网络"软件条件"困境

1. 学校领导对网络重视程度浮于表层

(1) 职称晋升中关注度较低。

"职称"是教师职业生涯关注度较高的一个方面。现代社会,信息内容比较宽泛,作为一名教师需要时刻关注重要信息,特别是与教育、教学相关的信息,因此需要教师通过网络经常查阅相关信息,使教学质量提高,在晋升职称制度中应有相应的激励加分,然而,部分学校却没有相应的措施,部分学校加分较低。比如,A校某教师通过查阅大量信息提高教学质量,同时,把其中的心得体会写成论文公开发表,但是,该校在职称晋升制度中却没有相应加分。这给教师"通过网络查阅信息提高教学质量不重要"的消极心理暗示。

(2) 校本研究关注度较低。

研究需要教师查阅很多文献资料,民族地区由于交通不方便,通过网络查阅资料是最快捷、最方便、最重要的方式,但学校在这方面的重视程度不够。比如,15年教龄的程老师说:"校长说你行,不行也行,校长说你不行,行也不行,例如,我校是高中学校,教研组长第一学历为专科的有60%,他们的本科都是'函授'获得,难以组织有效的校本研究,是不是行也不行?再看另一位教师,他是硕士研究生学历,有两篇论文发表在核心期刊,有一篇论文在全国获一等奖,但他只是一名普通教师,是不是行也不行?"笔者结构性访谈24所样本学校,其中乡镇学校、牧区学校、一般高中这种现象都比较明显。这会给教师"校本研究不重要,不需要查阅相关信息"的潜意识心理暗示。

2. 网络管理人员素质较低

(1) 网络管理人员学历较低。

笔者结构性调查24所样本学校,有60%的管理人员为中专学历,有36%为专科学历,只有4%为本科学历;计算机专业为32%,非计算机专业为68%。笔者访谈成都市区几所中学,有60%的管理人员为本科学历,90%为计算机专业。民族地区网络管理人员专业化程度显著性低于城市。因此,民族地区教师想自制Flash或解决计算机方面的问题,网络管理人员很难提供有效帮助。这会给教师"我想做,但没法做"的消极心理暗示。

(2) 受培训次数较少。

有学者提出"教师应用信息化教学资源开展专业发展需要理论指导",民族地区网络管理人员由于学历偏低,并且不是计算机专业,急需培训提高理论水平,但笔者了解到在十年内他们人均培训次数不足三次,当教师在计算机操作、软件应用等有困难请他们帮助时,有些管理人员自身都难以解决,这会给教师"专业人员都不会,我不可能学好,肯定难度大"的消极心理暗示,使教师"自我提高内驱力"弱化。

（三）教师"过度关注自我"的认知困境

1. 过度关注学科教学

笔者结构性观察 A 中学 24 位教师在一学期内通过网络下载学科课件平均每周两次，对网络另外的运用则较少。比如，A 中学在 2012 年度下学期举行教学论文大赛，在参赛的 27 篇论文中 90% 的格式都不符合基本规范，然而，从网络极易检索论文规范的要求，这说明，他们对网络应用范围较窄。笔者结构性访谈一位教龄 10 年的张老师，他说，把教科书上的内容完成就对了，不要再添麻烦。所以，教师在"专业知识"的平均分较高。因此，过度关注学科教学造成"其他内容不重要"的心理暗示。

2. "研究性学习"关注度较低

"研究性学习"是教师自我提高的重要方法，是强化"认知内驱力"的重要方式，但研究性学习需要教师在研究过程中体验研究的快乐，要有克服困难的精神。如果经常失败则容易产生"习得性无助"。笔者统计 A 校自愿参加论文比赛的 27 篇论文，参考文献的 85% 与所研究的内容相关度不高，只有 15% 与研究内容相近。说明他们对研究性学习关注度不高。这就使研究性学习关注度降低，使教师产生"不想研究"的自我心理暗示。

3. "知觉期待"关注度低

某学者说：教师列举学生身边的信息容易吸引学生注意力。因此，举例尽可能采用学生知道的或学生身边发生的事。比如"神州九号载人宇宙飞船"不仅涉及物理学、数学、地理学等自然科学知识，同时涉及政治背景、发展历史等人文社科知识。这些信息通常需要教师通过网络查阅。笔者结构性访谈 10 位教师对类似信息的关注度，他们认为"学生都听说此事，再说没意义"，这就是教师对学生的"知觉期待"关注度低，使"知觉预测"偏移，导致新信息不重要的自我心理暗示。

七　对策建议

（一）对教育管理部门的建议

1. 增加投入

著名教育家陶行知先生说："做中教、做中学、做中求进步"。"做"的必要条件是有能做的工具，教师做的主要工具之一是多媒体教室。由于多媒体教室有限，样本学校平均每校只有 3 间，有些学校只有两间，很难满足大部分教师的需要，虽然《国家教育事业发展第十二个五年规划》中明确提出"到 2015 年为农村中小学 75% 的班级配备多媒体远程教学设备。中西部农村地区有计算机教室的中小学达到 50% 以上"，但是，在民族地区实现这一目标难度较大，因此，教育管理部门需要增加投入，增加多媒体教室的数量，这将增加教师通过网络查阅信息的次数，从而促进教师专业发展。

2. 加强质量监管

样本学校都是统一选购仪器的，有部分零件短时间内正常损坏，导致仪器难以正常工作。正常损坏是仪器本身质量存在一定的不足，比如，高原地区仪器启动瞬间温度与正常工作时温度差异过大，有些地区空气湿度大，有些地区昼夜温差过大，这是生产厂商考虑不周或者采购这些仪器的人员地域差异考虑不周，导致一些零件损坏。因此，需要教育管理部门加强质量监管，减少由于仪器本身质量较低产生的负面影响，以此给教师"不是仪器质量较低，而是使用不规范，使用者需要多学习"的积极心理暗示。

（二）对学校的建议

1. 及时维修网络设备

有学者指出："目前最欠缺的不再是没有网络教学环境，不再是没有优质教学资源，而是缺乏熟悉并能够熟练运用这些资源的教师。"因此，教师使用过程中不可避免有损坏，此时，学校的网络设备需要及时维修，样本学校90%以上的教师对网络设备不熟悉，特别是教龄15年以上的教师，同时，网络设备使用本身难度较大，在使用过程中由于使用不规范或使用时粗心，极易使设备损坏。比如B校某教师使用投影仪时不知何原因使投影仪灯泡损坏，学校经过60天维修才让投影仪又正常工作，此时，这位教师有"内疚感"，产生"我不敢使用"的潜意识心理暗示。所以，学校需要及时维修网络设备，使教师能够大胆使用这些设备。

2. 加强研究性学习

民族地区校本研究弱化，比如A校自愿参加论文比赛的27位教师，只占该校教师总数的15%，其中60%为教龄10年以内的教师，教龄10年内的教师是学校发展的主力军，但他们论文"盲评"平均分与教龄10年以上没有显著性差异，特别是论文格式上的平均分没有显著性差异，并且，参考文献上的平均分也没有显著性差异。因此，需要学校加强校本研究，促进研究性学习，比如"博客为教师的专业发展提供了精神动力、为教师的专业发展搭建了互动平台"等，加强教师从网络查阅信息的能力，特别是提高从核心期刊和专著中查阅相关信息的技术水平。

（三）对教师的建议

1. 教师需要提高认识

教师的工作任务是传道、授业、解惑，这些都有时代性。工业化时代、电气化时代等不同时代传道、授业、解惑的内容有较大差异，现代社会是信息化时代，然而教学工作具有承前启后的功能，不能仅仅认为教学就是教材内容的重现，只要把书上的内容在课堂上进行机械重复就是好老师，学生只要机械重现教科书上的知识就是好学生，这就是"认知偏移"。现代社会主要是培养有创新精神的学生，这就需要有创新精神的教师。因此，教师可以通过BBS论坛、MSN、QQ等进行网上教研活动，提高认识，提升自己的教学观、学生观。

2. 强化自主学习

自主学习是教师积极主动的学习，采用查漏补缺的学习方式，时间上有灵活性、空间上有个性化。丰富的网络资源可以提高教学效率并拓宽学生的知识面。但是通过网络查找的信息有些真实、有些错误，此时需要教师有较高的辨别真伪的能力，网上信息的复杂性需要多角度分析、印证、思考。现在"网络技术的发展使个性化教育成为一种可能"，因此，教师需要自觉自愿地学习，这样才能使教师收获大，从而让学生获益，这个学习的过程需要自主进行，只有多次强化自主学习，才能更大程度地促进教师专业发展。

总之，"在世界各国教育改革的过程中，各国学者和政府都认识到，教育改革的成功与否取决于教师，教育质量的高低取决于教师"。因此，教师的专业发展已经引起广泛关注，民族地区中学教师由于历史原因致使在网络环境下的专业发展滞后于城市，现在，民族地区网络也迅速发展，需要不断学习，特别是网络环境下计算机支持的协作学习（CSCL）更能加快民族地区中学教师专业发展。

参考文献

[1] 李国强，李忠如. 网络：教师自主专业发展的重要平台 [J]. 继续教育研究，2009（12）.

[2] 杜玉霞. 基于信息化教学资源的教师专业发展模式研究 [J]. 电化教育研究，2009（7）.

[3] 张攀峰，王润兰，赵毅. 共享优质远程教育资源，培养优秀"资源教师" [J]. 中国远程教育，2005（10）.

[4] 赵银生. 促进教师博客发展的再思考 [J]. 教育理论与实践，2008（3）.

[5] 许晓东，刘玉，江建军，陈梅芬. 基于网络的研究性教学模式探索 [J]. 高等工程教育研究，2006（1）.

[6] Thomas R. Guskey，教师专业发展评价 [M]. 方乐等译. 北京：中国轻工业出版社，2005.

农村高中历史教师资源的整合策略

郭利熔[**]

(四川省剑阁中学校,四川省广元市,628300)

摘 要: 历史课程资源的开发关系着新课程改革的有序推进,历史教师作为重要的人力资源关系着历史教学的成败,农村高中历史教师资源堪忧,有效整合教师资源途径很多,挖掘农村高中历史教师的潜力,推动农村高中历史教学实现飞跃,势在必行。

关键词: 农村高中;历史教师资源;校内整合;城乡整合;优质整合;思想整合

一 整合的必要性

(一) 课改的需要

随着新课程改革的全面推进,历史课程资源的开发与利用引起了广泛的重视。历史教师作为历史课程最重要的人力课程资源,其"素质状况决定了课程资源开发与利用的范围和程度。在课程资源建设过程中,要始终把教师队伍的建设放在首位,通过对教师这一重要课程资源的开发,带动其他课程资源的优化发展"。高中历史教学也在理念、教材、课标等多方面发生了颠覆性的变化。身处偏远地区的农村高中历史教师面临着巨大的挑战,如何克服

---

[*] 本文为"2012 年度四川省教育厅哲学社会科学重点研究基地科研项目"的相关研究。
[**] 郭利熔,女,四川省剑阁中学教师。

学科边缘化、专业知识陈旧、工资待遇较差、教学设施落后、学生基础知识薄弱、教研意识淡漠等问题，有效地践行课改理念，提升教学质量，实现教师角色的转换，加快自身的成长，在当今显得尤为紧迫与重要。因此，就需要进行农村高中历史教师资源的有效整合，避免多流汗、走弯路、孤军探索的弊端，使历史课程改革有序健康地发展。

（二）课程的需要

历史教师在高中历史课程资源的开发和利用中发挥着极其重要的作用。教学实施要求历史教师"通过精选历史课程内容，设计灵活多样的教学方式，激发学生学习历史的兴趣，转变学生被动接受、死记硬背的学习方式，拓展学生学习和探究历史问题的空间"，最近距离地了解高中学生的知识、能力、兴趣等，并根据实际需要设计最容易为高中生所认可和接受的教学活动。因此，历史教师不仅决定着高中历史课程资源的选择和利用，也是人力课程资源的重要载体，而且历史教师自身就是课程实施首要的基本资源。历史教师的素质状况决定了高中历史课程资源的识别范围、开发利用的程度以及发挥效益的水平，从这个意义上说，历史教师是高中历史课程资源开发利用的主角，信息技术、网络技术即使再发达，历史书籍、历史资料再丰富，也不能取代历史教师在高中历史课程资源开发利用中的重要地位。历史教学过程要求历史教师具有丰富的历史知识和相关的学科知识，在解决教学问题时，面对学生能够"晓之以理，导之以行，动之以情，传之以神"，展现一种通晓古今中外、博识天文地理的人格魅力，对高中历史教学效果起到一种潜移默化的影响。因而，历史教师本身的素质对教学效果的影响更为明显。所以在高中历史课程资源的开发利用中，要始终把提高历史教师的自身素质放在首位，通过对历史教师这一重要的课程资源的开发和整合，带动其他历史课程资源的开发利用，保证高中历史新课程的顺利实施。

（三）现实的需要

当今，农村高中历史教师资源现状堪忧。首先，随着学生人数的急剧增长，办学规模扩大，特别是大中城市高中扩招，小班化教学，再加上工资福利待遇的差别，导致农村高中历史教师向城市流动的可能性增加，速度加快，农村高中历史教师师资严重不足。其次，由于高考应试教育的影响，多数学校依然持传统思想，强化历史小学科的意识，致使历史学科不断边缘化或准边缘化，严重挫伤了历史教师的工作积极性。再次，由于教师的流动，特别是经验型教师和年轻教师的流动，农村历史教师青黄不接，整体专业素质下降，大部分教师都是通过进修或者函授，获得二次文凭，没有经过系统专业知识的学习，更缺乏理论高度的指导。第四，由于教师人数紧张以及学科的边缘化，农村高中历史学科课时减少，教学任务繁重，教师工作量加大，很多教师疲于应付，倍感力不从心，严重地制约了教育教学质量的提高。第五，受多种因素的影响，农村高中历史教师与外界的沟通渠道不畅，很难有机会走出去，看一看，听一听，学习外面先进的教学理念、思想、方法，对史学前沿的研究知之甚少，教学研究的意识淡漠，对新课标、教材的驾驭能力十分有限，对新课改的实践中仍存在着"穿新鞋，走老路"的现象，严重制约着新课改的有效推进。

为了优化历史课程资源，更好地为教育教学服务，提高学生的学习成绩，发挥历史教师在历史教学中的积极性、主动性、创造性，落实新课改对高中历史教师的总体要求——"通过各种经验学会再现他人，与别人进行交往，探索世界，学会继续不断地、自始至终地完善自己"，有必要对农村高中历史教师资源进行有效整合，加强校内外的交流与合作，拓展专业知识，提升专业理念，提高专业能力，以促进农村高中历史教师的快速成长。

二　整合的对策

（一）整合校内资源，发挥学校历史教研组的作用

学校历史教研组是所有历史教师的活动中心、领导集体。农村高中历史教师在每个学校数量不多，个人力量有限。要在新课改下实现下列转变：由课程规范的复制者转换为新课程的创造者、设计者和评价者，由"以教师为中心"的教学模式转变为"以学生为中心"的教学模式，由单一学科型教师转变为跨学科型教师，由知识的搬运工转变为充满实践智慧的专业人员，由教教材转变为以教材教，单凭个人力量是无法完成的，就需要借助群体的力量，发挥历史教研组的职能。历史教研组可以组织本校历史教师集体研读课标、教材，对比寻找课标与大纲、新教材与旧教材之间的异同，不同新教材版本对同一知识描述的异同；分析本校学生构成因素、年龄特征、学习水平、学习方式、不良习惯等相关因素；成立备课组，集体讨论教材编排意图，设计教学思路，分工协作，构建集体备课方案；分层次定时、定班、定人、定内容，相互听课，相互借鉴，取长补短；定期召开会议，交换教学得失，改进教学方法；举办各种类型的探究课、示范课、优质课，共同观摩；各年级历史教师建立QQ群，把自己在专业文化、高中教材教法、高考考试大纲、备课、考题设计、教学案例的相关知识进行交流，形成一种研究学习的长效机制、常态机制，同时也能加深大家的友谊。只有这样，才能激发教师积极投身于农村教育教学改革，"把学校视为教师发展的家园，以教育教学实践中的问题为中心，强调在教、学、研一体化中教师的主动参与和探究，通过解决实际问题促进教师自身素养的提高和专业发展，彰显教师的个体生命价值"。

（二）整合城乡资源，发挥区域教研室的作用

相对于农村高中历史教师，城市历史教师平台高、见识广、理念新、教研能力较强，适应新课改容易得多，对农村历史教师的教学可以起到引领示范的作用。因此，笔者建议各县市教研室、教科所搭建城乡历史教师沟通的桥梁，建立同一地区历史教师网络平台，使农村高中历史教师在教学中遇到瓶颈时，可以通过网络交换信息，质疑解难，实现时间和空间的跨越，与城市教师平等交流，努力保证历史知识的准确性，教学方法的灵活性，教学效果的实用性，教学成果的最佳性。城市教师也可在相互的交流中，如临其境地了解农村高中历史教学的现状与困境。教研员还可以组织多种形式的教研活动，如"教学大比武""优质课竞赛""送教下乡活动""教学调研""友好学校结对子帮扶课""教学调研"等，吸引农村历史教师亲自参加、学习、观摩、体验、分享收获，实现共同提升。

（三）整合优质资源，实施名师工程，发挥名师的引领作用

针对农村高中历史教师师资水平普遍较低的现状，各个学校、县、市应该强化名师意识，树立农村教师标兵，发挥榜样的作用。实施农村名师骨干培育工程，分层培养本校、本县、本市名师队伍，开发优质教师资源，成立优秀教师人才储备库，引领专业发展。名师骨干培育的方法应灵活多样，如选择具有发展潜质的教师送出去脱产培训，举办名师培训班，开展城镇名师与农村骨干结对子活动，组织农村名师骨干教学巡回展示等，创造学习锻炼的机会，加速名师骨干的专业化成长步伐，用他们的成长事迹激发和引领广大农村教师树立高远的专业理想。

（四）整合教育思想，优化教师心理

"教师的生命是从教师职业开始的，教师在自己的职业和

工作中寻找生活的满足。"农村高中历史教师所处工作环境较差，专业发展机会较少，多数教学仅仅停留在一块黑板、一本教材、一支粉笔、一张嘴的传统教学上，学校人文关怀的缺失，致使教师趋于思想保守，缺乏专业自主发展意识和专业进取精神，安于现状，无所作为，或者成为专家建议的盲目服从者、各种教学参考资料的简单照搬者、有关部门行政指令的机械执行者。而事实上，"教师职业本身应该是一种富于创造性的从中可以获得精神愉悦和自我提升的活动"。因此，要调动农村高中历史教师工作的积极性，解决教师在新课改中面临的教育理念的困惑、新旧教学行为的尴尬、新旧思想的碰撞等问题，就需要整合与优化教育思想，形成学校的特色文化。教师在教学中加强合作，在合作中竞争，在竞争中合作，形成良好的机制。教师要勇敢地从文人相轻、自给自足的封闭状态中走出来，以宽容的心态接受不同的多元化观念，真诚合作，形成共识，整合教学思想。要整合教育思想，教师还要从权威的神坛上走下来，融入教师集体，相互学习。只有互相学习，才能教学相长；只有相互学习，才能整合、优化思想；只有互相学习，真诚交往，真诚合作，优化自我心理，才能以积极的心态投入工作与研究。

（五）坚持继续教育学习，提升自身可持续发展能力

农村中学处地偏远，教师工作负担较重，压力较大，如果不坚持继续教育，不做到持续学习，那么将无法适应新时代的教育发展，无法达到社会对教师的要求。因此，要把继续教育落到实处，就必须重视和突出教师继续教育的实践性并处理好四个关系，做到四个结合：一是进行教育理论的学习，处理好"学习"和"运用"的关系，做到"提高教育理论素养"和"切实转变教育观念"相结合；二是拓宽专业知识，处理好"接受"和"渗透"的关系，做到"掌握知识"和"运用知识"相结合；三是教育教学实践要处理好"观摩"和"操作"的关系，做到"看"和

"做"相结合;四是提高教师的教育教学水平,处理好"教"和"研"的关系,做到"培训"和"教研"相结合。只有这样,农村历史教师才能不断丰富自己,发展自己,形成适合农村高中历史教学的特色教学教育模式,实现现代教育对教师提出的新要求。

总之,伴随着新课改的深入推进,历史教师作为历史课程资源的开发者,本身的专业素养和主体觉醒也是重要的课程资源,因此,要加强农村高中历史教师资源的校内整合、城乡整合、网络整合、名师示范、个体提升,进而开辟一条农村高中教育的新途径,不断提高农村高中历史教师队伍素质,提高农村高中的办学水平,不断推动农村高中的快速健康发展。

参考文献

[1] 教育部《全日制义务教育历史课程标准(实验稿)》,北京师范大学出版社,2001.

[2] 教育部《普通高中历史课程标准(实验)》.

[3] 刘要悟,程天君.校本培训的合理性追求[J].教育研究,2004(6).

[4] 第斯多惠.德国教师培养指南[M].袁一安译.北京:人民教育出版社,1990:49.

[5] 叶澜.教师角色与教师发展新探[M].北京:教育科学出版社,2004:136.

第五部分
教师心理发展研究

震后三年慢性创伤后应激障碍教师群体的焦虑症状及其与社会支持、家庭功能的关系研究[*]

于少萍[**]　游永恒[***]

(四川师范大学教师教育学院，四川成都，610068；
四川省教师教育研究中心，四川成都，610068)

摘　要：了解慢性创伤后应激障碍（PTSD）教师的焦虑情绪及其影响因素，采用状态—特质焦虑问卷（STAI）、社会支持评定量表（SSRS）及家庭功能评定量表（FAD）作为调查工具对105 例慢性创伤后应激障碍教师进行测查并收集数据。所有慢性 PTSD 教师均存在中度及以上焦虑；焦虑各维度及其总分与主观支持、支持总分及家庭功能的问题解决和沟通维度存在显著的负相关（P < 0.01）；多元逐步回归分析后发现，家庭功能的沟通维度、支持总分及家庭功能的总的功能维度对焦虑的解释贡献率达 44.7%；灾区教师的心理健康状况需要长期的关注，家庭的功能、社会支持、沟通是慢性 PTSD 教师减少焦虑的重要保护性因素。

关键词：地震；慢性创伤后应激障碍；焦虑；社会支持；家庭功能；教师

---

[*] 四川省教师教育研究中心课题资助（TER2011 - 022），四川省哲社基地项目（SC11E001）。
[**] 于少萍（1985- ），女，四川师范大学教师教育学院，四川省教师教育研究中心，主要研究方向：学校心理教育。
[***] 游永恒（1955- ），男，四川荥经人，四川师范大学教师教育学院，四川省教师教育研究中心，教授，主要研究方向：学校心理教育。E - mail：youyh2005@ yahoo. com. cn。

"5·12"汶川地震后，灾区的心理重建工作受到党和国家的高度重视，也有不少心理学家深入灾区开展心理辅导与调研，但是纵观近三年国内创伤心理研究发现，关注学生、灾区居民、援助者的研究较多，而关注教师群体灾后心理状况的研究较少，纵向的追踪研究则更少。在以往研究的基础上，本研究旨在探明"5·12"地震三年后仍患有创伤后应激障碍的教师群体的焦虑状况及其影响因素，为灾区教师的心理重建提供理论依据与参考。

一　对象与方法

（一）对象

在2008年7月至2010年8月期间，笔者先后对750名灾区教师采用事件影响量表（IES-R）对其创伤后应激障碍状况进行调查，检出411名PTSD患者。2011年6月笔者对这411名患者中的406名（5名教师因为一些原因工作调动到了其他地区）进行了再评定，结果发现其中105名符合中国精神障碍分类与诊断标准中PTSD的诊断标准。105例患者中男性43例（41%），女性62例（59%）；年龄33.6±7.03岁；极重灾区36例（34.3%），重灾区53例（50.5%），一般灾区16例（15.2%）。

（二）方法

1. 状态—特质焦虑问卷（STAI）

该问卷由Charles Spielberger于1977年编制，并于1983年修订，共40个项目，为自我评价问卷，能相当直观地反映焦虑病人的主观感受，尤其是能将当前（状态焦虑）和一贯（特质焦虑）区分开来。前者描述一种不愉快的短期的情绪体验，如紧张、恐惧、忧虑等，常伴有植物神经系统功能亢进。后者则用来描述相对稳定的，作为一种人格特征且具有个体差异的焦虑倾向。通过分别评定状态焦虑和特质焦虑问卷，可区别短暂的情绪焦虑状态和人格特质性焦虑倾向。

2. 社会支持评定量表（SSRS）

该量表由肖水源编制。用于测量个体社会关系的 3 个维度共 10 个条目：有客观支持（即患者所接受到的实际支持）、主观支持（即患者所能体验到的或情感上的支持）和对支持的利用度（支持利用度是反映个体对各种社会支持的主动利用，包括倾诉式、求助方式和参加活动的情况）。总得分和各分量表得分越高，说明社会支持程度越好。具有较好的信度和效度，各条目的一致性在 0.89~0.94 之间，重测信度为 0.92。

3. 家庭功能评定量表（FAD）

该量表是依据 McMaster 的家庭功能模式编制的一个测定家庭系统各方面功能的量表，用以收集整个家庭系统的各个方面的资料，翻译后的问卷也具有良好的信度、效度。所谓家庭功能是指家庭本身所固有的性能以及家庭对社会和家庭成员所起的作用。问卷共有 60 个条目，包含 7 个分量表：问题解决（PS）、沟通（CM）、角色（RL）、情感反应（AR）、情感介入（AI）、行为控制（BC）、总的功能（GF）等。

4. 一般人口学调查资料问卷

该问卷包括性别、年龄、居住地等一般人口学资料，同时还包括地震暴露情况调查（地震中是否有家人伤亡、房屋是否严重损毁和是否大量目睹惨景）。

二 结果

（一）慢性 PTSD 教师焦虑状况及在人口统计学变量上的差异分析

状态—特质焦虑量表的总分为 160 分，按统计学 27% 的分数划分标准，按总分将焦虑得分分为低度焦虑（0~43 分）、中度焦虑（44~117 分）和重度焦虑（118~160 分）三个段，分析后发现所有灾区教师均有中度及以上的焦虑,其中 4 名(1.9%)灾区教师患有重度焦虑。

表 1 慢性 PTSD 教师焦虑状况在人口统计学变量上的差异分析(N = 105)

	性别			灾区类型			
	①男	②女	t	①极重灾区	②重灾区	③一般灾区	F
状态焦虑	46.98 ± 8.64	45.02 ± 7.46	1.280	47.58 ± 8.64	45.91 ± 7.06	41.56 ± 6.48	3.518* ①>③** ②>③*
特质焦虑	47.98 ± 8.04	46.68 ± 6.83	0.891	48.58 ± 7.29	47.21 ± 7.08	44.13 ± 7.84	2.084
焦虑总分	94.95 ± 15.50	91.69 ± 13.37	1.150	96.17 ± 15.10	93.11 ± 13.38	85.69 ± 13.56	3.096

注:* P < 0.05,* * P < 0.01,* * * P < 0.001,下同;均采用各维度总分进行计算。

由表 1 可以看出,慢性 PTSD 教师焦虑情绪在性别上不存在显著差异($P > 0.05$),而状态焦虑在灾区类型上则存在显著差异,具体表现为极重灾区的状态焦虑大于一般灾区($P < 0.01$),重灾区大于一般灾区($P < 0.05$)。

(二)慢性 PTSD 教师焦虑与社会支持及家庭功能的相关分析

表 2 慢性 PTSD 教师焦虑与社会支持及家庭功能的相关分析(N = 105)

	社会支持				家庭功能					
	主观支持	客观支持	支持利用度	支持总分	问题解决	沟通	角色	情感反应	情感介入	行为控制	总的功能
状态焦虑	-0.510**	-0.564**	-0.149**	-0.643**	-0.379**	-0.490**	-0.284**	-0.275**	-0.288**	-0.026	-0.374**
特质焦虑	-0.490**	-0.469**	-0.184**	-0.592**	-0.291**	-0.552**	-0.335**	-0.305**	-0.214**	-0.033	-0.439**
焦虑总分	-0.612**	-0.637**	-0.201*	-0.757**	-0.414**	-0.633**	-0.375**	-0.353**	-0.311**	-0.036	-0.493**

由表 2 可以看出,慢性 PTSD 教师的焦虑症状(状态焦虑、特质焦虑、焦虑总分)与社会支持的各个维度及家庭功能除行为控

制外的各个维度存在显著相关（P<0.01）。

（三）社会支持及家庭功能对慢性 PTSD 教师焦虑的回归分析

表3 社会支持及家庭功能对慢性 PTSD 教师焦虑的回归分析（Stepwise 法）

	模型	B	Beta	t	F	R	R^2	ΔR^2
1	支持总分	-1.123	-0.757	-11.763	138.36	0.757	0.573	0.569
2	支持总分	-0.914	-0.616	-6.966	74.577	0.771	0.594	0.586
	沟通	-0.303	-0.201	-2.276				
3	支持总分	-0.676	-0.456	-3.978	52.984	0.782	0.611	0.600
	沟通	-0.333	-0.222	-2.536				
	客观支持	-0.595	-0.197	-2.138				

从表3的回归分析结果中可以看出，在逐步回归过程中，支持总分首先进入回归方程模型1，说明支持总分与焦虑关系最密切。其次是沟通，第2个模型中因变量与两个自变量的复相关系数为0.771，反映了焦虑与支持总分及沟通有显著的线性关系。第3个因素模型中可以看出支持总分、沟通、客观支持三个因子进入回归方程后对焦虑的预测力达34.9%。

三 讨论

慢性创伤后应激障碍教师均存在中度及以上的焦虑，可见焦虑很大可能是慢性创伤后应激障碍的一个主要伴随症状，因而我们在对慢性创伤后应激障碍群体进行心理及药物治疗时，可考虑到针对 PTSD 与焦虑的多元治疗方法及药物使用上的联合用药。

极重灾区与重灾区慢性 PTSD 教师的焦虑水平均高于一般灾区。结合调查问卷后的访谈发现极重灾区与重灾区的教师相较一般灾区的教师面临更多的工作与生活压力，如工作环境的改变，地震后的很长一段时间需要在板房教室上课或者是迁至其他周边区县或者是更远的地方去异地复课，环境的变化导致教师们需要改变原有的教学方法等以适应新的环境，异地复课的教师因为物理距离的原因,来自家庭的支持与家人的沟通也减少了,有的教师从以前的每天都能回家变为一个星期甚至更长的时间回家一次。

慢性 PTSD 教师的焦虑症状(状态焦虑、特质焦虑、焦虑总分)与社会支持的各个维度及家庭功能除行为控制外的各个维度存在显著相关,支持总分、沟通、客观支持三个因子对焦虑的预测力达 34.9%,再次证实了社会支持是不良情绪的保护因子,同时也证实了家庭功能尤其是家庭成员之间的有效沟通对个体情绪调节的重要影响作用。

本研究从社会支持、家庭功能等外部影响因素探讨了其对慢性 PTSD 的焦虑的影响,今后的研究可就人格等内部影响因素进行讨论。同时通过本研究可以看出,震后三年了,但是灾区教师的心理健康状况仍不容忽视,正如唐山大地震后一些纵向研究表明的一样,灾区教师的心理健康需要我们长期进一步地关注。

参考文献

[1] 范一鸣,孙源泉,宫瑞莹等. 异地复学震区中小学生 PTSD 及心理健康状况的调查 [J]. 心理科学进展,2009,17(3):527~531.

[2] 贺婕,徐莎莎,祝卓宏等. 汶川地震后青少年 PTSD 症状及其相关因素研究 [J]. 中国临床心理学杂志,2011,19(1):103~105.

[3] 李松蔚,余红玉,钱铭怡等. 震后不同地区初中生的抑郁水平及创伤后症状 [J]. 中国临床心理学杂志,2011,19(1):77~80.

[4] 王龙,陈纬,张兴利等. 应对方式在震后青少年人格特质与 PTSD 症状间的中介作用 [J]. 中国临床心理学杂志,2011,19(1):89~91.

[5] 袁茵,杨德华,毛文君等. 汶川地震灾后半年及 1 年都江堰安置点 432 例群众心理状况对照研究 [J]. 中国健康心理学杂志,2010,18(7):831~832.

[6] 刘建君,白克镇,龚科等. 地震灾后幸存者心理健康状况调查[J]. 学术交流,2008,8(6):466~467.

[7] 罗勇. 地震重灾区民警灾后两年的 PTSD 症状及与抑郁的相关性 [J]. 职业与健康, 2011, 27 (15): 1706~1708.

[8] 张皓, 贾巧枝, 于少萍. 5·12 汶川地震后救援者心理创伤评估报告 [J]. 2011, 34 (5): 758~760.

[9] 汪向东. 心理卫生评定量表手册 [M]. 北京: 中国心理卫生杂志社, 1999.

[10] Dean, A. & Ensel, W. M.. Modelling social support, life events, competence, and depression in the context of age and sex [J]. *American Journal of Community Psychology*, 10 (4): 392–408.

民办高职院校教师心理健康问题解决策略探析
——基于现代人力资源管理的视角

钟敏敏[*] 陶军[**] 任勇军[***]

(四川华新现代职业学院,四川成都,610107)

摘 要:进入"十二五"时期,在国家教育改革政策的指导与支持下,民办高职教育将迎来快速发展的契机。在高等教育中,教师是高校职能的主要实现者,是人才培养目标实现的主要实践者,是影响学校科学发展最重要的因素。民办高职院校由于在组织性质、师资构成、工作任务、社会关注等方面具有独特性,在此环境的影响下,其所属教师的心理健康问题相对于公办院校而言更为复杂,表现在职业稳定感、荣誉感、角色冲突、职业压力、专业发展等多方面。针对这一问题,民办高职院校可以从加强管理的角度,借鉴现代企业人力资源管理的经验和做法,结合学校和教师特点,通过构建以心理契约为基础的和谐组织文化、为教师量身打造个性化的"职业成长菜单"、提供校内"心理支持系统"以及尝试EAP项目运作等方式,整合资源,多措并举,以教师心理资本

---

[*] 钟敏敏,四川华新现代职业学院党院办公室,助教,主要研究方向:人力资源管理、高校行政管理。

[**] 陶军,四川华新现代职业学院党院办公室,副教授,主要研究方向:思政教育、高校行政管理。

[***] 任勇军,四川华新现代职业学院党院办公室,讲师,主要研究方向:高校行政管理、人力资源管理。

的提升形成学校人力资本的核心竞争力，走出一条独具特色的民办高职院校教师心理健康问题解决之路。

关键词：民办高职院校；教师；心理健康问题；现代人力资源管理

近年来，在国家政策的引领和支持下，高职院校如雨后春笋般异军突起，已占据高等教育半壁河山，而民办高职又成为高职院校中不可或缺的重要组成部分。未来 5~10 年，对于民办高职教育而言，将是机遇与挑战并存，希望与压力同在的关键时期。《国家中长期教育改革和发展规划纲要（2010~2020 年）》高度关注职业教育，把职业教育摆在更加突出的位置，尤其是加大了对民办教育的重视程度，将民办教育明确定位为"教育事业重要的新增长点和促进教育改革的重要力量"。因此，在高职教育大步发展的同时，民办高职院校的教育质量和水平正日益受到广大群众和社会的关注和重视。

影响民办高职院校发展的因素很多，但其教师的质量和水准绝对是一个最重要的因素。由于民办高职院校相对于公办院校具有先天不足的缺陷，这自然会对两种不同性质的学校教师心理带来不同的影响。本文通过分析民办高职院校教师心理健康问题产生的特殊环境及特殊表现，在此基础上探讨人力资源工作对于解决这些问题的可行之处、可为之举，以此抛砖引玉，供大家共同探讨。

一 民办高职院校教师心理健康问题的环境分析

社会学和心理学的理论都认为，心理健康与所在环境密切相关，因此分析心理健康问题首先要从环境入手。民办高职院校教师所处的组织环境与其他院校相比，有以下一些特殊之处。

（一）组织性质相对特殊

民办高职院校性质与普通高校相比，具有特殊性和复杂性。

这种特殊性和复杂性集中体现在"民办"和"职业"两个方面。首先，民办高职院校办学主体广泛，与公办院校相比，在资金筹措、人员使用、管理体制机制等方面都有较大的不同，在我国现行教育体制下，民办高职院校的教师实际享受到的国家政策和待遇远远不及公办高校教师，影响了他们的认同感和成就感；其次，职业教育赋予了高职院校多重身份特征，即高职教育是我国高等教育体系的重要组成部分，但人才培养方向和目标又不同于普通高等教育，同时高职教育还是国家现代职业教育体系和终身教育体系的重要组成部分，承担着与中职教育、在职教育、社区教育相衔接的重要角色，与社会的联系更加紧密。这些特殊的组织性质给教师成长和发展提出了巨大挑战。

（二）师资构成复杂多样

正是学校性质的原因，导致民办高职院校师资构成较为复杂：从学历结构看，人才层次多样，从专科、本科、硕士到博士，各层次的人才可能都会在同一所学校中出现；从职称结构来看，从助教、讲师到副高和正高都有；从年龄构成来看，年龄跨度较大，即使是同一批入校的新员工，也可能出现各种年龄段人员；从招聘渠道看，人员来源广泛，有刚走出校门的应届毕业生，也有从企业转行做教育的有工作经验人士，还有通过外聘等方式任教的行业资深专家和能工巧匠；从专业来讲也是五花八门，不一而足。但总的来说，因为"民办+职业"的性质以及品牌原因，民办高职院校的师资队伍中高学历、高职称、高水平的教师屈指可数。

（三）工作任务要求较高

首先，职业教育的特征对教师提出了新要求：职业教育培养的是实用型、技能型人才，这就决定了职业教育要求"双师型教师"，与普通高校教师相比，高职院校的教师面临更多提升专业知识和实践经验的双重任务；其次，民办高职院校学生来源多样，素质良莠不齐，学习能力较弱，行为习惯较差，加上需求多样，使得教师教学工作难度加大。

(四) 社会关注尚未普及

目前社会对心理健康问题的关注还没有太多地延展到民办高职教师层面，相关的专门研究不多，另一方面一些民办高校本身也由于刚刚起步，对人才的重视程度不够，尤其是对教师心理健康还处于"自在"而非"自为"状态，对教师的心理感受及调适触及较少。

二 民办高职院校教师心理健康问题的复杂性和特殊性

正是因为民办高职院校教师所处组织环境与其他学校有所不同，因此，除了一些共性心理健康问题之外，还有一些现象是民办高职院校教师所特有的，或者说是表现较为突出的，体现如下。

(一) 缺少职业稳定感，组织承诺度较低

与公办院校教师为国家事业单位编制的身份不同，民办高职院校教师大多为合同聘用制员工。在"铁饭碗"的习惯性就业心理预期影响下，加上现实生活中两种不同性质的教师在工资待遇、职称职务晋升等方面的实际差别，导致民办高职院校的教师流动性较大，为老板打工的心理现象普遍存在，教师的职业稳定感较低。

(二) 职业荣誉感不强，心理落差较大

根据马斯洛的需要层次理论，教师这种职业对于高层次需要的满足，尤其是尊重和自我实现的需要非常强烈。我国自古以来崇尚"尊师重教"，高校教师在社会大众的心目中拥有崇高的形象和良好的社会声望。然而，由于公众对民办教育和职业教育的认知度不高，甚至有一些误区，因此民办高职院校教师并未获得与

普通高校教师同等的社会尊重和声望，这就给教师职业自豪感和幸福感带来了一定影响，形成了较大的心理失落和挫败感。

（三）角色冲突凸显，面临角色适应困境

民办高职院校教师除了和普通教师一样，面临多重角色压力与冲突之外，还存在一些特殊的角色冲突和角色适应问题。比如，高职院校教师除了上课之外，还要经常和行业、企业保持密切联系，开展校企合作，在一定程度上扮演了学校对外联络者、谈判者的角色。再比如，"双师型"要求教师有到企业实际工作的经历，因此高职院校教师在某些时段内还面临教师和职员的角色冲突。再加上有一些从企业进入教师行业的能工巧匠，他们也同样面临着职业变动带来的角色转换及适应问题。以上这些因素都容易使教师产生角色矛盾，出现心理不适。

（四）压力与挑战并存，心理调适难度加大

与普通高校教师相比，民办高职院校教师面临来自工作和生活上的更大压力。这种压力一是来源于行业竞争的加剧。各种办学主体的加入，民办职业教育行业面临强大的竞争，给教师带来了前所未有的紧迫感和压力感；二是民办高校师资匮乏，加上学生和家长对教师的期望值较高，导致教师工作负荷量较大；三是由于没有国家补贴以及一些科研政策倾斜，教师收入竞争力不强，给教师造成了一定的经济压力。在多重压力的影响下，教师要承受更大的心理考验。

（五）职业发展充满困惑，自我实现难以满足

对于民办高职院校的教师而言，还存在职业发展规划缺少有效政策支撑的问题。一是目前国家的教师资格认证体系和职称评聘体系并没有针对职业院校教师设立专门标准，因此，高职院校教师要职称晋升，就只能走普通高校教师的路径，强调学历层次、科研成果以及论文等指标，忽视了高职教育本身对实践技能的要

求,不利于高职教师的专业成长;二是对于从企业、行业引进的能工巧匠,由于受到现实情况的制约,难以适用现行的职称职务评审体系和评价标准,导致"双师型教师"紧缺;三是由于民办教育的特殊性,教师可获得的来自国家及组织的培训机会和自我提升机会有限。很多教师对自身的专业发展和职业道路产生了迷茫,自我效能感缺失,职业发展信心不足。

三 以人力资源管理提升心理资本,助力教师心理健康问题解决

随着知识经济时代的到来,很多学校已经认识到了人力资本的重要性,并且提出以人为本的理念。但除了人力资本之外,还有更重要的"心理资本"有待引起更多关注。"心理资本"是2004年美国组织行为学家、管理学会前主席路桑斯(Luthans)首次提出的,是指个体在成长和发展过程中表现出来的一种积极心理状态,是促进个人成长和绩效提升的心理资源。心理资本作为除财力、人力、社会三大资本以外的第四大资本,是组织创造竞争优势的关键要素。学校的主体人员为教师。教师在社会中属于受过良好教育、综合素质较高、知识密集型的精英群体,这一群体高层次的精神需求强烈,注重自身心理感受,因此与其他组织相比,心理资本对于学校更加重要,将影响到学校兴衰成败、长远发展。

无形的心理资本可以通过有形的管理来改善和提升。与心理资本联系最为密切的是人力资本,心理资本的质量决定了人力资本的质量,人力资本的优势可以带动心理资本的构建。民办高职院校完全可以将人力资本与心理资本二者联系起来考虑,以科学的人力资源工作来管理教师的心理资本,引导其态度与行为,激发其心理能量,最终实现组织绩效。具体来说,民办高职院校可以从以下几方面着手,通过有效的人力资源工作,解决教师心理健康问题,从而实现学校心理资本优势。

（一）借鉴现代企业人力资源管理，提升学校人力资源管理工作的高度

民办院校的办学主体因为有了私人、企业等社会力量的介入，决定了其办学宗旨除了公益性，还要考虑适当盈利的问题。要获得长远发展和长足收益，就要像经营企业一样去经营学校，这是在全力履行社会责任的前提下，未来民办高职院校的生存发展之道，相应地，学校的人力资源管理也可以借鉴企业的先进之处。

目前，一些民办高校的人力资源管理部门作为事务性的职能部门，仍然忙于琐碎的人事工作。但是现代人力资源管理经过人事管理阶段到人力资源管理阶段再到战略人力资源管理阶段，已经从辅助的咨询性部门发展成为关乎组织长远发展的战略性部门，人力资源管理有了很多先进的方法和工具，通过认识到现代人力资源管理的地位并借鉴企业的管理思想和模式，能够有效提高民办高校人力资源管理的高度。

（二）构建以心理契约为基础的和谐组织文化，营造教师专业发展的良好环境

20世纪60年代"心理契约"理论的提出在西方管理学界掀起了轩然大波，管理者认识到在合同契约之外，员工内心潜在对组织的渴望更为重要。正因为民办高职院校教师聘用制产生了职业稳定度低和心理安全感差的现象，那么更应该加强学校与教师双方心理契约的构建和维护，将心理契约作为聘用合同之外的更加稳固的纽带。

从心理契约的角度来说，学校人力资源工作应该：第一，以人为本，尊重个性，以文化为基础建立心理契约。要营造以人为本、人人平等的校园文化氛围，建立起有利于教师水平和能力全面发展的人力资源机制。第二，强化愿景，追求双赢，以共同利益来发展心理契约。承认教师对于正当利益的追求，并在此基础上探讨双方的共同利益和诉求，形成共同愿景，以此来实现教师

与学校的共同发展。第三,互信互谅,参与管理,以民主方式来维护心理契约。人力资源工作应致力于建立起学校与教师互动的信任机制,通过授权和参与管理增强信任度,维护心理契约的动态平衡。第四,科学评价,动态管理,以激励为切入点来提升心理契约。对教师的评价应采用全面、动态的方式,实施发展性评价,强调工作满意度、责任感和成长机会等非经济报酬在教师心理契约中的重要激励作用。

(三) 根据教师职业生涯发展各阶段的特征,量身打造个性化的"职业成长菜单"

学校人力资源工作应努力从组织层面关注教师专业成长,根据职业发展不同阶段的特点和教师个性化的需求,为其提供事业发展的广阔平台和多种职业发展通路。

(1) 入职初期:此阶段新教师面临的两个主要问题是组织社会化和角色转换。针对组织社会化问题,学校人力资源部门可以采取多种措施,一方面积极开展入职培训,另一方面,着手做好配套制度建设,比如参照企业做法,给新教师发放"教师手册";针对角色适应和转换问题,人力资源部门可以尝试建立"内部导师制",即给每位新教师在试用期内指派一名经验丰富的教师作为"导师",帮助其尽快适应角色,融洽新老关系。同时,为缓解角色转换带来的压力,在绩效考核方面,可以试行以"学习代考核"的方式,即入职初期以职业技能学习为主,鼓励新教师多听课,以听课折算部分工作量,给予其一个相对宽松的职初适应期。

(2) 职业成长和成就期:该阶段是教师职业发展的黄金时间,教师精力充沛,职业热情旺盛,求知欲和学习能力较强,人力资源工作要解决的主要问题是个人职业成就和自我实现的问题。重点是营造良好的事业发展环境,提供事业成长空间,搭建员工自我实现的舞台。通过有效的岗位分类和管理,一是实现科学的人力资源配置,最大限度地激发教师工作热情;二是通过竞聘、职务职称聘任等形式,给予教师自我实现和挖掘潜能的机会;三是加强教师职业培训，促进知识和技能更新，让教师形成自身的职业核心竞争力。

（3）职业倦怠期：这个阶段职业生涯面临"中年危机"，教师专业发展遇到瓶颈，他们对未来走向十分困惑，对工作感到疲惫乏味，或者安于现状，不求进取。此阶段人力资源工作的重点，一是要着力于通过工作丰富化、岗位轮换或调动等方式，赋予其新的工作职责，用新的挑战重新唤起其职业热情；二是可充分利用民办院校灵活的体制机制，切实通过岗位管理打破职业发展的"玻璃天花板"，对于特别优秀的教师采取破格提升等方式，提供实实在在的上升空间；三是为教师创造职业发展的多通道，比如实现教学和行政的互相转型或者提供双肩挑的职业发展路径。

（4）职业发展后期：这一阶段是职业维持和准备退出阶段，此阶段人力资源工作的重点，一是多渠道发挥其骨干和示范作用，比如，让其担任新员工的内部导师或者发展成为学校的"内训师"，进一步挖掘其职业潜能，维持其较高的职业满意度。二是提供较好的职业保障，比如通过健康体检、购买补充商业保险等，贴近老教师的需求，解除其后顾之忧，体现学校的人性化关怀。

（四）挖掘和整合学校自身资源和优势，为教师提供校内"心理支持系统"

一般学校并没有专门针对教师的心理测评和咨询机构，也没有条件像企业一样将心理工作外包给社会的专门机构，但学校人力资源部门可以挖掘和整合学校自身优势，比如与学校设立的学生心理咨询中心联手，开展关于教师心理健康的各项工作。

（1）运用心理学技术对教师进行选拔和测评。心理测评现在已经广泛地运用到了企业人力资源管理中。但对于高校而言，现在仍处于起步阶段。尤其是民办院校教师职业稳定感不强，人员流动率相对较高，在这种情况下，更应该把握好人员入口关，在招聘选拔时引入职业兴趣和能力倾向测试、价值观测试、人格测验等，将测评结果作为决定是否聘用的参考因素。同时在人员使用过程中，也可以逐步建立起更为全面、系统的人事心理测评体系，为学校岗位调整和职位聘用提供参考依据。

（2）利用场地资源和心理师资资源，为教师提供心理疏导、支持和教育。第一，人力资源部门可以利用心理咨询中心的场地，用于教师情绪宣泄以及疏导；第二，人力资源管理人员可与学校专业心理咨询教师合作，向其学习一些心理咨询技巧，将人力资源管理人员自身发展成为教师心理健康问题的"校内心理咨询师"，并在与教师日常沟通的过程中运用这些技能；第三，合作编写《教师心理调适手册》，开展教师心理健康教育及培训，提升教师心理的自我修复能力；第四，合作开展教师心理健康问题方面的课题和项目研究，实现科研与日常工作并举。

（3）构建解决教师心理健康问题的组织支持系统。心理学的研究表明，心理健康问题解决的关键在于建立完善的社会支持系统，而社会支持系统又来源于家庭、亲友、组织及社会等各方面。高校人力资源部门可以从组织层面，建立一支由学校领导、心理咨询教师、人力资源管理人员以及外部专家组成的教师心理支持系统，为教师个人成长和事业发展提供强大的心理援助。

（五）尝试 EAP 项目运作，选择重点和突出问题为突破口，以小见大，以局部促整体

EAP（Employee Assistance Program）即员工帮助计划，是组织为员工提供的系统、长期的援助与福利项目，通过专业人员对组织以及员工进行诊断和建议，提供专业指导、培训和咨询，帮助员工及其家庭成员解决心理和行为问题，以提高组织和个人绩效。现在很多企业和机构在开展 EAP，然而在民办高校却较为少见。我们可以尝试将 EAP 运作模式引入民办高职院校，针对一些共性的教师心理健康问题开展 EAP 项目，配置专门机构和人员，再借力于外部 EAP 专业机构的支持，为教师提供人际沟通、学生管理、目标管理、时间管理、情绪管理、人格发展、职业生涯等多方面的专业技能培训和咨询服务，从而建立起宏观和微观相结合、层

次更高级的社会支持系统。

四 结语

  由于民办高职院校兼有高校和企业的双重特征,因此,学校的人力资源工作可以借鉴和学习现代企业人力资源管理的先进经验和做法,充分利用各种资源,采取多种方法,通过专业化的工作,承担起教师心理健康支持者、守护者的角色,以教师心理资本的提升带动学校人力资本的提升,从而为学校在激烈的行业竞争中赢得优势,发挥人力资源部门的战略性作用,并以解决教师心理健康问题为契机,打造民办高职院校人力资源工作的特色。

参考文献

[1] 教育部《国家中长期教育改革和发展规划纲要(2010-2020年)》.

[2] 何菊莲. 高校教师心理养护:人格化人力资源管理是关键[J]. 中国成人教育 2011(3):17~20.

[3] 江培. 关于高职教师人力资源管理中心理契约的构建[J]. 职业教育研究,2008(1):59~60.

[4] 马杰,卢晓春,陈伟平. 高职教师心理健康现状及应对策略[J]. 职业时空,2012(1):5~9.

[5] 尹新,袁顺. 高职教师职业倦怠的心理分析[J]. 江苏教育学院学报(社会科学版),2008,24(1):40~41.

[6] 蒋建武,赵曙明. 心理资本与战略人力资源管理[J]. 经济管理,2007(9):57~60.

民办高校新进教师心理适应问题及对策探析

陈 丽* 曲雅俐**

(四川华新现代职业学院,四川成都,610107)

摘 要:民办高校是我国高等教育系统的重要组成部分,与公立高校相比具有一些特殊性,主要表现为主办方为民间资金,追求利润最大化;服务面向区域狭窄,灵活适应社会需求;教师专业发展保障体系不完善;人事管理制度灵活,人员流动性较大。基于以上原因,民办高校新进教师较易出现因环境改变、角色转变、教育教学、职业生涯发展、自我实现而带来的心理适应问题。为解决这些问题,构建校方"重人才、留人才"的保障机制,民办高校应改善环境,提高待遇,保障新进教师基本生活;重视活动,融洽氛围,保障新进教师身心健康;加强指导,开展培训,保障新进教师自我满足。同时,为打造自我"调心态、善思考、勤学习"的保障机制,教师个人应调整心态,树平常心,做平常事;善思考,认识自我,规划未来;勤学习,解决问题,发展自我。

关键词:民办高校;新进教师;心理适应问题

---

* 陈丽,四川华新现代职业学院教务处,助教,华东师范大学高等教育学硕士研究生,主要研究方向:院校管理、教师教育、大学生就业。
** 曲雅俐,四川华新现代职业学院教务处,助教,重庆大学行政管理学硕士研究生,主要研究方向:行政决策与策划。

民办高校是我国高等教育的重要组成部分。教育部教育统计数据显示，截至2010年，我国共有各级各类高等学校4356所，其中民办高校1512所，约占高校总数的34%。教师专业成长的相关研究显示，入职期的教师在心理适应上会遇到一些比较突出的问题，由于民办高校的特殊性，民办高校的新进教师在心理适应问题上尤其严重。

一　民办高校的特殊性

为保证我国高等教育的总体质量，我国鼓励国家机构以外的社会组织或者个人，利用非国家财政性经费，面向社会举办学校及其他教育机构，同时，也通过行政手段对社会力量举办高等教育机构实行了比较严格的监管。因此，民办高校在办学目标、办学定位、管理制度等方面与公立高校相比具有一定的特殊性。

（一）主办方为民间资金，追求利润最大化

《中华人民共和国宪法》第十九条明确规定："国家鼓励集体经济组织、国家企业事业组织和其他社会力量依照法律规定举办各种教育事业。"民办高校是指国家机构以外的社会组织或者个人，利用非国家财政性经费，面向社会依法举办的学校或其他教育机构，其办学层次分专科和本科。

教育部教育统计数据显示，2006年，我国共有民办普通高校276所，其中，本科院校29所，专科院校247所；2010年，我国共有民办普通高校674所，其中，本科院校371所，专科院校303所。由此可见，我国民办高校的发展势头强劲。不同于普通高校可以依靠政府拨款维持学校的运营和发展，民办高校的资金缺乏有力的保障体系，基本上处于一种自给自足的状态；而受民办高校资金来源的影响，大多数民办高校在保证正常的教育教学的前提下，尽可能追求利润最大化，而非绝对的公益性。

（二）服务面向区域狭窄，灵活适应社会需求

由于民办高校的资金多来源于民间资金，在院校管理和发展中尽可能追求利润最大化，多数民办高校，尤其是高等职业学校在办学定位和服务面向，专业设置、专业调整、专业建设，课程体系和教学内容，教学模式和教学方法等方面均以服务地方需求为出发点，尽可能及时满足社会需求，以提高毕业生就业率和好评率，增强学校的知名度和美誉度，扩大招生规模，吸纳优秀生源，进而达到一个良性循环的状态。

同时，受办学资金、办学定位、办学师资等综合因素的影响，多数民办高校的学科门类较为单一，以适应地方经济建设发展需求的热门专业为主，同时，也会因为社会需求的转变而适时调整专业结构和专业人才培养目标，这就容易造成民办高校的新进教师"哪里需要我就去哪里"的现象，进而导致其在专业发展上存在疑惑之处。

（三）教师专业发展保障体系不完善

专业发展保障体系是与教师专业发展相关的薪酬待遇、工作环境、工作氛围、职务晋升、职称评定制度、培训进修制度等因素的总和。良好、健全的教师专业发展保障体系对教师，尤其是对入职期教师的职业适应、职业价值观、职业道德观的树立具有显著的积极效用；反之，低劣、有欠缺的专业发展保障体系将成为教师专业成长的桎梏。

前面已经提到，民办高校不是纯公益性质的组织，其经营管理的一大目的是为投资方追求利润，因此，在招聘中，民办高校以"即插即用"的招聘原则引进人才，在进校后不关注教师的培训、进修，重点强调教师的产出和对学校的贡献，忽视教师专业成长保障体系的建设。众多统计数据显示，民办高校的教师专业发展保障体系建设严重滞后于公立高校，从一个侧面制约了教师的专业成长。

（四）人事管理制度灵活，人员流动性较大

人事管理制度是组织机构工作人员的招录、培训、考核、晋升、调配、奖惩、辞退、离退休等方面的规章和条例。目前，我国国家机关和事业单位的人事管理制度比较严格，人员一经录用，除岗位轮换、单位调整等特殊情况外，极少发生变动；普通组织机构则不然，人员的招聘、录用、培训、奖惩、晋升、调配、辞退等均比较灵活，关注组织的需求，强调发挥员工的最大效用。

由于民办高校的管理方必须对投资方负责，因此，大多实行宽松的人事管理制度。首先，人员的招录以高校的现实需求为着眼点，人员的薪酬以学校的经济实力为出发点，强调高效的投入产出；其次，由于高等教育市场，尤其是地方需求的变化，高校会进行及时的专业增减、调整，势必会造成一定范围内的人员短缺或富余，在这种情况下，人员流动就无可避免；再次，由于民办高校缺乏完善的教师专业发展保障体系，教师的自主性、发展性得不到重视，教师尤其是新进教师较难产生职业认同感和职业满足感，主动离职的现象时有发生。

二　民办高校新进教师存在的心理适应问题

根据教师专业发展理论，新进教师处于专业成长的入职期，这一阶段的教师容易出现的心理适应问题包括职业适应性、职业认同感、职业价值观以及应对工作任务和工作压力出现的心理状态等。民办高校新进教师的心理适应问题主要可以归纳为以下方面。

（一）心理适应问题之一——环境变化

民办高校的办学实力较公立高校而言较弱，办学历史较短，各项事业还处于发展壮大中，因此，多数民办高校占地面积较少，教学设施和教学环境还有待进一步改善，校园文化正处于不断打

造和改进中。

伴随高等教育的扩招,大学生的就业问题日益凸显,用人单位的招聘要求呈现出水涨船高的姿态,因此,民办高校的新进教师大多为来自大城市、好学校、高学历的应届毕业生。作为民办高校的新进教师,他们对校园环境可能存在严重的不适应:第一,将工作单位的办学条件和大学母校相比存在的较大差异,容易造成心理上的落差;第二,将工作单位的办学条件和以前同学的工作单位相比,容易造成心理上的落差;第三,将工作单位的办学条件和当地的其他公立高校相比,也容易造成心理上的落差。严重的心理落差会降低新进教师对新工作的适应性,容易造成在入职后较短时间内的辞职或跳槽现象。

(二) 心理适应问题之二——角色转变

虽然我国的高等教育已经进入大众化阶段,大学不再是象牙塔,但是,大学作为追求学术自由的地方,始终与社会其他子系统存在着很大差距。作为身处高校的大学生,除了完成必修的学业之外,在休闲娱乐、培训兼职等方面享有充分的自由,学校是其主要活动场所,学业成为影响其生活的主要因素,深受相对单纯而简单的校园文化气氛的影响,争取做一名优秀的学生是多数大学生的目标。

进入职场后,其所扮演的社会角色就不再是一名学生,而是一名社会人,一名身在职场的战士,开始关心每个月的收支,开始承担对家庭应负的责任;开始接受各种工作任务,开始感受到自身的不足,开始主动为自己充电,关注自身的职业生涯发展;开始遵守工作单位的上下班制度,自由支配的时间减少等等,这些都构成了学生和职业人士的区别。因此,作为从学校到学校的新进教师可能仍未摆脱"学生"这一根深蒂固的身份认同,容易出现角色混乱的现象;而从企业到学校的新进教师则难以脱离以前职业对生活状态、生活态度的影响,未完全符合教师这一特殊的职业角色对个体的要求。

（三）心理适应问题之三——教育教学

教师的职业能力是教师完成教育任务所必需的活动能力，包括学科专业知识、教学技能、心理素质等。应届毕业生从书本上、课堂上以及实践上都对教师职业有了一定的认识和体会，但是，由于专业教育的局限性以及实践经验的缺乏，不少职业能力仅仅停留在认识层面上；同时，民办高校的部分新进老师来自于企业或行业一线，他们拥有较强的实践能力和动手经验，但是对学科知识结构以及相关知识点的把握、对课堂的驾驭能力以及危机处理能力等却存在一定程度的欠缺。

由于民办高校的教师培训和指导机制尚不健全，不少新进教师在初次走上讲台时尚显稚嫩，教学内容的组织、教学模式、教学手段、教学方法以自己曾经接受的教育为模板，容易忽视学生的适应性、接受性以及学校的办学层次和办学目标，进而造成教学效果差等现象。面对这样的问题，新进教师容易出现不同程度的挫败感，轻者会向领导、同事、朋友进行咨询，寻求建议帮助；重者则可能会反思自己是否适合教师这一职业，职业认同感和成就感难以建立。

（四）心理适应问题之四——职业生涯发展

职业生涯是一个发展的概念，是个体职业生活的历程，包括职业的维持与变更、职务升迁与职位的变动，它是个体职业发展的整体路线图。广义的职业生涯是指从职业能力的获得、职业兴趣的培养、选择职业、就职，直至工作后完全退出劳动这样一个完整的职业发展过程。狭义的职业生涯是指人从踏入社会、从事工作之前的职业培训或职业学习开始直至职业劳动最终结束、离开工作岗位为止。

职业生涯发展是建立在职业认同的基础之上的，一方面，个体难以在未建立良好认同的岗位上获得较大的发展；另一方面，良好的职业认同会促使个体更好地去规划和落实自身的职业生涯。民办高校的新进教师在入职前和入职时的培训多为职业能力适应、职业意识建立等方面的内容，对职业生涯意识、职业生涯规划的思路和方法、职业生涯发展的相关理论等了解则相对较少，个体难以进行有效、科学的职业生涯规划；同时，民办高校在教师培训、教师进修、教师发展等方面的工作还有待进一步建立和完善，新进教师在生涯规划和发展上难以得到有效、及时的指导，容易出现对职业的认识模糊、对未来的发展方向困惑等心理状态。

（五）心理适应问题之五——自我实现

马斯洛的需求层次理论（Maslow's hierarchy of needs）将人的需求分为生理、安全、情感和归属、尊重、自我实现五个层次。这五种需求有层级的高低之分，只有低层次的需求满足后，才会产生高层次的需求。其中，自我实现层次的需求包括道德、创造力、自觉性、问题解决能力、公正度、接受现实能力等，属于最高层次的需求，是实现个人理想、抱负，发挥个人能力至极致，幸福感和满足感显著的状态。

前面已经提到，民办高校的新进教师来源主要为两部分：高学历、好学校的应届毕业生，企业行业一线的工作人员，他们因为不同的原因选择了高校教师这一职业，希望以此实现对生理、安全、情感和归属、尊重、自我实现的需要的满足。民办高校的办学实力有限，教师待遇、教学环境、工作氛围、师资培训等工作机制都比较欠缺，有待进一步完善，因此，容易导致新进教师的种种需要无法完全得到满足；环境转变、角色转变、教育教学、职业生涯发展等方面的心理矛盾和冲突得不到解决，自我实现难以满足，容易造成新进教师挫败感、自责、攻击情绪的出现。

三 解决民办高校新进教师心理适应问题的策略

解决民办高校新进教师心理适应问题应从校方和教师自身两方面着手。

（一）构建校方"重人才、留人才"保障机制

1. 改善环境，提高待遇，保障新进教师基本生活

民办高校的办学实力有限，资金投入多集中在学校的基础设施建设、教学环境和教学设施的改善以及其他维持学校正常运营的环节，以提高人才培养工作质量，提高学生就业率，提高学生、家长满意度，提高学院的社会影响力，进而改善招生情况，促使学校获得良性循环。在这样的情况之下，在教师的工作环境、住宿环境、工资待遇等方面的投入就会相对较低。

民办高校的新进教师多为应届毕业生，经济实力较弱，工作环境、住宿环境、工资待遇会对其低层次需要的满足造成比较大的影响，容易引起中青年教师，尤其是新进教师的不满。因此，民办高校在重视教学质量，关注学生需求的同时，也应加大对教师的投入，提高教师工资，改善教师待遇，改造工作环境和住宿环境，提高教师对此类基础设施的满意度，保障新进教师的基本生活。

2. 重视活动，融洽氛围，保障新进教师身心健康

新进教师面临的来自工作、生活等多方面的压力较老教师而言更大，可能给其心理以及身体带来一系列的影响。因此，高校应举办并逐步增加针对教职工的活动，如运动会、旅游等，帮助新教师更好地了解彼此，促使他们更快地融入新集体；通过茶话会、座谈会、联欢会等形式，缓解新进教师工作压力，了解其生活状况，帮助他们解决在生活中遇到的种种困难；增加教师与领导接触的机会，利用电子邮件、电话、短信等方式关心新教师的

适应问题，同时，也给新教师提出意见打通道路。通过以上途径，营造良好的工作氛围和人际环境，保障教师的身心健康，提高学校的"软"吸引力。

3. 加强指导，开展培训，保障新进教师自我满足

入职期的教师会面临角色冲突、环境改变、职业认同感、职业生涯发展等方面的冲突，如果其在这一阶段有着太多的挫折或失败的经历，他可能会放弃继续从教的信心，跳槽离职。因此，针对新进教师的指导和培训显得尤为重要。

首先，关注教师教学教研方面的能力，通过有经验的教师进行讲解以及举办讲座等方式，在短期内对新教师在备课、教学方法、课堂掌控能力等方面进行培训；其次，注重培养教师的创新能力，营造宽松的工作氛围，给予教师在教学活动和教研教改中较大的自主权，促使其结合自身经验和教育理论，针对学校的特殊情况进行改进；再次，培养新教师导师，采取"一对一"的方式，让有经验的老师对新教师进行全面和长期的指导，帮助新教师处理好教学、生活、自身发展等各方面的问题；最后，培训不仅要让新教师学会如何做一名教师，更要让其树立良好的职业价值观和职业精神，同时也教会他应对职业倦怠以及工作引发的其他问题的方法等。通过以上措施，帮助新进教师解决在入职期容易遭遇的矛盾和问题，获得一定程度的自我满足。

（二）打造自我"调心态、善思考、勤学习"保障机制

1. 调心态，树平常心，做平常事

美国心理学家埃利斯根据对人们日常行为的研究，提出了著名的情绪 ABC 理论，即：激发事件 A（activating event）只是引发情绪和行为后果 C（consequence）的间接原因，而个体对激发事件 A 的认知和评价而产生的信念 B（belief）才是引起 C 的直接原因。换言之，个体的消极情绪和行为障碍（C）不是由某一激发事件（A）直接引发的，而是由经受这一事件的个体对它的认知（B）

所直接引起。

因此，新进教师作为职业适应的主体，应以积极的心态努力应对工作和生活中出现的种种困难，不计较一时的得失，适应新环境：对于教师工作和以前学生生涯或其他职业的重大区别，要积极调整心理心态和生活习惯去适应；应学习理财能力，平衡自身收入和支出，对于因经济情况而带来的其他问题，更要以平静的心态去面对，坚信任何问题都可以得到解决；对于一些依靠自身力量不能解决的问题以及生活中的突发事件，应主动寻求亲人、朋友等的帮助；针对工作和生活之间的矛盾，生活中所扮演的各种角色之间的冲突，应积极调整自身心态，协调工作、娱乐休闲的关系，协调各种角色的关系。

2. 善思考，认识自我，规划未来

人是独立而特殊的个体，对自己的认识越深刻，越能有效地调适工作压力、生活挫折及内心冲突所带来的困扰。因此，民办高校的新进教师在自身需要不能得到满足的情况下，应及时对自身的素质、能力、个性等进行反省，不仅在客观环境上找原因，更要在个人因素上找原因，即建立对自身的一个客观而全面的认识，为职业生涯、社会生涯以及家庭生涯规划创造良好的前提。

在此过程中，教师应树立积极、端正的职业价值观，争取在此阶段实现职业认同，获得职业满意。对待同事，教师应本着学习和合作的态度，建立与教研组同事，乃至全校同事的良好关系；同时，教师应正确对待同事之间的竞争，努力提高自身素质和技能，以乐观、坦然的态度对待成败。对待领导，教师应本着尊敬和客观的态度，尊重每一位领导，以辩证的态度认真听取他们的意见；谦虚对待领导的批评，以端正的态度看待领导的处事风格；客观看待领导的缺憾，以辩证的态度评价对领导形象的预期与现实之间的差距。

3. 勤学习，解决问题，发展自我

良好的职业价值观，端正的职业态度和职业责任是教师适应职业生活和获得职业生涯发展的根本保证。目前，我国民办高校的生源质量较其他公立院校而言较差，不少教师缺乏职业道德规范，在授课中敷衍，长此以往，不仅在教育教学能力方面得不到提升，还容易产生职业倦怠，不利于职业发展和个体成长。

因此，新进教师应认真对待课堂教学，将每一堂课都作为提升自我和实现自我的重要途径，同时，善于从工作中发现自身不足，积极制订并实施自身的培训和进修计划，不断加强自身修养，为更好地实施教育教学和进行教育科研做好能力准备；对于教育教学中所遇到的问题，如果依靠自己的力量不能解决，要及时虚心地向教研组同事或者其他前辈请教，不能因为自身的不足而感到胆怯或自卑。通过以上努力，积极提高自身的职业道德修养和业务水平，实现高层次需求的满足。

农村中学教师发展中的心理问题及对策

李泗林[*]

(四川省剑阁中学,四川省广元市,628300)

摘　要：在新一轮基础教育课程改革的今天,农村中学教师因角色的转换,学生学习方式的变革,教育机制的创新,教育岗位的竞争,社会对教师的要求越来越高等原因,各方面的压力加大,心理疾患也日显突出,特别是在经济欠发达、心理健康教育起步较晚甚至还是空白的农村中学教师的心理健康最令人担忧。各级政府、教育主管部门采取一定的必要的对策来应对教师的心理问题,提高教师的心理健康是非常迫切与必需的。

关键词：农村中学教师；心理问题

一　农村中学教师的心理问题现状

人们常用"教师是人类灵魂的工程师,是太阳底下最光辉的职业"来定位教师的角色,关注教师,不仅仅是关注教师的物质待遇,心理健康问题同样需要关注。教师直接的服务对象是学生,教师的心理健康不仅关系到教育的自身发展,更关系到学生的发展,应该引起全社会的关注。那么我国教师特别是广大农村中学教师的心理素质现状到底如何呢？

据我校历史课题组历经两年对剑阁县有关农村中学教师的调

---

[*] 李泗林,四川省剑阁中学教师。

查情况分析，近60%的教师觉得在工作中烦恼多于欢乐，70%的教师觉得工作毫无意义，90%的教师感到职业压力很大，教师中较普遍地存在着烦躁、忧郁、愤世嫉俗等不良情绪，具体表现为毕业班的教师和班主任压力大于非毕业班和非班主任教师。从性别上看，男教师中感到压力的比例（25.86%）大于女教师中感到的比例（20.45%）。从年龄层次上看，36岁以上的教师的心理问题最多，主要反映在身体症状上和焦虑，特别是进入更年期更容易表现出身体上的不良症状。

现行的教育评价机制和初升高及高考制度已让教师、家长、学生怨声载道，再加上新课程改革还没有一个简明和规范化的评价标准，农村教师与城市教师收入差距的不断扩大，农村中学优质生源的流失，教学条件的滞后等等，这些不完善状况加剧了问题的严峻性。

总的来说，农村教师心理问题状况堪忧，与城市教师相比较而言，他们表现出的自卑、颓废、紧张、疲劳、忧郁、焦虑、精神不振、恐惧、精神性疾病、强迫症、偏执、安全感缺失和失眠等更为突出，已成为不容忽视的心理障碍问题。

二 农村中学教师心理问题形成的原因

（一）农村中学教学环境、工作、生活条件相对较差

我国是一个发展中国家，农村的现代化发展水平落后于城市，这使得我国农村的教育环境明显差于城市，这是一个不争的事实。农村学校的教学设施简陋，现代化教学手段匮乏，学生厌学思想突出，中途弃学司空见惯，父母常年外出打工的留守学生多等，这些都严重制约了农村教育环境的改善。教师作为教学的策划人和组织者，其职业情感和职业理念与周边环境的矛盾突出，使得农村教师陷于极大的迷茫和痛苦之中，从而不可避免地会产生这样或那样的心理障碍。

农村教师的生活条件和工作条件比城市教师差得多。农村教师由于受到学历、当地经济发展水平等等条件限制，工资普遍较低，而一些地方许多中小学生教师的合法权益仍然得不到保障，这无疑严重地影响了广大农村特别是山区中学教师的生活水平。加上农村学校教学条件普遍较差，不但缺少相关的资料，更缺少必要的硬件设施，工作条件比较艰苦，信息比较闭塞，使得教师要想在业务上得到进一步的提高比较困难，要想掌握先进的教学方法就更困难了。

（二）新课程改革大趋势带来的压力

在新课改的实施时期，教师所面对的是高科技、快节奏。社会的发展对教师提出的高要求是前所未有的，如对人才的要求是全方位、多层次的，这就要求教师既要有良好的心理素质、健全的身体素质、高尚的道德情操，又要有敏捷的思维能力、符合时代要求的创新实践能力等。教师必须面对各方面的压力，除了社会环境、家庭结构、学生群体等的变化所带来的教育新问题外，还要应对经济改革带来的更高要求，如现代教育技术、多媒体、网络等。经济的发展、社会的进步要求提高全民族的科学文化素质，教师应成为承担这一任务的主体。无论是为了自身的生存还是从国家利益着眼，教师都必须为自己的学历层次、知识水平、能力结构的提升而努力，否则就会被社会所淘汰，这些均是造成教师心理问题的直接原因。

（三）长期以来社会上对教师评价的片面性加剧了农村教师心理的焦虑

在农村，家长送孩子接受教育的一个重要目的是希望孩子能够成龙成凤，他们希望通过教育改变孩子的命运，甚至家庭的命运。而且这种改变在他们看来，只有通过考取高一级学校来实现。因此，在农村人们往往以"升学率"论英雄，一所学校考上重点高中、重点大学及本科的人数多少，成了社会评价学校教学质量高低的主要依据。同样，教师抓"升学率"能力高低也成了影响教师公众声誉的主要因素。学校、教师必须尽可能满足家长的需求，办"人民满意的教育"，做"人民满意的教师"。

新课改课程目标定位在未来社会人才的素质结构上，提倡的是"为了每一个学生的发展"，关注学生全面的发展，要培养学生具有社会责任感、健全人格及终身学习的愿望和能力，还要培养学生的创新精神与创新能力。强调"知识与技能""过程与方法""情感态度与价值观"三维目标的统一实现。而"创新精神与创新能力""情感态度与价值观"等在学生身上毕竟是长效的，难以一时表现出来且难以评价。教师们忧虑：学生素质提高了，"中考""高考"分数能提高吗？这是一个全新的命题，在这个命题面前教师难免会表现出前所未有的焦虑。

（四）工作负担过重与自身价值的冲突

有关专家研究表明，农村中学教师工作负担相对较重，平均每周课时达 15 节，其中 46% 的教师周课时超过 18 节，平均每天在校工作时间为 8.93 小时，在家备课平均每天为 1.63 小时。有的教师，如担任毕业班课程的教师和班主任教师，每天的工作量甚至超过了 12 小时，现在的新课程改革又要求教师一专多能。因此，中小学教师除了备课批改作业以及写论文搞科研外，还要面临新的教师上岗学习、普通话考核、教育学培训、现代化教育信息技术培训、职称考试、计算机应用能力考查、公开课比赛、学术论文写作、学历升级的学习与考试、日常工作抽查、班主任工作培训与考核等种种压力。这些超负荷的工作与多重责任又使他们无暇顾及家人，于是也常常由此产生自疚感。另一方面，有的教师在学生面前往往看不到自己艰辛工作所创造的成果和价值，难以获得职业成就感，有的教师甚至开始怀疑自己所从事职业的价值，因为无法实现自我价值这种高层次的需要便产生烦闷，压抑之类的心理问题，由于社会日趋功利性，师生关系日渐淡薄，教师既要加倍用心于教学,而获得的心理报偿却又相对较少,容易导致心理枯竭感的产生。

(五)"老师"这一职业的特殊性导致心理问题加剧

教师扮演的是为人师表的角色,这种职业的神圣感在客观上迫使教师不得不掩盖自己的喜怒哀乐,同时,社会对教师的期望值也越来越高。另外,现在的家长们个个望子成龙,孩子在学校发生一些偶发事件,家长常常不问青红皂白,就向教师问罪;学生学习成绩不好,家长也要归罪于教师。于是家长对教师的不良态度,也成了教师每天都必须面对并加以解决的难题。面对家长的望子成龙,学校的以成绩论英雄以及社会的过高期望,不少教师往往愁容满面,如不及时加以有效疏导,长此以往,势必会使心理不堪重负。"人类灵魂的工程师"的角色定位使教师被赋予了太多的使命和责任,承担着多重角色,既是知识的传播者又是科研成果的创造者;既是学生群体的领导者又是学校领导的管理者;既要做班级的管理者又要当好学生的良师益友;既要与家长、同行、领导打交道又要应付现实生活中的多种人际关系。如此种种,都需要教师具有较强的自我调控和随时进行角色转换的能力,以体验学生喜怒哀乐的情绪变化,而这种高度的自我调控能力又是一般人难以具备的。这往往是教师产生心理健康问题的根本原因。另外,当前就业的压力又强化了家长望子成龙的愿望,社会对教师的期望值更是不断提升,希望教师是品行高尚、学识渊博的人。这种期望使得许多教师感到不应当让学生看到自己的缺点和脆弱以免破坏自身形象。这种心理定势导致教师难以和学生坦诚相处,不利于调节和疏导自己的情绪。

此外,农村中学教师待遇一直偏低,竞争的加剧,教师缺乏相应的培训,社会上不良人际关系的刺激等因素都是引发教师自卑、嫉妒、埋怨、畏怯,甚至自暴自弃等不良心理问题的原因。

三 解决农村中学教师心理问题的对策

（一）改变教师培养模式，建立合理的人才机制

众多调查揭示，农村中学教师普遍存在心理问题。这就要求师范院校在人才培养的过程中，教育学生树立正确的择业观，面向农村，敢于吃苦，敢于改变。建议师范院校实行在校大学生与农村中学教师岗位置换模式，一方面使学生提前体验农村中学教师生活，另一方面对农村中学教师进行继续教育，充实知识，提高专业水平。最终建立起以现代社会需要为目标、以身心健康发展为价值取向的人才培养模式。

（二）政府加大教育投入，定期对农村教师进行心理疏导、干预

政府继续加大教育投入，改善办学条件和教师工作条件，尤其是农村中学教师的条件。特别是随着教育改革的不断深入，各级各类学校陆续实施教师聘任制，这就必然导致部分教师"落聘"，为此，各级政府部门尤其是各级教育主管部门必须有相应措施做好"落聘"教师的善后工作，避免人人自危，切实减轻教师负担。政府要责成教育主管部门完善学校工作质量评价标准，坚决杜绝以升学率评价学校业绩的做法；取消名目繁多的检查和评比活动，创设良好的教育心理环境，使教师能从"应试教育"的桎梏中解放出来；招聘心理教师走进农村中学，定期开展心理辅导活动，进行心理压力测试，制定解决心理疾病的具体措施。

（三）学校人文关怀，调适教师心理

学校是全体教师的家，是教师工作生活的主要阵地，是影响教师心理的重要因素。因此，学校应坚持以人本思想为指导，不断改进领导方式，推进人性化管理，注重感情投资，加强民主政

治建设，营造一种互相尊重、平等相待的宽松心理氛围，尽量提供进修机会，让教师了解更多教改信息，掌握更多教学技巧和现代教育技术，特别是应当创造条件使每个教师有获得工作上成功的可能。

合理运用评价机制。在考核、评优和职称晋升中务必做到公平、公开、公正，使之成为激励教师工作积极性的动力之一。

全力解决超负荷问题。条件较好的学校要控制班级学额，对担任班主任工作的教师，允许在出色完成本职工作的前提下实行弹性坐班制度；给所有的教师更多的工作灵活度和教学自主权；减少学校内部名目繁多的检查和评比活动。

广开感情宣泄渠道。经常组织体育比赛、文娱晚会、假日旅游参观等集体娱乐活动，丰富教师的业余生活，增进教师之间的相互交往，建立良好的人际关系；定期或不定期地举办心理健康教育讲座，通过民主生活、教代会等方式为教师广开感情宣泄渠道。

（四）教师自我调节，增加幸福指数

就教师本身而言，应学会自我心理调节，用理智克服自己的心理障碍，运用积极认知，努力提高自身素质和水平。改变认知是一种非常重要的调节策略，积极认知就是在看到事物不利方面的同时，更能看到有利的方面，这种看待问题的方式，容易使人增强信心、情绪饱满。注意行为调节，增强自我对情绪的调控能力，当不良情绪已经发生的时候，可以通过一些行为上的改变而加以调控。善于调适自己的情绪是保持愉快心境的重要方法，农村中学教师要重视自身心理健康的保障工作，加强自身修养，进行良好的心理调适。提高心理素质，树立正确的人生观、价值观，正确认识自我、了解自我、体验自我，塑造健全的人格。对自己不苛求，对别人不妄想。平衡工作与家庭生活的关系，减轻生活困扰，最终使自己以一个积极、健康的心态去面对工作、生活。

总之，解决农村中学教师的心理问题是一个系统工程，需要群策群力，多管齐下，各级各部门要采取积极的态度，优化

农村中学教师的心理，排除其心理障碍，维护其心理健康，并结合当前农村中学教师的心理实际，管理上多一些人情味，少一些火药味；多一些引导激励，少一些批评指责，创造宽松和谐的学校氛围，农村中学教师的心理问题才能得到有效解决。

参考文献

[1] 何立婴. 学校管理心理学 [M]. 中央广播电视大学出版社, 2003.

[2] 邵瑞珍, 皮连生, 吴庆麟. 教育心理学：学与教的原理 [M]. 上海教育出版社, 1983.

[3] 中共中央、国务院《中国教育改革和发展纲要》.

[4] 周桂珍. 现代教育理论与实践 [M]. 山东大学出版社, 2005.

[5] 温卫宁. 中小学教师 SCL-90 评定结果的分析 [J]. 健康心理学杂志, 2000, 8 (2): 238.

浅议心理教师的专业发展

廖美芳[*]

(新津华润高中,四川成都,611430)

摘 要:针对学校心理健康教育工作的开展情况,结合国内现状,分析了在心理健康教育工作中心理教师可能存在的若干误区。有意识地理清现阶段心理教师的角色定位和职业活动范围,进一步探索心理教师专业发展与自我成长的途径。

关键词:心理教师;专业发展;自我成长

在我国,作为素质教育的重要组成部分,中小学心理健康教育自20世纪90年代以来越来越受到教育界的重视。教育部2002年印发的《中小学心理健康教育指导纲要》第13条和第14条明确指出了对从事心理健康教育教师的专业化培养。我国中小学心理教师走上专业化的发展道路,这是前进趋势。而目前在我国这支队伍的实际情况是,在中小学实施教育或辅导的心理教师,主要是心理健康教育专业毕业和拥有国家二、三级心理咨询师,或持有学校心理健康教育A、B、C级资格证书的专职或兼任教师。他们中有一部分刚刚从高校心理学或教育学专业毕业,缺乏教学经历和经验,有一部分有一定教学经验却缺少心理学或教育学专业背景,仅部分属于优秀心理健康教育从业者。因此探索心理教师专业成长的途径显得很有实际意义和必要。

---

[*] 廖美芳,女,新津华润高中教师。

一 心理教师专业发展中存在的问题

（一）专业角色身份定位尚不明确

心理教师指的是那些受过心理学与教育学的专门教育和训练，在中小学校以及其他教育机构中工作，研究中小学教育过程中心理学方面的如学习、情绪和社会发展等问题，设计、管理或参与学校心理服务，促进儿童青少年教育发展和心理健康的人员。当前，这一概念有广义与狭义之分，根据我国教育法，学校全体教师都应该参与学生的心理健康教育工作，而狭义的心理教师指的是受过专业训练、取得资格并经过正式任命的人员，本文主要讨论后者。心理教师应该有自己的专业角色定位，职业活动范围和方法，但往往在学校具体工作中，心理教师的精力不知不觉被分散在不同的事务上，在专业发展上越来越没有把握，对自己的心理教师角色认识越来越模糊。在学校里心理教师经常是一个人，好的情况有两个人，再加上学科特殊性，心理教师力量很单薄。心理教师横向上缺乏与教研组同事进行交流切磋的机会，纵向上没有师徒传承的学习机会，日常工作完全靠自己摸索。很多心理辅导和咨询方面的新型理论和技术培训都是由社会机构组织的，心理教师要参加这样的培训有一定困难。因此在这种精力被分散，缺少同行智力与精神支持，学习提升机会有限的情况下，心理教师对专业角色定位不明确，进而影响自己的工作积极性。

（二）职业活动范围和方法的模糊

心理教师的工作职责和工作对象是确定的，但具体的工作很多时候却很凌乱，心理健康工作处于孤立状态，没有和班主任工作进行有效地衔接合作，心理教师有热情对学生进行了解和帮助，但是往往不能和班主任、科任老师及学校的管理形成合力。目前学校心理教师系统化的协调能力大多较差，甚至对自己所要承担的职责都不明确,更谈不上在学校内部、学校与学校、学校与社会等关系中的协调。特别是在学校内部,心理教师的责任与班主任、教导处有明显重合或矛盾之处。由于所受训练的局限性,心理教师把自己摆放在一个辅助的位置上,把大部分时间用于学生个体的咨询上,而用于系统构建上的时间很少,当然这与师资力量小有关。一些较发达的地区,学校心理人员已经实现了某种程度的社区联合,尝试建立心理教育网络。例如兼职人员设计初级干预(以发现与预防为目的)、独立或组织专业小组进行次级干预(早期鉴定与问题处理)和三级干预(发现并转介以便进一步诊断与治疗)。随着多层次服务网络的建立,心理教师的系统协调作用将显得越来越重要。心理健康教育途径中心理活动课、咨询辅导等一直没有固定的范式,心理教师也缺少督导,如此一来心理教师平时的具体工作每走一步都要自己摸着石头过河,再加上其他琐事,实在没有更多的精力去构建更加完善的体系,或用实践充实体系。

(三) 人格特质与职业要求的冲突

高中心理教师在学校应当担任的专业角色,对心理教师的职业素养要求很高。要上好心理活动课,除了应具备作为教师的基本专业素养和教育教学能力外,还要具备心理教师特有的专业素质和技能,并对所任教班级学生的整体实际情况有较系统、全面的掌握。只有这样,心理教师才能立足于学生的现实成长,面向学生的未来发展,担当好心理教师课堂教学的角色,履行好相应的职能。心理教师要成为一个优秀的心理咨询师,应具备良好的人格素养、丰富的理论知识、高尚的职业道德、优秀的心理品质和熟练的咨询技术。要指导学生社团,心理教师需具备相应的学生社团组织管理和指导能力以及策划、编辑能力,具有广阔的人文视野和把握时代脉搏及学生成长动态的前瞻能力。进行心理教育课题研究,要求心理教师具备较强的科研能力,把学校心理健康教育的理论与本地区、本学校的教育教学和学生实际情况紧密结合，在实践探索中充实丰富学校心理教育的理论内涵，走出一条具有特色和实效的校本育心之路。要联合各方面力量进行心理健康教育，心理教师要学习钻研学校管理心理学、高中生心理学等专业理论知识，提高应用技能，增强语言表达和人际沟通能力，加强自身为人处世的磨砺，提高自身的道德修养水平。心理教师还要具有更为高远的价值取向和人生追求，树立专业理想，提高自身的专业水平，丰富自己的人生经验，不断完善自己，这样才能担当起倡导教师心理保健和维护教师心理健康的重任。

如此看来，学校的心理教师最好是由专家引领、以专业人员为骨干组成的、专兼结合的心理教育团队，这样才可能具备以上核心能力。所以对于我来说，深感难以完成任重道远的任务。尤其担心自己活跃、轻松的个性或真实简单的性格不适合做一个心理教师；担心自己在学生中有了亲和力，没了影响力。因此心理教师在专业化道路中还需要不断地探索，在客观条件基础上争取自己的发展和学生的成长。

（四）传统教师职业带来的困惑

心理学专业毕业生进入学校教育领域，应该保持自己专业的身份还是把自己列为传统教师中的一员？既然是教师中的一种，心理教师的称呼听上去就与语文教师、数学教师的概念差不多。而身为教师，教学就是必不可少的经验积累的途径。然而，皮特森与布朗等人关于教学经验与学校心理辅导关系的研究结果显示：第一，教学经验不一定能促进辅导者与其他教师之间的关系；第二，具有长期教学经验者可能较倾向于对学生做价值判断。上述第二项直接说明了教学经验对于心理教育与服务工作而言是个不利的因素，因为在面对服务对象时，首先要摒弃的就是将他划分为好人与坏人的态度。教师的态度中一般都有根深蒂固的关于好学生、困难学生的定义，教学经历越久的教师，类似的定义越清晰完整，越不易改变。师生式的利害关系如果被引入到心理服务体系中来，不管这种利害关系是一致的还是相反的,都将影响心理服务必须拥有的中立立场,而作为求助一方的学生,会因为自己的困难可能涉及某些目标而顾虑重重。"亲其师,才能信其道"。心理教师与学生之间建立的关系应该是一种引导式关系,是一种在特定时间内的、隐蔽的、具有保密性的特殊关系,也就是说应该是一种为了特定目的,在特定时间、特定地点而形成的一种职业性关系。这样,一方面保障了学生的利益,使他们有安全感,让他们在没有任何威胁危险的情况下敞开心灵;另一方面也保证了心理教师的利益,使他们不必承担自己角色范围之外的责任。

有意义的人格改变只能发生在这种引导式的师生关系中。卡尔·罗杰斯指出,令人满意的助人关系所具有的共同特征为"以求助者为中心"的无条件积极关注、同理心和真诚三个核心。这三个核心特征同样适用于心理教师与其所服务的学生之间的关系的建立。这种关系意味着,心理教师作为助人职业,其工作性质赋予其以特权探知处于年轻的、脆弱状态的人的最担忧、最敏感的信息,所作出的言行不是出于我们的需要,而是根据学生的需要。心理教师进入学校教育体系这件事本身,正在改变着教育者对青少年以及未成年人的性格和健康的看法。心理服务是以提高人的自尊、自爱、自助能力为首要的根本的目标,它要求尊重服务对象,以其个人取向为中心的非权威性、非指导性、无方向性和不做判断为互动形式,不将成人或社会的价值观强加于学生。而教师和心理咨询师两种角色集于一身,最大的不利是服务关系的确立。很多时候心理教师在心理活动课、咨询时都是带有传统的教师职业规范,失去应有的价值中立和平等积极关注。

二 问题解决探索

(一) 组建专兼结合的心理健康教育队伍

促进心理健康教育形成结构完善的体系,包含学习心理辅导、情绪情感辅导、人际关系辅导、自我意识辅导、适应辅导、生涯辅导等主要内容的学生心理健康教育专题；包括心理健康教育课题研究、学校积极心理氛围营造、教师心理维护、校园心理危机干预等方面；通过各种相宜的方式方法开展活动，并且在实践中根据自己学校的实际设计不同的辅导方案。可见，要把心理健康教育工作做好，需要一个由专家引领、专兼职心理教师组成的团队。争取到校长的大力支持，由心理教师做总体的系统规划，撰写心理健康教育实施方案，联合全校专兼职心理辅导教老师或心理课题组成员形成教育团队，实施系统教育，既形成心理健康教育的体系，同时，提倡并引导专职心理教师专业发展的个性化。这样，也促进了教师整体水平的提高。心理教师的教育风格多元化可以促进心理教师的自我认同及成长，专职心理教师的工作内容就可以更加专业和明确，而其他教师担当支持、转介、服务角色。

（二）心理教师成长与发展的制度保障

要发挥心理教师在学校应有的作用，就必须解决心理教师专业化的问题。专业化是教师职业的专业技术特征与社会的相关管理制度相结合的产物。要提高心理教师的专业化程度，就需要有心理教师的职业准入制度、基本管理制度、培训督导制度等制度保障，既确保心理教师队伍本身的专业身份，又确保这一学科的专业人员能够在一定的职业规范下顺利工作，保障工作质量，促进专业发展和个人成长。

（三）形成各具特色的心理辅导风格

经过一段时间的工作，我认可了自己是一个有自己风格的心理教师：简单真实的个性＋生活工作的热情＋不断增加的智慧。心理辅导本就是来自心灵深处的对话，心理健康教育本就是关于生命的教育，呈现真实的自己，不完美的自己是有示范作用的。当心理教师认可了自己的个性特征以后，才能够传递出她自己生命的热情，和对自己、学生的爱护，才会有感染力，才会和学生有真正心灵上的共鸣。生命中的智慧是不断增加的，在我们真诚的传递引导中已经形成了自己潜在的非权威性影响力。

（四）做一个自觉觉人的进取者

作为一个刚步入工作岗位的心理教师，需要不断地学习和实践，提高能力。

心理健康教育工作对心理教师的能力要求很高，所以要做一个自觉觉人的进取者，积极投入工作和生活。

（1）读书自悟。与名家大师进行思想沟通，通过自己的摸索，找到理论上的支持与共鸣。有文化才有底蕴，有底蕴才有底气，有底气才有灵气，在专业成长的道路上才会走得更远。

（2）系统培训与督导。心理健康教育是一项专业性比较强的工作，必须具备较扎实的理论知识、技能技巧和实践经验，参加培训是不可少的。心理老师接受高一级心理咨询师的督导是自觉觉人的重要途径。

（3）教学反思与自我反省。教师的专业发展就是一种自我反思的过程。只有通过有效的教学反思，认真总结、积累教学中的所得、所思、所感，不断拓宽视野，才能促进自身的专业成长，更好地服务于学生。同时要不断自我反省，避免心理辅导中对学生造成伤害。

（4）专家引领与合作互助。加强与心理健康教育的专家、同行及其他学员的联系、交流和合作，通过对话交流广泛吸取教育教改信息和灵感，吸收他人先进的教育经验，调整和改进自己的教学实践、教育研究以及管理水平。

（5）科研研究。心理健康教育的许多地方都需要进一步深入地、系统地研究和探讨，必须具备较强的科研意识，培养较强的科研能力。

参考文献

[1] 王宏方. 中小学心理教师的专业化探索. 湖南师范大学教育科学学报, 2003, 2 (6): 64~72.

[2] 李凤雷. 浅谈高中心理咨询教师应具备的职业素质及实现途径. 中国民康医学, 2006 (2): 137~138.

[3] 梁其贵. 关于中学心理教师专业化的思考 [J]. 思想理论教育, 2006 (10): 64~65.

[4] B. H. Peterson and D. Brown. Does teaching experience matter [J]. *Personnel and Guidance Journal*, 1968 (46): 893-897.

图书在版编目（CIP）数据

四川教师专业发展求索/郭英，王芳主编．—北京：社会科学文献出版社，2013.2
ISBN 978 - 7 - 5097 - 4330 - 0

Ⅰ.①四… Ⅱ.①郭… ②王… Ⅲ.①师资培养—四川省—文集 Ⅳ.①G451.2 - 53

中国版本图书馆 CIP 数据核字（2013）第 035595 号

四川教师专业发展求索

主　　编／郭　英　王　芳

出 版 人／谢寿光
出 版 者／社会科学文献出版社
地　　址／北京市西城区北三环中路甲29号院3号楼华龙大厦
邮政编码／100029

责任部门／教育分社　（010）59367278　　责任编辑／刘　曦　王珊珊
电子信箱／jiuhubu@ ssap.cn　　　　　　　责任校对／苏向蕊
项目统筹／许春山　　　　　　　　　　　　责任印制／岳　阳
经　　销／社会科学文献出版社教育分社　（010）59367261　59367278

印　　装／三河市尚艺印装有限公司
开　　本／787mm×1092mm　1/20　　印　张／15.6
版　　次／2013年2月第1版　　　　　字　数／263千字
印　　次／2013年2月第1次印刷
书　　号／ISBN 978 - 7 - 5097 - 4330 - 0
定　　价／48.00元

本书如有破损、缺页、装订错误，请与本社读者服务中心联系更换

▲ 版权所有　翻印必究